张雪芬　倪丹悦◎编著

# 政府会计

# Government Accounting

苏州大学出版社
Soochow University Press

**图书在版编目(CIP)数据**

政府会计 / 张雪芬,倪丹悦编著. —苏州:苏州大学出版社,2020.1(2025.7 重印)
ISBN 978-7-5672-3024-8

Ⅰ.①政… Ⅱ.①张… ②倪… Ⅲ.①单位预算会计 Ⅳ.①F810.6

中国版本图书馆 CIP 数据核字(2020)第 003189 号

**政府会计**

Zhengfu Kuaiji

张雪芬 倪丹悦 编著

责任编辑 薛华强

苏州大学出版社出版发行
(地址:苏州市十梓街 1 号 邮编:215006)
江苏凤凰数码印务有限公司印装
(地址:江苏省南京市新港经济技术开发区尧新大道399号 邮编:210038)

开本 787 mm×1 092 mm 1/16 印张 20 字数 497 千
2020 年 1 月第 1 版 2025 年 7 月第 2 次印刷
ISBN 978-7-5672-3024-8 定价:56.00 元


苏州大学出版社营销部 电话:0512-67481020
苏州大学出版社网址 http://www.sudapress.com
苏州大学出版社邮箱 sdcbs@suda.edu.cn

# 前 言 *preface*

本书是以财政部近年来发布的政府会计基本准则、政府会计具体准则、政府会计应用指南、《政府会计制度——行政事业单位会计科目和报表》以及《政府会计准则制度解释第1号》等相关准则制度为指针，在汲取政府会计教学和研究最新成果的基础上编写的一本内容新颖、结构合理、实用性强的全新教科书。全书共分八章，包括政府会计基本理论、资产的核算、负债的核算、收入及预算收入的核算、费用及预算支出的核算、净资产的核算、预算结余的核算、会计报表。四、五两章主要是根据政府会计“平行记账”的特点来编排的。每章后面附有相应练习题。本书的特点是严格遵循准则制度、内容覆盖全面、文字阐述通俗易懂、理论与实务相结合。书中涉及会计处理的每个举例都清楚阐述了财务会计和预算会计的不同处理方法。本书主要作为高等院校会计学专业、财政学专业、公共管理学专业和其他经济管理类专业本科学生的教材，也可以作为高等学校会计学专业、财政学专业、公共管理学专业和其他经济管理类专业硕士研究生、会计学专业硕士（MPAcc）、工商管理硕士（MBA）、公共管理硕士（MPA）的学习资料，还可以作为广大在职行政事业单位会计人员业务学习的参考资料。

本书由张雪芬、倪丹悦主编，张雪芬负责全书的总纂和定稿。全书各章分工如下：第一章到第五章由张雪芬编写，第六章到第八章由倪丹悦编写；各章后面的练习题均由倪丹悦编写。

在本书编写过程中，参考了许多国内外相关的教材和资料以及有关专家、学者的优秀论著，受益良多，在此谨向这些文献作者致以诚挚的谢意。

由于我们水平有限，书中难免有疏漏甚至错误之处，恳请广大读者批评指正。

作　者

2019 年 9 月

# 目录 contents

## 第四章 收入及预算收入的核算



## 第五章 费用及预算支出的核算

第一章

1

# 政府会计基本理论

# 1.1 政府会计的基本概念

## 1.1.1 政府会计

1. 概念

政府会计是反映和监督政府组织掌握和使用公共经济资源及其活动情况的会计。它以货币为主要计量单位，对政府组织的经济业务或事项的过程和结果进行完整、连续、系统的反映和监督，借以加强政府的预算管理和财务管理，提高公共经济资源使用效益。

2. 我国政府会计适用的政府组织①

（1）行政机构，包括中央和地方各级人民政府。

（2）立法机构，包括全国和地方各级人民代表大会的常设机构。

（3）司法和检察机构，包括最高和地方各级人民法院与人民检察院，国家和地方各级检察委员会。

（4）政党和政治协商机构，包括中央和地方各级中国共产党、各民主党派的中央和地方组织，全国和地方各级人民政治协商会议的常设机构等。

（5）事业单位，包括教育、科学研究、勘察设计、勘探、文化、新闻出版、广播影视、医疗卫生、体育、交通、气象、地震、海洋、农林牧渔水、环境保护、测绘、信息咨询、标准计量和质量技术监督、知识产权、物资仓储和供销、房地产服务和城市公用、社会福利等行业的事业单位，但不包括其中实行企业化管理的事业单位。

（6）公立的社会团体，指主要使用国有资产和财政拨款、注册为社团法人的非营利组织。

本书后面介绍的具体经济业务的确认、计量、记录、报告，是依据《政府会计准则——基本准则》《政府会计准则第 1 号——存货》《政府会计准则第 2 号——投资》《政府会计准则第 3 号——固定资产》《〈政府会计准则第 3 号——固定资产〉应用指南》《政府会计准则第 4 号——无形资产》《政府会计准则第 5 号——公共基础设施》《政府会计准则第 6 号——政府储备物资》《政府会计准则第 7 号——会计调整》《政府

---

① 军队，包括中国人民解放军和人民武装警察部队各级组织和单位。但目前我国军队会计不使用《政府会计制度——行政事业单位会计科目和报表》，另有规定。《政府会计准则——基本准则》第二条：“本准则适用于各级政府、各部门、各单位（以下统称政府会计主体）。前款所称各部门、各单位是指与本级政府财政部门直接或者间接发生预算拨款关系的国家机关、军队、政党组织、社会团体、事业单位和其他单位。军队、已纳入企业财务管理体系的单位和执行《民间非营利组织会计制度》的社会团体，不适用本准则。”

会计准则第 8 号——负债》《政府会计准则第 9 号——财务报表编制和列报》《政府会计制度——行政事业单位会计科目和报表》等制度的内容编写的。

3. 政府会计的特征

政府会计相对于营利性的企业会计而言，其主要特征是会计核算方法与预算管理要求紧密结合。由于政府的财务资源主要来自税收、行政事业性收费等非交换性交易，政府向社会公众提供的服务通常是免费或象征性收费的，即政府服务的接受者和政府组织本身之间的交易属于非交换性交易，因此，政府组织在取得和运用财务资源时需要受到来自纳税人、社会公众等财务资源提供者和其他利益相关者的约束。这种约束主要表现为政府需要编制预算，该预算需要经过人民代表大会的批准。经批准后的预算，政府需要严格遵照执行。政府会计需要如实反映经批准的预算的执行情况，以满足纳税人、社会公众及其代表等政府会计信息使用者对会计信息的需求。

政府会计除了需要核算预算执行情况外，也需要核算资产、负债、收入、费用等情况，以如实反映政府组织的财务状况和运行情况（含运行成本）等。由于政府预算是按收付实现制基础编制的，因此，政府会计需要采用预算会计方法核算预算的执行情况，即采用收付实现制基础核算预算收支的执行情况。又由于政府的运行情况、财务状况需要按照权责发生制基础进行核算，因此，政府会计还需要采用财务会计方法核算政府组织的财务运行情况和结果。即政府会计由预算会计和财务会计构成，预算会计是指以收付实现制为基础对政府会计主体预算执行过程中发生的全部收入和全部支出进行会计核算，主要反映和监督预算收支执行情况的会计；财务会计是指以权责发生制为基础对政府会计主体发生的各项经济业务或者事项进行会计核算，主要反映和监督政府会计主体财务状况、运行情况和现金流量等的会计。这是政府会计区别于营利性企业会计的一个显著特征。在政府会计中，资产减去负债后的余额为净资产，政府会计没有明确的所有者权益或出资人权益。

4. 政府会计组成体系

政府会计由财政总预算会计和行政事业单位会计组成。财政总预算会计和行政事业单位会计之间存在密切的关系，财政总预算会计和行政事业单位会计执行统一的政府会计准则。另外，我国《政府会计准则——基本准则》中规定，政府会计由预算会计和财务会计构成，因此，在政府会计的组成体系中，还可以按照政府会计的特定功能将其区分为预算会计和财务会计。

## 1.1.2 政府会计目标

会计目标是指会计工作应该达到的目的和要求，政府会计目标是指政府会计系统通过自身功能实现所要达到的最终目的。政府会计目标的确定会影响政府会计提供的会计报告的范围和内容，进而影响会计报表体系的设置、会计要素的确认和计量等会计核算架构的设计，因此，政府会计目标是重要的理论问题。

具体而言，政府会计目标的内容主要包括三个方面：向谁提供会计信息；会计信息使用者需要什么样的信息；为了满足使用者的需要，会计应当提供哪些会计信息。

政府会计的信息使用者主要包括：各级人民代表大会及其常务委员会、各级政府及其有关部门、债权人、政府会计主体自身、相关信用评级机构、国际货币基金组织、世界银行、政府会计研究人员、社会公众和其他利益相关者等。

《中华人民共和国预算法》（以下简称《预算法》）规定，全国人民代表大会审查中央和地方预算草案及中央和地方预算执行情况的报告，批准中央预算和中央预算执行情况的报告。县级以上地方各级人民代表大会审查本级总预算草案及本级总预算执行情况的报告，批准本级预算和本级预算执行情况的报告。政府预算的最终目的是要保障纳税人或人民大众财政利益的最大化。纳税人既是公共财政收入的来源者，也是公共财政支出的受益者，为确保政府预算最终目的的实现，纳税人或者人民大众需要对政府预算进行全面的监督。人民代表大会作为由人民大众选举产生的国家权力机关，需要对政府预算及其执行情况依法行使日常化、专业化的审查和批准管理职权。人民代表大会是政府会计信息的最主要使用者。

我国《预算法》还规定，各部门预算由本部门及其所属各单位预算组成。各部门编制本部门预算、决算草案，组织和监督本部门预算的执行，定期向本级政府财政部门报告预算执行情况。各单位编制本单位预算、决算草案，按照国家规定上缴预算收入、安排预算支出，并接受国家有关部门的监督。政府及其有关部门是政府或行政事业单位会计信息的重要使用者。

政府会计信息的其他使用者范围十分广泛，会计信息的使用者不同，需要的信息也不同。例如，政府债券的投资者需要使用政府债券发行与偿还的预算、决算信息，财务状况的信息等，以决定是否需要购买或者持有政府债券；相关信用评级机构需要使用政府收入、支出的预决算信息，政府财务状况的信息等，以对政府债券信用进行评级或者对其他相关信息情况做出评价；国际货币基金组织、世界银行等国际组织需要使用政府会计信息对我国政府的绩效进行评价；等等。

各类政府会计信息的使用者都需要政府预算执行情况、政府财务状况等信息，以评价政府公共受托责任的履行情况，并做出相应的经济和社会等方面的决策。

因此，预算会计的目标是向决算报告使用者提供与政府预算执行情况有关的信息，综合反映政府会计主体预算收支的年度执行结果，有助于决算报告使用者进行监督和管理，并为编制后续年度预算提供参考和依据。财务会计的目标是向财务报告使用者提供与政府的财务状况、运行情况（含运行成本）和现金流量等有关的信息，反映政府会计主体公共受托责任履行情况，有助于财务报告使用者做出决策或者进行监督和管理。

### 1.1.3 政府会计的核算对象

会计的核算对象也称为会计的内容，是指会计核算和监督的内容。政府会计的核算对象是指政府会计主体实际发生的经济业务或事项。《政府会计准则——基本准则》

第六条规定："政府会计主体应当对其自身发生的经济业务或者事项进行会计核算。"政府会计主体应如实反映各项会计要素的情况和结果，保证会计信息真实可靠。

### 1.1.4 政府会计的会计假设

政府会计的会计假设是指对政府会计所处的空间和时间环境以及所使用的主要计量单位所做的合理假定或设定。政府会计的会计假设通常包括会计主体、持续运行、会计分期和货币计量。

1. 会计主体

政府会计主体是指政府会计核算的立场和空间范围。明确会计主体，可以明确提供会计信息的特定边界范围。政府财政总预算会计的主体是各级政府，而不是各级政府的财政部门；行政事业单位会计的主体是各级各类行政事业单位。

《政府会计准则——基本准则》第二条规定："本准则适用于各级政府、各部门、各单位（以下统称政府会计主体）。前款所称各部门、各单位是指与本级政府财政部门直接或者间接发生预算拨款关系的国家机关、军队、政党组织、社会团体、事业单位和其他单位。军队、已纳入企业财务管理体系的单位和执行《民间非营利组织会计制度》的社会团体，不适用本准则。"

2. 持续运行

持续运行是指政府会计主体的业务活动能够持续不断地进行下去。《政府会计准则——基本准则》第七条规定："政府会计核算应当以政府会计主体持续运行为前提。"持续运行前提可以保证政府会计主体按照正常的会计方法进行会计核算，而不将会计核算建立在非正常的财务清算基础之上。尽管政府会计主体也会根据社会经济发展的客观需要进行划转或撤并，但在相应财务清算活动尚未开始之前，政府会计主体应当按照持续运行的假设对相应经济业务或事项进行会计核算，并得出相应的核算结果。

3. 会计分期

会计分期是指将政府会计主体持续运行的时间人为地划分成一个一个时间段，以便分阶段结算账目，编制会计报表。政府会计期间分为年度、半年度、季度和月度，年度、半年度、季度和月度采用公历日期。为了及时提供预算执行情况和财务状况的信息，政府会计还可以根据需要提供旬报，以便政府有关方面及时了解信息。分期提供会计信息，既可以及时提供信息，又可以将各期的会计信息进行比较，从而有利于进行信息分析，提高信息的有用性。

4. 货币计量

货币计量是指政府会计核算以人民币作为记账本位币。如果发生外币收支，应当按照中国人民银行公布的人民币外汇汇率折算为人民币核算。对于业务收支以外币为主的政府会计主体，也可以选定某种外币作为记账本位币，但在编制会计报表时，应当按照编报日期的人民币外汇汇率折算为人民币反映。货币计量可以使得各种经济业务在数量上有一个统一的衡量标准，即人民币"元"，从而使得各种经济业务在数量上可以进行相加或者相减，得到有意义的财务信息。

### 1.1.5 政府会计的信息质量要求

政府会计信息质量要求是指政府会计向信息使用者提供的会计信息应当达到的质量标准。会计信息质量是否达到要求的标准或者其质量的高低直接影响信息使用者能否做出合理、正确的经济和社会等方面的决策。根据我国《政府会计准则——基本准则》的规定，我国政府会计信息质量的要求包括可靠性、全面性、相关性、及时性、可比性、可理解性、实质重于形式等。

1. 可靠性

可靠性也称为真实性或客观性，是指会计核算应当以实际发生的经济业务为依据，客观真实地记录、反映各项经济业务活动的实际情况和结果。政府会计不能不真实、不客观地记录和反映经济业务，也不能以尚未发生或可能发生的经济业务为依据，根据人为的估计进行会计核算，更不能故意编造经济业务的内容，并以此为依据进行会计记录和反映。政府会计信息只有真实客观，才能帮助信息使用者做出正确的评价和决策。

我国《政府会计准则——基本准则》第十一条规定："政府会计主体应当以实际发生的经济业务或者事项为依据进行会计核算，如实反映各项会计要素的情况和结果，保证会计信息真实可靠。"

2. 全面性

全面性是指政府会计应当全面反映预算执行情况以及财务状况、运行情况等信息。以行政事业单位为例，行政事业单位会计需要全面反映财政拨款资金收支、非财政拨款资金收支等情况，全面反映财务状况、运行成本等情况。

我国《政府会计准则——基本准则》第十二条规定："政府会计主体应当将发生的各项经济业务或者事项统一纳入会计核算，确保会计信息能够全面反映政府会计主体预算执行情况和财务状况、运行情况、现金流量等。"

3. 相关性

相关性是指政府会计主体提供的会计信息，应当与反映政府会计主体公共受托责任履行情况以及报告使用者决策或者监督、管理的需要相关，有助于报告使用者对政府会计主体过去、现在或未来的情况做出评价或预测。即政府会计主体提供会计信息时应充分考虑使用者对决策信息的需要和评价公共受托责任履行等情况的需要。

我国《政府会计准则——基本准则》第十三条规定："政府会计主体提供的会计信息，应当与反映政府会计主体公共受托责任履行情况以及报告使用者决策或者监督、管理的需要相关，有助于报告使用者对政府会计主体过去、现在或者未来的情况作出评价或者预测。"

4. 及时性



及时性是指政府会计主体对已经发生的经济业务或者事项应当及时进行会计核算，

不得提前或者延后。会计信息的价值在于帮助使用者做出决策或评价，它具有时效性，失去了时效性的会计信息，对使用者的效用就会大大降低甚至没有实际意义。

我国《政府会计准则——基本准则》第十四条规定："政府会计主体对已经发生的经济业务或者事项，应当及时进行会计核算，不得提前或者延后。"

5. 可比性

可比性是指政府会计信息之间可以相互比较。可比性信息质量要求：同一政府会计主体不同时期发生的相同或者相似的经济业务或者事项，应当采用一致的会计政策，不得随意变更，确实需要变更的，应当将变更的内容、理由及其影响在附注中予以说明；不同政府会计主体发生的相同或者相似的经济业务或者事项，应当采用一致的会计政策，确保政府会计信息口径一致，相互可比。可比的会计信息将大大增加其评价和决策的有用性。

我国《政府会计准则——基本准则》第十五条规定："政府会计主体提供的会计信息应当具有可比性。同一政府会计主体不同时期发生的相同或者相似的经济业务或者事项，应当采用一致的会计政策，不得随意变更。确需变更的，应当将变更的内容、理由及其影响在附注中予以说明。不同政府会计主体发生的相同或者相似的经济业务或者事项，应当采用一致的会计政策，确保政府会计信息口径一致，相互可比。"

6. 可理解性

可理解性是指政府会计主体提供的会计信息应当清晰明了，便于使用者理解和使用。政府会计信息只有易于为信息使用者所理解，才能帮助信息使用者评价政府会计主体公共受托责任的履行情况，并做出相应的经济和社会决策。可理解性除了要求政府会计信息本身通俗易懂、清晰明了外，也假设政府会计信息使用者具有相应的政府会计专业知识。

我国《政府会计准则——基本准则》第十六规定："政府会计主体提供的会计信息应当清晰明了，便于报告使用者理解和使用。"

7. 实质重于形式

实质重于形式是指政府会计主体应当按照经济业务或者事项的经济实质进行会计核算，不限于以经济业务或者事项的法律形式为依据。政府会计主体发生的经济业务或者事项，在大多数情况下其经济实质与法律形式是一致的，但有时也会存在不一致的情况。例如，事业单位融资租入固定资产的业务，尽管在法律形式上事业单位只拥有融资租入固定资产的使用权，不拥有融资租入固定资产的所有权，但事业单位实际控制着融资租入的固定资产及其服务能力或经济利益，因此，在会计核算上将融资租入固定资产视同自有固定资产进行确认、计量和报告。按照实质重于形式的质量要求提供的政府会计信息，比纯粹按照法律形式提供的政府会计信息更加具有相关性，从而可以更好地服务于信息使用者。

我国《政府会计准则——基本准则》第十七条规定："政府会计主体应当按照经济业务或者事项的经济实质进行会计核算，不限于以经济业务或者事项的法律形式为依据。"

## 1.1.6 政府会计的会计要素及其确认和计量原则

政府会计要素是基于报告的需要对政府会计核算对象的基本分类。会计要素组成会计报表的基本结构，因此又称会计报表要素。由于政府会计由财务会计和预算会计组成，因此，政府会计要素也分为政府财务会计要素和政府预算会计要素两大类。政府财务会计要素包括资产、负债、净资产、收入、费用五个要素；政府预算会计要素包括预算收入、预算支出、预算结余三个要素。由于政府财务会计和政府预算会计针对不同的会计目标，因此，政府财务会计和政府预算会计采用不同的确认和计量原则。

1. 资产

资产是指政府会计主体过去的经济业务或者事项形成的、由政府会计主体控制的、预期能够产生服务潜力或者带来经济利益流入的经济资源。服务潜力是指政府会计主体利用资产提供公共产品和服务以履行政府职能的潜在能力。经济利益流入表现为现金及现金等价物的流入，或者现金及现金等价物流出的减少。

符合上述资产定义的经济资源，在同时满足以下条件时，确认为资产：（1）与该经济资源相关的服务潜力很可能实现或者经济利益很可能流入政府会计主体；（2）该经济资源的成本或者价值能够可靠地计量。

资产的计量属性主要包括历史成本、重置成本、现值、公允价值和名义金额。在历史成本计量下，资产按照取得时支付的现金金额或者支付对价的公允价值计量。在重置成本计量下，资产按照现在购买相同或者相似资产所需支付的现金金额计量。在现值计量下，资产按照预计从其持续使用和最终处置中所产生的未来净现金流入量的折现金额计量。在公允价值计量下，资产按照市场参与者在计量日发生的有序交易中，出售资产所能收到的价格计量。

无法采用上述计量属性的，采用名义金额（即人民币 1 元）计量。政府会计主体在对资产进行计量时，一般应当采用历史成本。采用重置成本、现值、公允价值计量的，应当保证所确定的资产金额能够持续、可靠计量。

2. 负债

负债是指政府会计主体过去的经济业务或者事项形成的、预期会导致经济资源流出政府会计主体的现时义务。现时义务是指政府会计主体在现行条件下已承担的义务。未来发生的经济业务或者事项形成的义务不属于现时义务，不应当确认为负债。

符合上述负债定义的义务，在同时满足以下条件时，确认为负债：（1）履行该义务很可能导致含有服务潜力或者经济利益的经济资源流出政府会计主体；（2）该义务的金额能够可靠地计量。

负债的计量属性主要包括历史成本、现值和公允价值。在历史成本计量下，负债按照因承担现时义务而实际收到的款项或者资产的金额，或者承担现时义务的合同金额，或者按照为偿还负债预期需要支付的现金计量。在现值计量下，负债按照预计期限内需要偿还的未来净现金流出量的折现金额计量。在公允价值计量下，负债按照市场参与者在计量日发生的有序交易中，转移负债所需支付的价格计量。政府会计主体在对负债进行计量时，一般应当采用历史成本。采用现值、公允价值计量的，应当保证所确定的负债金额能够持续、可靠计量。

3. 净资产

净资产是指政府会计主体资产扣除负债后的净额。净资产金额取决于资产和负债的计量。

4. 收入

收入是指报告期内导致政府会计主体净资产增加的、含有服务潜力或者经济利益的经济资源的流入。

收入的确认应当同时满足以下条件：（1）与收入相关的含有服务潜力或者经济利益的经济资源很可能流入政府会计主体；（2）含有服务潜力或者经济利益的经济资源流入会导致政府会计主体资产增加或者负债减少；（3）流入金额能够可靠地计量。

5. 费用

费用是指报告期内导致政府会计主体净资产减少的、含有服务潜力或者经济利益的经济资源的流出。

费用的确认应当同时满足以下条件：（1）与费用相关的含有服务潜力或者经济利益的经济资源很可能流出政府会计主体；（2）含有服务潜力或者经济利益的经济资源流出会导致政府会计主体资产减少或者负债增加；（3）流出金额能够可靠地计量。

政府财务会计要素之间的平衡关系：

资产－负债＝净资产

收入－费用＝净资产的增加或者减少

资产、负债、净资产、收入、费用五个要素建构起政府财务会计报表。

6. 预算收入

预算收入是指政府会计主体在预算年度内依法取得并纳入预算管理的现金流入。预算收入一般在实际收到时予以确认，以实际收到的金额计量。

7. 预算支出

预算支出是指政府会计主体在预算年度内依法发生并纳入预算管理的现金流出。预算支出一般在实际支付时予以确认，以实际支付的金额计量。

8. 预算结余

预算结余是指政府会计主体预算年度内预算收入扣除预算支出后的资金余额，以及历年滚存的资金余额。预算结余包括结余资金和结转资金。结余资金是指年度预算执行终了，预算收入实际完成数扣除预算支出和结转资金后剩余的资金。结转资金是指预算安排项目的支出年终尚未执行完毕或者因故未执行，且下年需要按原用途继续使用的资金。

政府预算会计要素之间的平衡关系：

预算收入－预算支出＝预算结余

预算收入、预算支出、预算结余三个要素建构起政府预算会计报表或政府决算报表。

### 1.1.7 政府会计的核算基础

会计核算基础是指在确认和处理一定期间的收入和费用时所选择的处理原则和标准。会计核算基础包括收付实现制和权责发生制两种。

1. 收付实现制

它是指以本期款项的实际收付为标志来确定本期收入和费用的会计核算基础。凡在当期实际收到的款项收入和实际支付的费用，均应作为当期的收入和费用；凡是不属于当期收到的款项和实际支付的费用，均不应当作为当期的收入和费用。

2. 权责发生制

它是指以取得收取款项的权利或支付款项的义务为标志来确定本期收入和费用的会计核算基础。凡是当期已经实现的收入和已经发生的或应当负担的费用，不论款项是否收付，都应当作为当期的收入和费用；凡是不属于当期的收入和费用，即使款项已在当期收付，也不应当作为当期的收入和费用。

我国《政府会计准则——基本准则》第三条规定："政府会计由预算会计和财务会计构成。预算会计实行收付实现制，国务院另有规定的，依照其规定。财务会计实行权责发生制。"

### 1.1.8 政府决算报告和财务报告

政府决算报告和财务报告是政府会计工作的最终产品，是全面系统地反映政府会计主体经济活动及其结果的报告性文件，是考核政府会计主体预算和财务业绩的重要依据，也是政府会计主体解除预算和财务公共受托责任的书面信息载体。

1. 政府决算报告

政府决算报告是综合反映政府会计主体年度预算收支执行结果的文件。政府决算报告应当包括决算报表和其他应当在决算报告中反映的相关信息和资料。

在实务中，政府决算报表分别由财政总预算会计报表和行政事业单位预算会计报表组成。其中，财政总预算会计报表反映一级政府层面财政预算执行情况，行政事业单位预算会计报表反映行政事业单位预算执行情况。行政事业单位预算会计报表按照政府部门汇总后，形成政府部门预算会计报表，反映政府部门预算执行情况。

政府决算报告的编制主要以收付实现制为基础，以预算会计核算生成的数据为准。

2. 政府财务报告

政府财务报告是反映政府会计主体某一特定日期的财务状况和某一会计期间的运行情况与现金流量等信息的文件。政府财务报告应当包括财务报表和其他应当在财务报告中披露的相关信息和资料。

政府财务报告包括政府综合财务报告和政府部门财务报告。政府综合财务报告是指由政府财政部门编制的，反映各级政府整体财务状况、运行情况和财政中长期可持续性的报告。

政府部门财务报告是指政府各部门、各单位按规定编制的财务报告。

财务报表是对政府会计主体财务状况、运行情况和现金流量等信息的结构性表述。财务报表包括会计报表和附注。会计报表至少应当包括资产负债表、收入费用表和现金流量表。

资产负债表是反映政府会计主体在某一特定日期的财务状况的报表。收入费用表是反映政府会计主体在一定会计期间运行情况的报表。现金流量表是反映政府会计主体在一定会计期间现金及现金等价物流入和流出情况的报表。附注是对在资产负债表、收入费用表、现金流量表等报表中列示项目所做的进一步说明，以及对未能在这些报表中列示的项目加以说明。

政府会计主体应当根据相关规定编制合并财务报表。

政府财务报告的编制主要以权责发生制为基础，以财务会计核算生成的数据为准。

# 1.2 我国政府会计标准

政府会计的核算要依据相应的政府会计标准进行。目前我国政府会计核算依据的会计标准是准则加制度。

## 1.2.1 政府会计准则

政府会计准则主要用于规范政府会计的会计确认、计量和信息披露。作为我国政府会计标准的会计准则体系，包括政府会计基本准则、政府会计具体准则及其指南，以及财政部根据具体情况发布的准则解释。目前我国政府会计准则体系如表 1-1 所示。

**表 1-1 我国政府会计准则体系**

<table>
<tr><td rowspan="6">政府会计准则——基本准则</td><td>政府会计准则第 1 号——存货</td><td></td></tr>
<tr><td>政府会计准则第 2 号——投资</td><td></td></tr>
<tr><td>政府会计准则第 3 号——固定资产</td><td>《〈政府会计准则第 3 号——固定资产〉应用指南》</td></tr>
<tr><td>政府会计准则第 4 号——无形资产</td><td></td></tr>
<tr><td>政府会计准则第 5 号——公共基础设施</td><td></td></tr>
<tr><td>政府会计准则第 6 号——政府储备物资</td><td></td></tr>
</table>

续表

| | | |
|---|---|---|
| 政府会计准则——基本准则 | 政府会计准则第7号——会计调整 | |
| | 政府会计准则第8号——负债 | |
| | 政府会计准则第9号——财务报表编制和列报 | |
| | …… | |

## 1.2.2 政府会计制度

政府会计制度主要用于规范政府会计的会计记账和编制会计报表。作为我国政府会计标准的会计制度体系，包括适用于各类政府会计主体的会计制度及其补充规定。

目前我国涉及政府组织的会计制度（含核算办法）共有十多个，主要包括《税收会计制度》《国库会计核算业务操作规程》《财政总预算会计制度》《政府会计制度——行政事业单位会计科目和报表》《三峡工程库区移民资金会计制度（试行）》《农业综合开发资金会计制度》《国家物资储备资金会计制度》《土地储备资金会计核算办法（试行）》《财政部国际司管理的赠款项目会计核算暂行办法》《社会保障基金财政专户会计核算暂行办法》《社会保险基金会计制度》《住房公积金会计核算办法》等。

这些会计制度可以从不同角度进行划分。按照政府获得、分配及使用资金的过程，政府会计制度可以分为：核算政府收入征解和收纳环节资金的会计制度《税收会计制度》和《国库会计核算业务操作规程》；核算政府财政分配环节资金的会计制度《财政总预算会计制度》；核算政府财政资金和其他资金使用环节的会计制度《政府会计制度——行政事业单位会计科目和报表》《三峡工程库区移民资金会计制度（试行）》《农业综合开发资金会计制度》《国家物资储备资金会计制度》《土地储备资金会计核算办法（试行）》《财政部国际司管理的赠款项目会计核算暂行办法》等。

按照资金性质，政府会计制度可以分为：核算政府自有资金的会计制度，例如，《税收会计制度》《国库会计核算业务操作规程》《财政总预算会计制度》《政府会计制度——行政事业单位会计科目和报表》《三峡工程库区移民资金会计制度（试行）》《农业综合开发资金会计制度》《国家物资储备资金会计制度》《土地储备资金会计核算办法（试行）》《财政部国际司管理的赠款项目会计核算暂行办法》；核算政府受托管理资金的会计制度，例如，《社会保障基金财政专户会计核算暂行办法》《社会保险基金会计制度》《住房公积金会计核算办法》。

按照适用主体的属性，政府会计制度可以分为：适用于以组织为核算主体的会计制度，例如，《政府会计制度——行政事业单位会计科目和报表》；适用于以特定资金为核算主体的会计制度，例如，《三峡工程库区移民资金会计制度（试行）》《农业综合开发资金会计制度》《国家物资储备资金会计制度》等。

总体而言，我国政府会计制度分为适用于政府财政会计（征解和收纳会计可以视为政府财政会计的延伸）和适用于政府单位会计两部分。前者由各级政府财政部门（税收部门、各级人民银行）执行，后者由各个政府单位执行。这些会计制度构成我国的政府会计制度体系。

## 1.3 我国政府会计核算模式

从2019年1月1日开始，政府会计在政府单位（原行政事业单位）会计中实施“八要素”会计核算模式。“八要素”为：资产、负债、净资产、收入、费用、预算收入、预算支出、预算结余。前五个要素为财务会计要素，后三个为预算会计要素。

在“八要素”会计核算模式中，凡是会计主体从事的符合预算会计要素的经济业务或事项，需要在预算会计账户上进行登记；凡是会计主体从事的符合财务会计要素的经济业务或事项，需要在财务会计账户上进行登记；如果发生的经济业务或事项既符合预算会计要素又符合财务会计要素，就需要在预算会计账户和财务会计账户上同时进行登记。《政府会计制度——行政事业单位会计科目和报表》中规定：“单位对于纳入部门预算管理的现金①收支业务，在采用财务会计核算的同时应当进行预算会计核算；对于其他业务，仅需进行财务会计核算。”

根据财政部发布的《关于进一步做好政府会计准则制度新旧衔接和加强行政事业单位资产核算的通知》（财会〔2018〕34号）要求，“单位应当按照部门综合预算管理的要求，对纳入部门预算管理的全部现金收支业务进行预算会计核算。未纳入年初批复的预算但纳入决算报表编制范围的非财政拨款收支，应当进行预算会计核算。”

在采用“八要素”会计核算模式下，年末应编制财务报表和预算报表。② 财务报表包括资产负债表、收入费用表、净资产变动表、现金流量表；预算报表包括预算收入支出表、预算结转结余变动表、财政拨款预算收入支出表。财务报表全面反映财务状况、运行情况和现金流量等；预算报表反映预算执行情况。

① 这里的现金是指财政直接支付的款项、财政授权支付方式下单位零余额账户的额度、库存现金、银行存款、其他货币资金、财政应返还额度等。

② 资产负债表和收入费用表是月报，其余为年报。

## 本章习题

### 一、单项选择题

1. 政府财务会计的基本要素包括（　　）。
   A. 资产、负债、所有者权益、收入、费用、利润
   B. 资产、负债、净资产、收入、费用、结转结余
   C. 资产、负债、净资产、收入、支出
   D. 资产、负债、净资产、收入、费用
2. 政府预算会计的基本要素包括（　　）。
   A. 预算收入、预算支出、预算结余
   B. 资产、负债、净资产、收入、支出
   C. 预算收入、预算费用、预算结转结余
   D. 资产、负债、净资产、收入、支出、结转结余
3. 预算收入是指政府会计主体在预算年度内依法取得并纳入预算管理的（　　）。
   A. 经济资源流入　　B. 现金流入
   C. 资金余额　　D. 资产流入
4. 预算支出是指政府会计主体在预算年度内依法发生并纳入预算管理的（　　）。
   A. 现金流出　　B. 经济资源流出
   C. 资产耗费　　D. 资金余额
5. 用来核算政府会计主体预算年度内预算收入扣除预算支出后的资金余额，以及历年滚存的资金余额的会计要素是（　　）。
   A. 结转结余　　B. 累计盈余　　C. 预算结余　　D. 净资产
6. 我国政府会计的会计年度起讫日期为（　　）。
   A. 1 月 1 日至当年 12 月 31 日　　B. 4 月 1 日至次年 3 月 31 日
   C. 7 月 1 日至次年 6 月 30 日　　D. 10 月 1 日至次年 9 月 30 日
7. 政府会计的基本假设包括会计主体、会计分期、货币计量和（　　）。
   A. 历史成本　　B. 限制性
   C. 持续运行　　D. 实质重于形式
8. 政府会计主体应当以实际发生的经济业务或者事项为依据进行会计核算，如实反映各项会计要素的情况和结果，从而保证会计信息（　　）。
   A. 内容完整　　B. 清晰明了　　C. 相互可比　　D. 真实可靠
9. 不同政府会计主体发生的相同或者相似的经济业务或者事项，应当采用同一的

会计政策，确保不同行政、事业单位会计信息口径一致、（　　）。

A. 真实可靠　　B. 相互可比　　C. 清晰明了　　D. 报送及时

10. 政府会计主体应当将发生的各项经济业务或者事项统一纳入会计核算，确保会计信息能够全面反映政府会计主体的财务状况和预算执行情况、运行情况、现金流量等，这体现了政府会计信息的（　　）。

A. 可靠性　　B. 可比性　　C. 全面性　　D. 可理解性

## 二、多项选择题

1. 研究政府会计基本目标，通常包括的内容有（　　）。

A. 会计信息满足何种需要　　B. 信息使用者是谁
C. 提供哪些会计信息　　D. 会计信息质量要求
E. 会计主体是谁

2. 下列适用于《政府会计准则——基本准则》的会计主体包括（　　）。

A. 浙江省人民政府　　B. 招商银行
C. 南京大学　　D. 海底捞
E. 苏州大学附属第一医院

3. 政府会计的基本假设包括（　　）。

A. 会计主体　　B. 会计客体　　C. 会计分期　　D. 持续运行
E. 货币计量

4. 政府会计中规定的会计信息质量要求区别于企业会计的包括（　　）。

A. 可靠性　　B. 全面性　　C. 重要性　　D. 谨慎性
E. 可理解性

5. 下列关于权责发生制的说法正确的是（　　）。

A. 是以本期款项的实际收付为标志来确定本期收入和费用的会计核算基础
B. 是比收付实现制更具有优势的会计核算基础
C. 如实反映了政府会计主体在经济活动中所发生的收款权利或付款义务
D. 是政府预算会计采用的会计核算基础
E. 是政府财务会计采用的会计核算基础

6. 下列关于收付实现制的说法正确的是（　　）。

A. 是以本期款项的实际收付为标志来确定本期收入和费用的会计核算基础
B. 是比权责发生制更具有优势的会计核算基础
C. 如实反映了政府会计主体在经济活动中所发生的收款权利或付款义务
D. 是政府预算会计采用的会计核算基础
E. 是政府财务会计采用的会计核算基础

## 三、判断题

1. 政府会计主体业务活动的目的是谋求最广泛的社会效益，具有明显的非市场性。（ ）

2. 研究政府会计的基本目标，通常包括三方面的内容：一是会计信息满足何种需要；二是信息使用者是谁；三是提供哪些会计信息。（ ）

3. 政府会计要素包括资产、负债、净资产、收入、费用、结转结余。（ ）

4. 资产是由过去的经济业务或者事项形成的、由政府会计主体占有或使用的、预期能够带来经济利益流入的经济资源。（ ）

5. 负债是由过去的经济业务或者事项形成的、预期会导致经济资源流出政府会计主体的现时义务，包含了预期、计划的负债。（ ）

6. 预算收入一般在实际收到时予以确认，以实际收到的金额计量。（ ）

7. 费用一般在实际支付时予以确认，以实际支付的金额计量。（ ）

8. 政府会计主体具体是指与本级政府财政部门直接或者间接发生预算拨款关系的国家机关、军队、政党组织、社会团体、事业单位和其他单位，但不包括已纳入企业财务管理体系的单位和执行《民间非营利组织会计制度》的社会团体。（ ）

9. 政府会计主体应当按照经济业务或者事项的法律依据进行会计核算。（ ）

10. 权责发生制下，凡是当期已经实现的收入和已经发生的或应当负担的费用，不论款项是否收付，都应当作为当期的收入和费用。（ ）

11. 权责发生制下，凡是不属于当期的现金收入和支出，均不应当作为当期的收入和支出。（ ）

12. 权责发生制的处理，同货币资金的收付紧密联系，不考虑权利和责任是否发生。（ ）

13. 收付实现制下，凡是本期实际收进款项的收入和本期实际支出款项的费用，不论是否体现本期的工作成果或劳动消耗，都作为本期收支进行核算。（ ）

14. 权责发生制下，凡是体现本期经营成果的收入和体现本期生产消耗的支出，不论款项是否实际收进或付出，都作为本期收支进行核算。（ ）

15. 企业会计恒等式“资产 = 负债 + 所有者权益”和政府会计恒等式“资产 = 负债 + 净资产”都属于财务会计范畴下的会计等式，两者体现的经济关系是一样的。（ ）

16. 政府会计体系改革后，在同一会计核算系统中实现财务会计和预算会计双重功能，财务会计采用权责发生制，预算会计采用收付实现制。（ ）

17. 政府会计体系改革后，通过财务会计核算形成决算报告，通过预算会计核算形成财务报告。（ ）

18. 政府会计体系改革后，对于发生的全部经济业务或者事项，政府会计主体在进行财务会计核算的同时也应当进行预算会计核算。（ ）

## 四、填空题

1. 政府财务会计提供与政府的财务状况、运行情况和现金流量等有关的信息，一般实行________________。

2. 政府预算会计提供与政府预算执行情况有关的信息，一般实行________________________，国务院另有规定的，从其规定。

3. 政府会计核算应当以________________作为记账本位币。

4. 政府会计主体对已经发生的经济业务或者事项，应当及时进行会计核算，不得________________。

5. 可比性从横向上看，同一政府会计主体________________发生的相同或者相似的经济业务或者事项，应当采用一致的会计政策，不得随意变更。

6. 可比性从纵向上看，不同政府会计主体发生的相同或者相似的经济业务或者事项，应当采用统一的会计政策，确保会计信息________________、相互可比。

7. 政府会计主体提供的会计信息应当____________，便于会计信息使用者理解和使用。

8. 政府会计主体提供的会计信息应当与使用者决策或者监督、管理的需要相关，有助于使用者对政府会计主体过去、现在或者未来的情况做出评价或者预测，这体现了政府会计信息的________________。

9. 政府会计主体应当按照经济业务或者事项的________________进行会计核算，不限于以经济业务或者事项的法律形式为依据。

10. 政府会计体系改革后，对于________________的现金收支业务，政府会计主体在进行财务会计核算的同时也应当进行预算会计核算；对于其他业务，仅需要进行财务会计核算。

11. 政府会计体系改革后，对于纳入部门预算管理的________________业务，政府会计主体在进行财务会计核算的同时也应当进行预算会计核算；对于其他业务，仅需要进行财务会计核算。

12. 政府会计体系改革后，对于除了纳入部门预算管理的现金收支业务以外的其他业务，政府会计主体仅需进行________________。

## 五、名词解释

1. 资产　　2. 负债　　3. 净资产　　4. 收入
5. 预算支出　　6. 预算结余　　7. 可靠性　　8. 及时性
9. 实质重于形式

## 六、简答题

1. 简述政府会计的基本原则及内容。
2. 相较于企业会计，政府会计的特点有哪些？

# 第二章

2

# 资产的核算

# 2.1 资产的概述

资产，是指政府会计主体过去的经济业务或者事项形成的、由政府会计主体控制的、预期能够产生服务潜力或者带来经济利益流入的经济资源。

政府会计主体的资产按照流动性，分为流动资产和非流动资产。流动资产是指预计在1年内（含1年）耗用或者可以变现的资产，包括货币资金、短期投资、应收及预付款项、存货等。非流动资产是指流动资产以外的资产，包括固定资产、在建工程、无形资产、长期投资、公共基础设施、政府储备资产、文物文化资产、保障性住房等。政府会计主体对符合资产定义的经济资源，应当在取得对其相关的权利并且能够可靠地进行货币计量时确认。

# 2.2 流动资产

流动资产是指预计在1年内（含1年）耗用或者可以变现的资产，具体包括货币资金、短期投资、财政应返还额度、应收及预付款项、存货、待摊费用等。

## 2.2.1 货币资金

货币资金按照存放地方和用途可以分为库存现金、银行存款、其他货币资金、零余额账户用款额度。

1. 库存现金

库存现金指行政事业单位（简称“单位”）① 在预算执行过程中为保证日常开支需要而存放在财务部门的现金。库存现金是一种流动性最强的流动资产，它具有普遍的可接受性。各单位应当严格按照国家有关库存现金管理的规定，加强对库存现金的管理，并主动接受开户银行等相关方面的监督。随着公务卡的使用，各单位的库存现金业务相应减少。各单位应当严格按照国家有关现金管理的规定收支现金，并按照《政府会计制度——行政事业单位会计科目和报表》规定核算现金的各项收支业务。

① 行政事业单位，本书简称为“单位”，有时也称为“政府会计主体”。

为核算库存现金业务，单位应设置“库存现金”总账科目。本科目核算单位的库存现金。该科目应当设置“受托代理资产”明细科目，核算单位受托代理、代管的现金。

从银行等金融机构提取现金，按照实际提取的金额，借记本科目，贷记“银行存款”科目；将现金存入银行等金融机构，按照实际存入金额，借记“银行存款”科目，贷记本科目。

根据规定从单位零余额账户提取现金，按照实际提取的金额，借记本科目，贷记“零余额账户用款额度”科目。

将现金退回单位零余额账户，按照实际退回的金额，借记“零余额账户用款额度”科目，贷记本科目。

因内部职工出差等原因借出的现金，按照实际借出的现金金额，借记“其他应收款”科目，贷记本科目。

出差人员报销差旅费时，按照实际报销的金额，借记“业务活动费用”“单位管理费用”等科目，按照实际借出的现金金额，贷记“其他应收款”科目，按照其差额，借记或贷记本科目。

因提供服务、物品或者其他事项收到现金，按照实际收到的金额，借记本科目，贷记“事业收入”“应收账款”等相关科目。涉及增值税业务的，相关账务处理参见“应交增值税”科目。因购买服务、物品或者其他事项支付现金，按照实际支付的金额，借记“业务活动费用”“单位管理费用”“库存物品”等相关科目，贷记本科目。涉及增值税业务的，相关账务处理参见“应交增值税”科目。以库存现金对外捐赠，按照实际捐出的金额，借记“其他费用”科目，贷记本科目。

收到受托代理、代管的现金，按照实际收到的金额，借记本科目（受托代理资产），贷记“受托代理负债”科目；支付受托代理、代管的现金，按照实际支付的金额，借记“受托代理负债”科目，贷记本科目（受托代理资产）。

单位应当设置“库存现金日记账”，由出纳人员根据收付款凭证，按照业务发生顺序逐笔登记。每日终了，应当计算当日的现金收入合计数、现金支出合计数和结余数，并将结余数与实际库存数相核对，做到账款相符。

每日账款核对中发现有待查明原因的现金短缺或溢余的，应当通过“待处理财产损溢”科目核算。属于现金溢余，应当按照实际溢余的金额，借记本科目，贷记“待处理财产损溢”科目；属于现金短缺，应当按照实际短缺的金额，借记“待处理财产损溢”科目，贷记本科目。待查明原因后及时进行账务处理，具体内容参见“待处理财产损溢”科目。

现金收入业务繁多、单独设有收款部门的单位，收款部门的收款员应当将每天所收现金连同收款凭据一并交财务部门核收记账，或者将每天所收现金直接送存开户银行后，将收款凭据及向银行送存现金的凭证等一并交财务部门核收记账。

单位有外币现金的，应当分别按照人民币、外币种类设置“库存现金日记账”进行明细核算。有关外币现金业务的账务处理参见“银行存款”科目的相关规定。

本科目期末借方余额，反映单位实际持有的库存现金。

单位库存现金的变化，如果涉及预算资金范围的，在预算会计中则体现为“资金结存——货币资金”科目核算的预算资金的变动。不涉及预算资金的库存现金业务，不需要做预算会计分录。预算会计的具体核算参见预算收支的相关核算。

例 2-1　某事业单位从单位零余额账户提取现金 2 000 元，以备日常零星开支使用。当日，该事业单位用库存现金支付一笔日常活动中发生的业务费 100 元。

（1）提取现金时

财务会计分录：

借：库存现金　　2 000

　　贷：零余额账户用款额度　　2 000

预算会计分录：

借：资金结存——货币资金　　2 000

　　贷：资金结存——零余额账户用款额度　　2 000

（2）用库存现金支付业务费用时

财务会计分录：

借：业务活动费用　　100

　　贷：库存现金　　100

预算会计分录：

借：事业支出　　100

　　贷：资金结存——货币资金　　100

例 2-2　某事业单位接受爱心人士的捐款 5 000 元，要求为其寻找捐赠对象，并对受赠对象进行资助。

（1）单位接受捐款时

财务会计分录：

借：库存现金——受托代理资产　　5 000

　　贷：受托代理负债　　5 000

预算会计分录：无。

（2）向捐赠对象支付代管的捐赠款时

财务会计分录：

借：受托代理负债　　5 000

　　贷：库存现金——受托代理资产　　5 000

预算会计分录：无。

2. 银行存款

银行存款是指单位存入银行或者其他金融机构的各种存款。单位应当严格按照国家相关规定开设银行存款账户，并严格按照国家有关支付结算办法的规定办理银行存款收支业务，并按照《政府会计制度——行政事业单位会计科目和报表》的规定核算银行存款的各项收支业务。随着财政国库集中收付制度的深入推进，单位财政性资金的收付业务都直接通过财政国库单一账户体系办理，各单位银行存款的业务相应减少。

为核算银行存款业务，单位应设置“银行存款”总账科目。本科目核算单位存入银行或者其他金融机构的各种存款。本科目应当设置“受托代理资产”明细科目，核算单位受托代理、代管的银行存款。

单位将款项存入银行或者其他金融机构，按照实际存入的金额，借记本科目，贷记“库存现金”“应收账款”“事业收入”“经营收入”“其他收入”等相关科目。涉及增值税业务的，相关账务处理参见“应交增值税”科目。收到银行存款利息，按照实际收到的金额，借记本科目，贷记“利息收入”科目。从银行等金融机构提取现金，按照实际提取的金额，借记“库存现金”科目，贷记本科目。

以银行存款支付相关费用，按照实际支付的金额，借记“业务活动费用”“单位管理费用”“其他费用”等相关科目，贷记本科目。涉及增值税业务的，相关账务处理参见“应交增值税”科目。以银行存款对外捐赠，按照实际捐出的金额，借记“其他费用”科目，贷记本科目。

收到受托代理、代管的银行存款，按照实际收到的金额，借记本科目（受托代理资产），贷记“受托代理负债”科目；支付受托代理、代管的银行存款，按照实际支付的金额，借记“受托代理负债”科目，贷记本科目（受托代理资产）。

单位发生外币业务的，应当按照业务发生当日的即期汇率，将外币金额折算为人民币金额记账，并登记外币金额和汇率。期末，各种外币账户的期末余额，应当按照期末的即期汇率折算为人民币，作为外币账户期末人民币余额。调整后的各种外币账户人民币余额与原账面余额的差额，作为汇兑损益计入当期费用。

以外币购买物资、设备等，按照购入当日的即期汇率将支付的外币或应支付的外币折算为人民币金额，借记“库存物品”等科目，贷记本科目、“应付账款”等科目的外币账户。涉及增值税业务的，相关账务处理参见“应交增值税”科目。

销售物品、提供服务以外币收取相关款项等，按照收入确认当日的即期汇率将收取的外币或应收取的外币折算为人民币金额，借记本科目、“应收账款”等科目的外币账户，贷记“事业收入”等相关科目。

期末，根据各外币银行存款账户按照期末汇率调整后的人民币余额与原账面人民币余额的差额，作为汇兑损益，借记或贷记本科目，贷记或借记“业务活动费用”“单位管理费用”等科目。“应收账款”“应付账款”等科目有关外币账户期末汇率调整业务的账务处理参照本科目。

单位应当按照开户银行或其他金融机构、存款种类及币种等，分别设置“银行存款日记账”，由出纳人员根据收付款凭证，按照业务的发生顺序逐笔登记，每日终了，应结出余额。“银行存款日记账”应定期与“银行对账单”核对，至少每月核对一次。月度终了，单位银行存款日记账账面余额与银行对账单余额之间如有差额，应当逐笔查明原因并进行处理，按月编制“银行存款余额调节表”，调节相符。

本科目期末借方余额，反映单位实际存放在银行或其他金融机构的款项。

单位银行存款的变化，如果涉及预算资金范围的，在预算会计中则体现为“资金结存——货币资金”科目核算的预算资金的变动。不涉及预算资金的银行存款业务，不需要做预算会计分录。预算会计的具体核算参见预算收支的相关核算。

例2-3　某事业单位在开展专业业务活动中取得一项事业收入8 000元，款项已存入银行账户。

财务会计分录：

借：银行存款　　8 000

　　贷：事业收入　　8 000

预算会计分录：

借：资金结存——货币资金　　8 000

　　贷：事业预算收入　　8 000

例 2-4　某事业单位支付一笔业务活动费用 3 000 元，款项已从银行存款账户中支付。

财务会计分录：

借：业务活动费用　　3 000

　　贷：银行存款　　3 000

预算会计分录：

借：事业支出　　3 000

　　贷：资金结存——货币资金　　3 000

例 2-5　某事业单位根据工会要求，转账支付代管工会经费的 10 000 元给外部单位，用于购买单位全体员工的某项福利服务。

财务会计分录：

借：受托代理负债　　10 000

　　贷：银行存款——受托代理资金　　10 000

预算会计分录：无。

3. 其他货币资金

其他货币资金是指除库存现金、银行存款、零余额账户用款额度之外的其他各种货币资金，主要包括外埠存款、银行本票存款、银行汇票存款、信用卡存款等种类。其中，外埠存款是指单位到外地进行临时或零星采购时汇往采购地银行开立采购专户的款项。银行本票存款是指单位为取得银行本票而按规定存入银行的款项。银行汇票存款是指单位为取得银行汇票而按规定存入银行的款项。信用卡存款是指单位为取得信用卡而按规定存入银行的款项。

单位通过支付宝、微信等方式取得相关收入的，对于尚未转入银行存款的支付宝、微信收付款等第三方支付平台账户的余额，应当通过“其他货币资金”科目核算。

为核算其他货币资金业务，单位应设置“其他货币资金”总账科目。本科目核算单位的外埠存款、银行本票存款、银行汇票存款、信用卡存款等各种其他货币资金。本科目应当设置“外埠存款”“银行本票存款”“银行汇票存款”“信用卡存款”等明细科目，进行明细核算。

单位按照有关规定需要在异地开立银行账户，将款项委托本地银行汇往异地开立账户时，借记本科目，贷记“银行存款”科目。收到采购员交来供应单位发票账单等报销凭证时，借记“库存物品”等科目，贷记本科目。将多余的外埠存款转回本地银行时，根据银行的收账通知，借记“银行存款”科目，贷记本科目。

将款项交存银行取得银行本票、银行汇票时，按照取得的银行本票、银行汇票金额，借记本科目，贷记“银行存款”科目。使用银行本票、银行汇票购买库存物品等资产时，按照实际支付金额，借记“库存物品”等科目，贷记本科目。如有余款或因本票、汇票超过付款期等原因而退回款项的，按照退款金额，借记“银行存款”科目，贷记本科目。

将款项交存银行取得信用卡时，按照交存金额，借记本科目，贷记“银行存款”科目。用信用卡购物或支付有关费用时，按照实际支付金额，借记“单位管理费用”“库存物品”等科目，贷记本科目。

单位信用卡在使用过程中，需向其账户续存资金的，按照续存金额，借记本科目，贷记“银行存款”科目。

单位应当加强对其他货币资金的管理，及时办理结算，对于逾期尚未办理结算的银行汇票、银行本票等，应当按照规定及时转回，并按照上述规定进行相应账务处理。

本科目期末借方余额，反映单位实际持有的其他货币资金。

单位货币资金的变化，如果涉及预算资金范围的，在预算会计中则体现为“资金结存——货币资金”科目核算的预算资金的变动。不涉及预算资金的其他货币资金业务，不需要做预算会计分录。预算会计的具体核算参见预算收支的相关核算。

例2-6　某事业单位由于采购需要，到银行办理银行汇票一张50 000元，款项用银行存款结算。

财务会计分录：

| | | |
|---|---|---|
| 借：其他货币资金——银行汇票存款 | 50 000 | |
| 　　贷：银行存款 | | 50 000 |

预算会计分录：无。

例2-7　承例2-6，该事业单位采购人员交回采购发票报销，支付银行汇票一张50 000元（含增值税），采购的自用甲材料已验收入库。

财务会计分录：

| | | |
|---|---|---|
| 借：库存物品——甲材料 | 50 000 | |
| 　　贷：其他货币资金——银行汇票存款 | | 50 000 |

预算会计分录：

| | | |
|---|---|---|
| 借：事业支出 | 50 000 | |
| 　　贷：资金结存——货币资金 | | 50 000 |

#### 4. 零余额账户用款额度

国库集中收付制度下，单位经财政部门审批，在国库集中支付代理银行开设单位零余额账户，用于财政授权支付的结算。财政部门根据预算安排和资金使用计划，定期向单位的零余额账户下达财政授权支付额度。单位可以在下达的额度内，自行签发授权支付指令，通知代理银行办理资金支付业务。该账户每日发生的支付，于当日营业终了前由代理银行在财政部门批准的用款额度内与国库单一账户进行清算。

单位零余额账户中的额度在年度内可累加使用。代理银行在用款额度累计余额内，根据单位支付指令，及时、准确地办理资金支付等业务。年度终了，代理银行将单位零余额账户中的财政授权支付额度余额全部注销，银行对账单是单位年终余额注销的记账凭证。下年度初，单位根据代理银行提供的额度恢复到账通知书做恢复额度的相关账务处理。

为核算零余额账户用款额度业务，单位应设置“零余额账户用款额度”总账科目，本科目核算实行国库集中支付的单位根据财政部门批复的用款计划收到和支用的零余额账户用款额度。

单位收到“财政授权支付到账通知书”时，应根据通知书所列金额，借记本科目，贷记“财政拨款收入”科目。支付日常活动费用时，按照支付的金额，借记“业务活动费用”“单位管理费用”等科目，贷记本科目。购买库存物品或购建固定资产时，按照实际发生的成本，借记“库存物品”“固定资产”“在建工程”等科目，按照实际支付或应付的金额，贷记本科目、“应付账款”等科目。涉及增值税业务的，相关账务处理参见“应交增值税”科目。从零余额账户提取现金时，按照实际提取的金额，借记“库存现金”科目，贷记本科目。因购货退回等发生财政授权支付额度退回的，按照退回的金额，借记本科目，贷记“库存物品”等科目。

年末，根据代理银行提供的对账单做注销额度的相关账务处理，借记“财政应返还额度——财政授权支付”科目，贷记本科目。年末，单位本年度财政授权支付预算指标数大于零余额账户用款额度下达数的，根据未下达的用款额度，借记“财政应返还额度——财政授权支付”科目，贷记“财政拨款收入”科目。下年初，单位根据代理银行提供的上年度注销额度恢复到账通知书做恢复额度的相关账务处理，借记本科目，贷记“财政应返还额度——财政授权支付”科目。单位收到财政部门批复的上年未下达零余额账户用款额度时，借记本科目，贷记“财政应返还额度——财政授权支付”科目。

本科目期末借方余额，反映单位尚未支用的零余额账户用款额度。年末注销单位零余额账户用款额度后，本科目应无余额。

零余额账户用款额度业务属于预算资金的变动，因此，在预算会计中体现为“资金结存——零余额账户用款额度”科目的变动。预算会计的具体核算参见预算收支的相关核算。

例 2-8　某事业单位收到代理银行“财政授权支付额度到账通知书”，列明本月授权支付额度为 100 000 元。

财务会计分录：

| | | |
|---|---|---|
| 借：零余额账户用款额度 | 100 000 | |
| 　　贷：财政拨款收入 | | 100 000 |

预算会计分录：

| | | |
|---|---|---|
| 借：资金结存——零余额账户用款额度 | 100 000 | |
| 　　贷：财政拨款预算收入 | | 100 000 |

例 2-9　某事业单位通过单位零余额账户支付本单位的水费 1 000 元。

财务会计分录：

| | | |
|---|---|---|
| 借：业务活动费用 | 1 000 | |

贷：零余额账户用款额度　　　　1 000

预算会计分录：

借：事业支出　　　　1 000

贷：资金结存——零余额账户用款额度　　　　1 000

例 2-10　某事业单位通过单位零余额账户支付购买一台设备的价款 6 000 元，设备已验收交付使用。

财务会计分录：

借：固定资产　　　　6 000

贷：零余额账户用款额度　　　　6 000

预算会计分录：

借：事业支出　　　　6 000

贷：资金结存——零余额账户用款额度　　　　6 000

### 2.2.2　财政应返还额度

财政应返还额度是指单位年终注销的、需要在次年恢复的年度未实现的用款额度。实行国库集中收付制度后，单位的财政经费由财政部门通过国库单一账户体系支付。单位的年度预算指标包括财政直接支付额度和财政授权支付额度。在财政直接支付方式下，单位在财政直接支付额度内根据批准的分月用款计划，提出支付申请，财政部门审核后签发支付令，实现日常支付；在财政授权支付方式下，由财政部门先对单位零余额账户下达本月用款额度，单位在用款额度内支用或提取现金使用。年度终了，单位需要对年度未实现的用款额度进行注销，形成财政应返还额度，以待次年予以恢复。单位的财政应返还额度包括财政应返还直接支付额度和财政应返还授权支付额度。

为核算财政应返还额度业务，单位应设置“财政应返还额度”总账科目。本科目核算实行国库集中支付的单位应收财政返还的资金额度，包括可以使用的以前年度财政直接支付资金额度和财政应返还的财政授权支付资金额度。本科目应当设置“财政直接支付”“财政授权支付”两个明细科目进行明细核算。

年末，单位根据本年度财政直接支付预算指标数大于当年财政直接支付实际发生数的差额，借记本科目（财政直接支付），贷记“财政拨款收入”科目。单位使用以前年度财政直接支付额度支付款项时，借记“业务活动费用”“单位管理费用”等科目，贷记本科目（财政直接支付）。

年末，根据代理银行提供的对账单做注销额度的相关账务处理，借记本科目（财政授权支付），贷记“零余额账户用款额度”科目。年末，单位本年度财政授权支付预算指标数大于零余额账户用款额度下达数的，根据未下达的用款额度，借记本科目（财政授权支付），贷记“财政拨款收入”科目。

下年初，单位根据代理银行提供的上年度注销额度恢复到账通知书做恢复额度的相关账务处理，借记“零余额账户用款额度”科目，贷记本科目（财政授权支付）。

单位收到财政部门批复的上年未下达零余额账户用款额度时，借记“零余额账户用款额度”科目，贷记本科目（财政授权支付）。

本科目期末借方余额，反映单位应收财政返还的资金额度。

财政应返还额度业务属于预算资金的变动，因此，在预算会计中体现为“资金结存——财政应返还额度”科目的变动。预算会计的具体核算参见预算收支的相关核算。

例 2-11　某事业单位已实行国库集中支付制度，年度终了，通过对账确认本年度财政直接支付预算指标数为 9 000 000 元，当年直接支付实际支出数为 8 900 000 元，年末注销未使用的财政直接支付额度 100 000 元。

财务会计分录：

| | | |
|---|---|---|
| 借：财政应返还额度——财政直接支付 | 100 000 | |
| 　　贷：财政拨款收入 | | 100 000 |

预算会计分录：

| | | |
|---|---|---|
| 借：资金结存——财政应返还额度 | 100 000 | |
| 　　贷：财政拨款预算收入 | | 100 000 |

例 2-12　某事业单位已实行国库集中支付制度，确定的财政授权支付预算数为 1 000 000 元。年度终了，通过对账确认已下达本年度财政授权支付额度为 950 000 元，当年实际支出数为 930 000 元，需要注销未下达的财政授权支付额度 50 000 元和未使用的授权支付额度 20 000 元。

财务会计分录：

| | | |
|---|---|---|
| 借：财政应返还额度——财政授权支付 | 70 000 | |
| 　　贷：财政拨款收入 | | 50 000 |
| 　　　　零余额账户用款额度 | | 20 000 |

预算会计分录：

| | | |
|---|---|---|
| 借：资金结存——财政应返还额度 | 70 000 | |
| 　　贷：财政拨款预算收入 | | 50 000 |
| 　　　　资金结存——零余额账户用款额度 | | 20 000 |

例 2-13　承例 2-11，下年初，该事业单位收到“财政直接支付额度恢复通知书”，恢复上年末注销的财政直接支付额度 100 000 元。

恢复的财政直接支付额度 100 000 元并没有实际支付，因此，不做会计记录。

例 2-14　承例 2-12，下年初，该事业单位收到“财政授权支付额度恢复通知书”，恢复上年末注销的财政授权支付额度 70 000 元，并且已下达到单位零余额账户。

财务会计分录：

| | | |
|---|---|---|
| 借：零余额账户用款额度 | 70 000 | |
| 　　贷：财政应返还额度——财政授权支付 | | 70 000 |

预算会计分录：

| | | |
|---|---|---|
| 借：资金结存——零余额账户用款额度 | 70 000 | |
| 　　贷：资金结存——财政应返还额度 | | 70 000 |

例 2-15　承例 2-13，该事业单位向财政部门提出申请，要求用恢复的上年度直接

支付额度支付一项业务费30 000元，已获批准，款项已通过财政零余额账户支付。

财务会计分录：

借：业务活动费用　　30 000

　　贷：财政应返还额度　　30 000

预算会计分录：

借：事业支出　　30 000

　　贷：资金结存——财政应返还额度　　30 000

例2-16　承例2-14，该事业单位使用恢复的上年度财政授权支付额度支付一笔业务培训费10 000元，款项已采用授权支付方式通过单位零余额账户支付。

财务会计分录：

借：业务活动费用　　10 000

　　贷：零余额账户用款额度　　10 000

预算会计分录：

借：事业支出　　10 000

　　贷：资金结存——零余额账户用款额度　　10 000

### 2.2.3　短期投资

事业单位应当严格遵守国家法律、行政法规以及财政部门、主管部门关于对外投资的有关规定，事业单位按规定可以购入国家发行的公债。事业单位的短期投资主要是国债投资。

为核算短期投资业务，事业单位应设置“短期投资”总账科目。本科目核算事业单位按照规定取得的、持有时间不超过1年（含1年）的投资。本科目应当按照投资的种类等进行明细核算。

事业单位取得短期投资时，按照确定的投资成本，借记本科目，贷记“银行存款”等科目。

收到取得投资时实际支付价款中包含的已到付息期但尚未领取的利息时，按照实际收到的金额，借记“银行存款”科目，贷记本科目。收到短期投资持有期间的利息时，按照实际收到的金额，借记“银行存款”科目，贷记“投资收益”科目。出售短期投资或到期收回短期投资本息时，按照实际收到的金额，借记“银行存款”科目，按照出售或收回短期投资的账面余额，贷记本科目，按照其差额，借记或贷记“投资收益”科目。涉及增值税业务的，相关账务处理参见“应交增值税”科目。

本科目期末借方余额，反映事业单位持有短期投资的成本。

事业单位采用货币资金对外进行投资时，预算会计应按照投资时付出的全部金额，确认投资支出。预算会计的具体核算参见投资支出和其他支出的相关内容。

例2-17　某事业单位3月9日用银行存款购入6个月的国债50 000元，票面年利率4%。

财务会计分录：

借：短期投资　　50 000

　　贷：银行存款　　50 000

预算会计分录：

借：投资支出　　50 000

　　贷：资金结存——货币资金　　50 000

例 2-18　承例 2-17，该事业单位到期收回所购国债本金 50 000 元，利息 1 000 元，款项存入银行。

财务会计分录：

借：银行存款　　51 000

　　贷：短期投资　　50 000

　　　　投资收益　　1 000

预算会计分录：

借：资金结存——货币资金　　51 000

　　贷：投资支出　　50 000

　　　　投资预算收益　　1 000

## 2.2.4　应收及预付款项

应收及预付款项是行政事业单位在开展业务活动中形成的各项债权，包括应收票据、应收账款、预付账款、应收股利、应收利息、其他应收款等。

1. 应收票据

为核算应收票据业务，事业单位应设置“应收票据”总账科目。本科目核算事业单位因开展经营活动销售产品、提供有偿服务等而收到的商业汇票，包括银行承兑汇票和商业承兑汇票。本科目应当按照开出、承兑商业汇票的单位等进行明细核算。

事业单位因销售产品、提供服务等收到商业汇票时，按照商业汇票的票面金额，借记本科目，按照确认的收入金额，贷记“经营收入”等科目。涉及增值税业务的，相关账务处理参见“应交增值税”科目。持未到期的商业汇票向银行贴现时，按照实际收到的金额（即扣除贴现息后的净额），借记“银行存款”科目，按照贴现息金额，借记“经营费用”等科目，按照商业汇票的票面金额，贷记本科目（无追索权）或“短期借款”科目（有追索权）。附追索权的商业汇票到期未发生追索事项的，按照商业汇票的票面金额，借记“短期借款”科目，贷记本科目。将持有的商业汇票背书转让以取得所需物资时，按照取得物资的成本，借记“库存物品”等科目，按照商业汇票的票面金额，贷记本科目，如有差额，借记或贷记“银行存款”等科目。涉及增值税业务的，相关账务处理参见“应交增值税”科目。

商业汇票到期时，应当分别以下情况处理：收回票款时，按照实际收到的商业汇票票面金额，借记“银行存款”科目，贷记本科目；因付款人无力支付票款，收到银行退回的商业承兑汇票、委托收款凭证、未付票款通知书或拒付款证明等时，按照商业汇票的票面金额，借记“应收账款”科目，贷记本科目。

事业单位应当设置“应收票据备查簿”，逐笔登记每一应收票据的种类、号数、出票日期、到期日、票面金额、交易合同号和付款人、承兑人、背书人姓名或单位名称，以及背书转让日、贴现日期、贴现率和贴现净额、收款日期、收回金额和退票情况等。应收票据到期结清票款或退票后，应当在备查簿内逐笔注销。

本科目期末借方余额，反映事业单位持有的商业汇票票面金额。

应收票据业务在取得货币资金时，按照实际收到的金额确认相关的预算收入，具体核算参见预算收入的相关内容。

例 2-19　某事业单位开展经营服务，销售商品一批，含税价 27 000 元，收到一张不带息的商业汇票，期限 3 个月。该事业单位属于增值税小规模纳税人，税率 3%。

财务会计分录：

| | | |
|---|---|---|
| 借：应收票据 | 27 000 | |
| 　　贷：经营收入 | | 26 213.59 |
| 　　　　应交增值税 | | 786.41 |

预算会计分录：无。

例 2-20　承例 2-19，该事业单位持有上述不带息商业汇票 1 个月后，办理贴现，贴现率 8%，贴现所得已存入银行。银行无追索权。

财务会计分录：

| | | |
|---|---|---|
| 借：银行存款 | 26 640 | |
| 　　经营费用 | 360 | |
| 　　贷：应收票据 | | 27 000 |

预算会计分录：

| | | |
|---|---|---|
| 借：资金结存——货币资金 | 26 640 | |
| 　　贷：经营预算收入 | | 26 640 |

2. 应收账款

为核算应收账款业务，单位应设置“应收账款”总账科目。本科目核算事业单位提供服务、销售产品等应收取的款项，以及单位因出租资产、出售物资等应收取的款项。本科目应当按照债务单位（或个人）进行明细核算。

应收账款收回后不需上缴财政的情况下，当单位发生应收账款时，应按照应收未收金额，借记本科目，贷记“事业收入”“经营收入”“租金收入”“其他收入”等科目。涉及增值税业务的，相关账务处理参见“应交增值税”科目。收回应收账款时，按照实际收到的金额，借记“银行存款”等科目，贷记本科目。

应收账款收回后需上缴财政的情况下，当单位出租资产发生应收未收租金款项时，应按照应收未收金额，借记本科目，贷记“应缴财政款”科目。收回应收账款时，按照实际收到的金额，借记“银行存款”等科目，贷记本科目。单位出售物资发生应收未收款项时，按照应收未收金额，借记本科目，贷记“应缴财政款”科目。收回应收账款时，按照实际收到的金额，借记“银行存款”等科目，贷记本科目。

涉及增值税业务的，相关账务处理参见“应交增值税”科目。

事业单位应当于每年年末，对收回后不需上缴财政的应收账款进行全面检查，如发生不能收回的迹象，应当计提坏账准备。对于账龄超过规定年限、确认无法收回的应收账款，按照规定报经批准后予以核销。按照核销金额，借记“坏账准备”科目，贷记本科目。核销的应收账款应在备查簿中保留登记。已核销的应收账款在以后期间又收回的，按照实际收回金额，借记本科目，贷记“坏账准备”科目；同时，借记“银行存款”等科目，贷记本科目。

单位应当于每年年末，对收回后应当上缴财政的应收账款进行全面检查。对于账龄超过规定年限、确认无法收回的应收账款，按照规定报经批准后予以核销。按照核销金额，借记“应缴财政款”科目，贷记本科目。核销的应收账款应当在备查簿中保留登记。已核销的应收账款在以后期间又收回的，按照实际收回金额，借记“银行存款”等科目，贷记“应缴财政款”科目。

本科目期末借方余额，反映单位尚未收回的应收账款。

应收账款业务如果涉及应缴财政款，则不属于预算资金范畴的业务，因此，预算会计在应收账款发生和收回时不进行预算收支的确认；如果涉及单位的收入，则在应收账款收回货币资金时，按实际收到的金额确认相关预算收入。预算会计的具体核算参见预算收入的相关内容。

例 2-21　某事业单位开展经营业务（非独立核算）销售商品一批，价值 9 000 元，增值税税率 3%，价税共计 9 270 元，尚未收到。

财务会计分录：

借：应收账款　　9 270

　　贷：经营收入　　9 000

　　　　应交增值税　　270

预算会计分录：无。

例 2-22　承例 2-21，该事业单位收到上述款项 9 270 元，存入银行，不需要缴给财政。

财务会计分录：

借：银行存款　　9 270

　　贷：应收账款　　9 270

预算会计分录：

借：资金结存——货币资金　　9 270

　　贷：经营预算收入　　9 270

例 2-23　承例 2-22，该事业单位用银行存款缴纳增值税 270 元。

财务会计分录：

借：应交增值税　　270

　　贷：银行存款　　270

预算会计分录：

借：经营支出　　270

贷：资金结存——货币资金　　270

3. 预付账款

为核算预付账款业务，行政事业单位应设置“预付账款”总账科目。本科目核算单位按照购货、服务合同或协议规定预付给供应单位（或个人）的款项，以及按照合同规定向承包工程的施工企业预付的备料款和工程款。本科目应当按照供应单位（或个人）及具体项目进行明细核算；对于基本建设项目发生的预付账款，还应当在本科目所属基建项目明细科目下设置“预付备料款”“预付工程款”“其他预付款”等明细科目，进行明细核算。

单位根据购货、服务合同或协议规定预付款项时，按照预付金额，借记本科目，贷记“财政拨款收入”“零余额账户用款额度”“银行存款”等科目。收到所购资产或服务时，按照购入资产或服务的成本，借记“库存物品”“固定资产”“无形资产”“业务活动费用”等相关科目，按照相关预付账款的账面余额，贷记本科目，按照实际补付的金额，贷记“财政拨款收入”“零余额账户用款额度”“银行存款”等科目。涉及增值税业务的，相关账务处理参见“应交增值税”科目。根据工程进度结算工程价款及备料款时，按照结算金额，借记“在建工程”科目，按照相关预付账款的账面余额，贷记本科目，按照实际补付的金额，贷记“财政拨款收入”“零余额账户用款额度”“银行存款”等科目。发生预付账款退回的，按照实际退回金额，借记“财政拨款收入”（本年直接支付）、“财政应返还额度”（以前年度直接支付）、“零余额账户用款额度”、“银行存款”等科目，贷记本科目。

单位应当于每年年末，对预付账款进行全面检查。如果有确凿证据表明预付账款不再符合预付款项性质，或者因供应单位破产、撤销等原因可能无法收到所购货物、服务的，应当先将其转入其他应收款，再按照规定进行处理。将预付账款账面余额转入其他应收款时，借记“其他应收款”科目，贷记本科目。

本科目期末借方余额，反映单位实际预付但尚未结算的款项。

在预付账款业务中，如果涉及纳入部门预算管理的现金收支的，在进行财务会计核算时，同时要进行预算会计核算，预算会计的具体核算参见本书预算会计核算部分的内容。

例 2-24　某事业单位开展专业业务活动，与某供应商签订合同预购甲材料一批，根据合同规定预付 10 000 元，通过财政零余额账户预付。

财务会计分录：

借：预付账款　　10 000

　　贷：财政拨款收入　　10 000

预算会计分录：

借：事业支出　　10 000

　　贷：财政拨款预算收入　　10 000

例 2-25　承例 2-24，该事业单位收到预购的甲材料 15 000 元，已验收入库，通过财政零余额账户支付剩余款项。

财务会计分录：

借：库存物品——甲材料　　15 000
　　贷：预付账款　　10 000
　　　　财政拨款收入　　5 000

预算会计分录：

借：事业支出　　5 000
　　贷：财政拨款预算收入　　5 000

例 2-26　某事业单位采用财政直接支付方式预付给 A 单位道路施工备料款 50 000 元。

财务会计分录：

借：预付账款——A 单位——道路施工——预付备料款　　50 000
　　贷：财政拨款收入　　50 000

预算会计分录：

借：事业支出　　50 000
　　贷：财政拨款预算收入　　50 000

例 2-27　承例 2-26，该事业单位对上述道路施工工程进行阶段性结算，共计 80 000 元，已经预付 50 000 元，通过财政授权支付方式支付 30 000 元。

财务会计分录：

借：在建工程——道路施工　　80 000
　　贷：零余额账户用款额度　　30 000
　　　　预付账款——A 单位——道路施工——预付备料款　　50 000

预算会计分录：

借：事业支出　　30 000
　　贷：资金结存——零余额账户用款额度　　30 000

4. 应收股利

为核算应收股利业务，事业单位应当设置“应收股利”总账科目。本科目核算事业单位持有长期股权投资应当收取的现金股利或应当分得的利润。本科目应当按照被投资单位等进行明细核算。

事业单位取得长期股权投资，按照支付的价款中所包含的已宣告但尚未发放的现金股利，借记本科目，按照确定的长期股权投资成本，借记“长期股权投资”科目，按照实际支付的金额，贷记“银行存款”等科目。收到取得投资时实际支付价款中所包含的已宣告但尚未发放的现金股利时，按照收到的金额，借记“银行存款”科目，贷记本科目。

长期股权投资持有期间，被投资单位宣告发放现金股利或利润的，按照应享有的份额，借记本科目，贷记“投资收益”（成本法下）或“长期股权投资”（权益法下）科目。实际收到现金股利或利润时，按照收到的金额，借记“银行存款”等科目，贷记本科目。

本科目期末借方余额，反映事业单位应当收取但尚未收到的现金股利或利润。

涉及预算会计的分录参见本书预算会计部分的具体核算内容。

例 2-28　某事业单位拥有 A 公司 80% 的股权，有权决定 A 公司的财务和经营决策，相应的长期股权投资采用权益法核算。某日 A 公司宣告发放现金股利 700 000 元，该事业单位应享有的份额为 560 000 元。

财务会计分录：

借：应收股利　560 000

　　贷：长期股权投资　560 000

预算会计分录：无。

例 2-29　承例 2-28，该事业单位于次月收到 A 公司发放的现金股利 560 000 元，款项已存入银行。

财务会计分录：

借：银行存款　560 000

　　贷：应收股利　560 000

预算会计分录：

借：资金结存——货币资金　560 000

　　贷：投资预算收益　560 000

5. 应收利息

为核算应收利息业务，事业单位应设置“应收利息”总账科目。本科目核算事业单位长期债券投资应当收取的利息。事业单位购入的到期一次还本付息的长期债券投资持有期间的利息，应当通过“长期债券投资——应计利息”科目核算，不通过本科目核算。本科目应当按照被投资单位等进行明细核算。

事业单位取得长期债券投资，按照确定的投资成本，借记“长期债券投资”科目，按照支付的价款中包含的已到付息期但尚未领取的利息，借记本科目，按照实际支付的金额，贷记“银行存款”等科目。收到取得投资时实际支付价款中所包含的已到付息期但尚未领取的利息时，按照收到的金额，借记“银行存款”等科目，贷记本科目。

按期计算确认长期债券投资利息收入时，对于分期付息、一次还本的长期债券投资，按照以票面金额和票面利率计算确定的应收未收利息金额，借记本科目，贷记“投资收益”科目。

实际收到应收利息时，按照收到的金额，借记“银行存款”等科目，贷记本科目。

本科目期末借方余额，反映事业单位应收未收的长期债券投资利息。

涉及预算会计的分录参见本书预算会计部分的具体核算内容。

例 2-30　某事业单位持有一项长期债券投资，某月末，该事业单位按照债券票面金额和票面利率计算确定的应收未收利息金额为 7 800 元。

财务会计分录：

借：应收利息　7 800

　　贷：投资收益　7 800

预算会计分录：无。

例 2-31　承例 2-30，该事业单位于次月收到上述应收利息 7 800 元，该债券为分期付息、一次还本的长期债券投资。

财务会计分录：

借：银行存款　　7 800

　　贷：应收利息　　7 800

预算会计分录：

借：资金结存——货币资金　　7 800

　　贷：投资预算收益　　7 800

6. 其他应收款

为核算其他应收款业务，单位应设置“其他应收款”总账科目。本科目核算单位除财政应返还额度、应收票据、应收账款、预付账款、应收股利、应收利息以外的其他各项应收及暂付款项，如职工预借的差旅费、已经偿还银行尚未报销的本单位公务卡欠款、拨付给内部有关部门的备用金、应向职工收取的各种垫付款项、支付的可以收回的订金或押金、应收的上级补助和附属单位上缴款项等。本科目应当按照其他应收款的类别以及债务单位（或个人）进行明细核算。本科目期末借方余额，反映单位尚未收回的其他应收款。

发生其他各种应收及暂付款项时，按照实际发生金额，借记本科目，贷记“零余额账户用款额度”“银行存款”“库存现金”“上级补助收入”“附属单位上缴收入”等科目。涉及增值税业务的，相关账务处理参见“应交增值税”科目。收回其他各种应收及暂付款项时，按照收回的金额，借记“库存现金”“银行存款”等科目，贷记本科目。

单位内部实行备用金制度的，有关部门使用备用金以后应当及时到财务部门报销并补足备用金。财务部门核定并发放备用金时，按照实际发放金额，借记本科目，贷记“库存现金”等科目。根据报销金额用现金补足备用金定额时，借记“业务活动费用”“单位管理费用”等科目，贷记“库存现金”等科目，报销数和拨补数都不再通过本科目核算。

偿还尚未报销的本单位公务卡欠款时，按照偿还的款项，借记本科目，贷记“零余额账户用款额度”“银行存款”等科目；持卡人报销时，按照报销金额，借记“业务活动费用”“单位管理费用”等科目，贷记本科目。

将预付账款账面余额转入其他应收款时，借记本科目，贷记“预付账款”科目。具体说明参见“预付账款”科目。

事业单位应当于每年年末，对其他应收款进行全面检查，如发生不能收回的迹象，应当计提坏账准备。对于账龄超过规定年限、确认无法收回的其他应收款，按照规定报经批准后予以核销。按照核销金额，借记“坏账准备”科目，贷记本科目。核销的其他应收款应当在备查簿中保留登记。已核销的其他应收款在以后期间又收回的，按照实际收回金额，借记本科目，贷记“坏账准备”科目；同时，借记“银行存款”等科目，贷记本科目。

行政单位应当于每年年末，对其他应收款进行全面检查。对于超过规定年限、确认无法收回的其他应收款，应当按照有关规定报经批准后予以核销。核销的其他应收款应在备查簿中保留登记。经批准核销其他应收款时，按照核销金额，借记“资产处置费用”科目，贷记本科目。已核销的其他应收款在以后期间又收回的，按照收回金额，借记“银行存款”等科目，贷记“其他收入”科目。

根据财政部《政府会计准则制度解释第1号》的规定，单位对于纳入本年度部门预算管理的现金收支业务，在采用财务会计核算的同时应当及时进行预算会计核算。年末结账前，单位应当对暂付款项进行全面清理，并对于纳入本年度部门预算管理的暂付款项进行预算会计处理，确认相关预算收支，确保预算会计信息能够完整反映本年度部门预算收支执行情况。

（1）对于纳入本年度部门预算管理的暂付款项，按照《政府会计制度》规定，单位在支付款项时可不做预算会计处理，待结算或报销时，按照结算或报销的金额，借记相关预算支出科目，贷记“资金结存”科目。但是，在年末结账前，对于尚未结算或报销的暂付款项，单位应当按照暂付的金额，借记相关预算支出科目，贷记“资金结存”科目。以后年度，实际结算或报销金额与已计入预算支出的金额不一致的，单位应当通过相关预算结转结余科目“年初余额调整”明细科目进行处理。

（2）对于应当纳入下一年度部门预算管理的暂付款项，单位在付出款项时，借记“其他应收款”科目，贷记“银行存款”等科目，本年度不做预算会计处理。待下一年实际结算或报销时，单位应当按照实际结算或报销的金额，借记有关费用科目，按照之前暂付的款项金额，贷记“其他应收款”科目，按照退回或补付的金额，借记或贷记“银行存款”等科目；同时，在预算会计中，按照实际结算或报销的金额，借记有关支出科目，贷记“资金结存”科目。下一年度内尚未结算或报销的，按照上述（1）中的规定处理。

在其他应收款业务中，如果涉及纳入部门预算管理的现金收支的，在进行财务会计核算的同时，要进行预算会计核算，预算会计的具体核算参见本书预算会计核算部分的内容。

例2-32　某行政单位员工张林预借差旅费7 000元，款项用现金支付。单位采用报销确认支出的预算会计方法。

财务会计分录：

| | | |
|---|---|---|
| 借：其他应收款——张林 | 7 000 | |
| 　　贷：库存现金 | | 7 000 |

预算会计分录：无。

例2-33　承例2-32，张林报销差旅费6 980元，同时归还20元预借款。

财务会计分录：

| | | |
|---|---|---|
| 借：业务活动费用 | 6 980 | |
| 　　库存现金 | 20 | |
| 　　贷：其他应收款——张林 | | 7 000 |

预算会计分录：

| | | |
|---|---|---|
| 借：行政支出 | 6 980 | |
| 　　贷：资金结存——货币资金 | | 6 980 |

例2-34　某事业单位接到公务卡开卡银行通知，本月公务卡支付28 000元，通过

单位零余额账户支付，职工尚未报销。

财务会计分录：

借：其他应收款　　28 000

　　贷：零余额账户用款额度　　28 000

预算会计分录：无。

例2-35　承例2-34，该事业单位的公务卡持卡人报销差旅费29 000元，补足其现金。

财务会计分录：

借：业务活动费用　　29 000

　　贷：其他应收款　　28 000

　　　　库存现金　　1 000

预算会计分录：

借：事业支出　　29 000

　　贷：资金结存——零余额账户用款额度　　28 000

　　　　　　　　——货币资金　　1 000

7. 坏账准备

坏账是指无法收回的应收款项，由应收款项坏账带来的损失可称为坏账损失。行政单位除极少的出租固定资产的业务外，没有出售商品和服务的业务，相比之下，事业单位存在出售商品或服务引起的应收账款和其他应收款业务比较多，因此，面临交易对象无法偿还款项的风险比较大。所以，现行制度规定，事业单位对收回后不需要上缴财政的应收账款和其他应收款应当提取坏账准备，对其他的应收款项不提取坏账准备。行政单位不提取坏账准备。

为核算坏账准备业务，事业单位应设置“坏账准备”总账科目。本科目核算事业单位对收回后不需上缴财政的应收账款和其他应收款提取的坏账准备。本科目应当分别应收账款和其他应收款进行明细核算。

事业单位应当于每年年末，对收回后不需上缴财政的应收账款和其他应收款进行全面检查，分析其可收回性，对预计可能产生的坏账损失计提坏账准备、确认坏账损失。

事业单位可以采用应收款项余额百分比法、账龄分析法、个别认定法等方法计提坏账准备。坏账准备计提方法一经确定，不得随意变更。如需变更，应当按照规定报经批准，并在财务报表附注中予以说明。

当期应补提或冲减的坏账准备金额 = 按照期末应收账款和其他应收款计算应计提的坏账准备金额 - “坏账准备”科目期末贷方余额（或 + “坏账准备”科目期末借方余额）

事业单位提取坏账准备时，借记“其他费用”科目，贷记本科目；冲减坏账准备时，借记本科目，贷记“其他费用”科目。

对于账龄超过规定年限并确认无法收回的应收账款、其他应收款，应当按照有关规定报经批准后，按照无法收回的金额，借记本科目，贷记“应收账款”“其他应收款”科目。已核销的应收账款、其他应收款在以后期间又收回的，按照实际收回金额，借记“应收账款”“其他应收款”科目，贷记本科目；同时，借记“银行存款”等科目，贷记“应收账款”“其他应收款”科目。

本科目期末贷方余额，反映事业单位提取的坏账准备金额。

提取、冲减以及批准后核销坏账准备业务不涉及预算资金的变动，因此，不涉及预算会计的核算。但如果已核销不需要上缴财政的应收款项在以后期间收回时，在进行财务会计核算的同时，要进行预算会计核算。

例2-36　某事业单位年末对应收账款和其他应收款进行期末检查，发现可以提取坏账准备的应收账款500 000元，其他应收款200 000元，均按5%的比率提取坏账准备，计提前该单位“坏账准备”科目贷方余额为2 000元。

当期应补提的坏账准备金额 = (500 000 + 200 000) × 5% − 2 000 = 33 000(元)

财务会计分录：

借：其他费用　33 000

　　贷：坏账准备　33 000

预算会计分录：无。

例2-37　承例2-36，该事业单位有一笔应收账款5 000元现批准后予以核销，该笔应收账款属于收回后不需要上缴财政的款项。

财务会计分录：

借：坏账准备　5 000

　　贷：应收账款　5 000

预算会计分录：无。

例2-38　承例2-36，该事业单位有一笔去年已核销不需要上缴财政的应收款项2 000元，现在确认收回，款项已存入银行账户。

财务会计分录：

借：应收账款　2 000

　　贷：坏账准备　2 000

借：银行存款　2 000

　　贷：应收账款　2 000

预算会计分录：

借：资金结存——货币资金　2 000

　　贷：非财政拨款结余　2 000

## 2.2.5　存货

存货，是指行政事业单位在开展业务活动及其他活动中为耗用或出售而储存的资产，如材料、产品、包装物和低值易耗品等，以及未达到固定资产标准的用具、装具、动植物等。

按照《政府会计准则第1号——存货》的规定，存货同时满足下列条件的，应当予以确认：（1）与该存货相关的服务潜力很可能实现或者经济利益很可能流入政府会计主体；（2）该存货的成本或者价值能够可靠地计量。

存货的初始计量：存货在取得时应当按照成本进行初始计量。行政事业单位购入的存货，其成本包括购买价款、相关税费、运输费、装卸费、保险费以及使存货达到目前场所和状态所发生的归属于存货成本的其他支出。单位自行加工的存货，其成本包括耗用的直接材料费用、发生的直接人工费用和按照一定方法分配的与存货加工有关的间接费用。单位委托加工的存货，其成本包括委托加工前存货成本、委托加工的成本（如委托加工费以及按规定应计入委托加工存货成本的相关税费等）以及使存货达到目前场所和状态所发生的归属于存货成本的其他支出。

下列各项应当在发生时确认为当期费用，不计入存货成本：（1）非正常消耗的直接材料、直接人工和间接费用。（2）仓储费用（不包括在加工过程中为达到下一个加工阶段所必需的费用）。（3）不能归属于使存货达到目前场所和状态所发生的其他支出。

行政事业单位通过置换取得的存货，其成本按照换出资产的评估价值，加上支付的补价或减去收到的补价，加上为换入存货发生的其他相关支出确定。单位接受捐赠的存货，其成本按照有关凭据注明的金额加上相关税费、运输费等确定；没有相关凭据可供取得，但按规定经过资产评估的，其成本按照评估价值加上相关税费、运输费等确定；没有相关凭据可供取得，也未经资产评估的，其成本比照同类或类似资产的市场价格加上相关税费、运输费等确定；没有相关凭据且未经资产评估、同类或类似资产的市场价格也无法可靠取得的，按照名义金额入账，相关税费、运输费等计入当期费用。单位无偿调入的存货，其成本按照调出方账面价值加上相关税费、运输费等确定。单位盘盈的存货，按规定经过资产评估的，其成本按照评估价值确定；未经资产评估的，其成本按照重置成本确定。

存货的后续计量：行政事业单位应当根据实际情况采用先进先出法、加权平均法或者个别计价法确定发出存货的实际成本。计价方法一经确定，不得随意变更。

对于性质和用途相似的存货，应当采用相同的成本计价方法确定发出存货的成本。对于不能替代使用的存货、为特定项目专门购入或加工的存货，通常采用个别计价法确定发出存货的成本。对于已发出的存货，应当将其成本结转为当期费用或者计入相关资产成本。按规定报经批准对外捐赠、无偿调出的存货，应当将其账面余额予以转销，对外捐赠、无偿调出中发生的归属于捐出方、调出方的相关费用应当计入当期费用。

单位应当采用一次转销法或者五五摊销法对低值易耗品、包装物进行摊销，将其成本计入当期费用或者相关资产成本。

对于发生的存货毁损，应当将存货账面余额转销计入当期费用，并将毁损存货处置收入扣除相关处置税费后的差额按规定做应缴款项处理（差额为净收益时）或计入当期费用（差额为净损失时）。存货盘亏造成的损失，按规定报经批准后应当计入当期费用。

行政事业单位的存货按照经济内容或经济用途可分为在途物品、库存物品、加工物品等种类。

1. 在途物品

为核算在途物品业务，单位应该设置“在途物品”总账科目。本科目核算单位采购材料等物品时货款已付或已开出商业汇票但尚未验收入库的在途物品的采购成本。本科目可按照供应单位和物品种类进行明细核算。

单位购入材料等物品，按照确定的物品采购成本的金额，借记本科目，按照实际支付的金额，贷记“财政拨款收入”“零余额账户用款额度”“银行存款”等科目。涉及增值税业务的，相关账务处理参见“应交增值税”科目。所购材料等物品到达验收入库，按照确定的库存物品成本金额，借记“库存物品”科目，按照物品采购成本金额，贷记本科目，按照使得入库物品达到目前场所和状态所发生的其他支出，贷记“银行存款”等科目。

本科目期末借方余额，反映单位在途物品的采购成本。

在途物品业务中如果涉及纳入部门预算管理的现金收支的，在进行财务会计核算的同时，要进行预算会计核算，预算会计的具体核算参见本书预算会计核算部分的内容。

例 2-39　某事业单位采购一批自用甲材料，价税合计 11 300 元，已通过单位零余额账户支付，材料尚未验收入库。

财务会计分录：

借：在途物品——甲材料　　11 300

　　贷：零余额账户用款额度　　11 300

预算会计分录：

借：事业支出　　11 300

　　贷：资金结存——零余额账户用款额度　　11 300

例 2-40　承例 2-39，该事业单位收到甲材料，验收入库。

财务会计分录：

借：库存物品——甲材料　　11 300

　　贷：在途物品——甲材料　　11 300

预算会计分录：无。

2. 库存物品

为核算库存物品业务，单位应设置“库存物品”总账科目。本科目核算单位在开展业务活动及其他活动中为耗用或出售而储存的各种材料、产品、包装物、低值易耗品，以及达不到固定资产标准的用具、装具、动植物等的成本。已完成的测绘、地质勘察、设计成果等的成本，也通过本科目核算。

单位随买随用的零星办公用品，可以在购进时直接列作费用，不通过本科目核算。单位控制的政府储备物资，应当通过“政府储备物资”科目核算，不通过本科目核算。单位受托存储保管的物资和受托转赠的物资，应当通过“受托代理资产”科目核算，不通过本科目核算。单位为在建工程购买和使用的材料物资，应当通过“工程物资”

科目核算，不通过本科目核算。

本科目应当按照库存物品的种类、规格、保管地点等进行明细核算。

单位储存的低值易耗品、包装物较多的，可以在本科目（低值易耗品、包装物）下按照“在库”“在用”和“摊销”等进行明细核算。

（1）库存物品的取得。

① 外购的库存物品验收入库，按照确定的成本，借记本科目，贷记“财政拨款收入”“零余额账户用款额度”“银行存款”“应付账款”“在途物品”等科目。涉及增值税业务的，相关账务处理参见“应交增值税”科目。

② 自制的库存物品加工完成并验收入库，按照确定的成本，借记本科目，贷记“加工物品——自制物品”科目。

③ 委托外单位加工收回的库存物品验收入库，按照确定的成本，借记本科目，贷记“加工物品——委托加工物品”等科目。

④ 接受捐赠的库存物品验收入库，按照确定的成本，借记本科目，按照发生的相关税费、运输费等，贷记“银行存款”等科目，按照其差额，贷记“捐赠收入”科目。

接受捐赠的库存物品按照名义金额入账的，按照名义金额，借记本科目，贷记“捐赠收入”科目；同时，按照发生的相关税费、运输费等，借记“其他费用”科目，贷记“银行存款”等科目。

⑤ 无偿调入的库存物品验收入库，按照确定的成本，借记本科目，按照发生的相关税费、运输费等，贷记“银行存款”等科目，按照其差额，贷记“无偿调拨净资产”科目。

⑥ 置换换入的库存物品验收入库，按照确定的成本，借记本科目，按照换出资产的账面余额，贷记相关资产科目（换出资产为固定资产、无形资产的，还应当借记“固定资产累计折旧”“无形资产累计摊销”科目），按照置换过程中发生的其他相关支出，贷记“银行存款”等科目，按照借贷方差额，借记“资产处置费用”科目或贷记“其他收入”科目。涉及补价的，分别以下情况进行处理：

支付补价的，按照确定的成本，借记本科目，按照换出资产的账面余额，贷记相关资产科目（换出资产为固定资产、无形资产的，还应当借记“固定资产累计折旧”“无形资产累计摊销”科目），按照支付的补价和置换过程中发生的其他相关支出，贷记“银行存款”等科目，按照借贷方差额，借记“资产处置费用”科目或贷记“其他收入”科目。

收到补价的，按照确定的成本，借记本科目，按照收到的补价，借记“银行存款”等科目，按照换出资产的账面余额，贷记相关资产科目（换出资产为固定资产、无形资产的，还应当借记“固定资产累计折旧”“无形资产累计摊销”科目），按照置换过程中发生的其他相关支出，贷记“银行存款”等科目，按照补价扣减其他相关支出后的净收入，贷记“应缴财政款”科目，按照借贷方差额，借记“资产处置费用”科目或贷记“其他收入”科目。

（2）库存物品的发出。

① 单位开展业务活动等领用、按照规定自主出售发出或加工发出库存物品的，按

照领用、出售等发出物品的实际成本，借记“业务活动费用”“单位管理费用”“经营费用”“加工物品”等科目，贷记本科目。

采用一次转销法摊销低值易耗品、包装物的，在首次领用时将其账面余额一次性摊销计入有关成本费用，借记有关科目，贷记本科目。

采用五五摊销法摊销低值易耗品、包装物的，首次领用时，将其账面余额的50%摊销计入有关成本费用，借记有关科目，贷记本科目；使用完后，将剩余的账面余额转销计入有关成本费用，借记有关科目，贷记本科目。

② 经批准对外出售的库存物品（不含可自主出售的库存物品）发出时，按照库存物品的账面余额，借记“资产处置费用”科目，贷记本科目；同时，按照收到的价款，借记“银行存款”等科目，按照处置过程中发生的相关费用，贷记“银行存款”等科目，按照其差额，贷记“应缴财政款”科目。

③ 经批准对外捐赠的库存物品发出时，按照库存物品的账面余额和对外捐赠过程中发生的归属于捐出方的相关费用合计数，借记“资产处置费用”科目，按照库存物品账面余额，贷记本科目，按照对外捐赠过程中发生的归属于捐出方的相关费用，贷记“银行存款”等科目。

④ 经批准无偿调出的库存物品发出时，按照库存物品的账面余额，借记“无偿调拨净资产”科目，贷记本科目；同时，按照无偿调出过程中发生的归属于调出方的相关费用，借记“资产处置费用”科目，贷记“银行存款”等科目。

⑤ 经批准置换换出的库存物品，参照本科目有关置换换入库存物品的规定进行账务处理。

（3）库存物品的盘盈、盘亏或报废、毁损。单位应当定期对库存物品进行清查盘点，每年至少盘点一次。对于发生的库存物品盘盈、盘亏或者报废、毁损，应当先计入“待处理财产损溢”科目，按照规定报经批准后及时进行后续账务处理。

① 盘盈的库存物品，其成本按照有关凭据注明的金额确定；没有相关凭据、但按照规定经过资产评估的，其成本按照评估价值确定；没有相关凭据、也未经过评估的，其成本按照重置成本确定。如无法采用上述方法确定盘盈的库存物品成本的，按照名义金额入账。

盘盈的库存物品，按照确定的入账成本，借记本科目，贷记“待处理财产损溢”科目。

② 盘亏或者毁损、报废的库存物品，按照待处理库存物品的账面余额，借记“待处理财产损溢”科目，贷记本科目。

属于增值税一般纳税人的单位，若因非正常原因导致库存物品盘亏或毁损的，还应当将与该库存物品相关的增值税进项税额转出，按照其增值税进项税额，借记“待处理财产损溢”科目，贷记“应交增值税——应交税金（进项税额转出）”科目。

本科目期末借方余额，反映单位库存物品的实际成本。

在库存物品业务中，如果涉及纳入部门预算管理的现金收支的，在进行财务会计核算的同时，要进行预算会计核算，预算会计的具体核算参见本书预算会计核算部分的内容。

例2-41　某事业单位采购一批自用甲材料，价税合计11 300元，运输费200元，都已通过单位零余额账户支付，材料已验收入库。

财务会计分录：

借：库存物品——甲材料　　11 500

　贷：零余额账户用款额度　　11 500

预算会计分录：

借：事业支出　　11 500

　贷：资金结存——零余额账户用款额度　　11 500

例2-42　某事业单位接上级通知无偿调入一批事业用乙材料，该批材料调出方账面价200 000元，运输费5 000元，运输费已由调入方通过单位零余额账户支付，材料已验收入库。

财务会计分录：

借：库存物品——乙材料　　205 000

　贷：无偿调拨净资产　　205 000

预算会计分录：

借：其他支出　　5 000

　贷：资金结存——零余额账户用款额度　　5 000

例2-43　某事业单位业务部门开展专业业务活动领用一批库存物品，实际成本为10 000元。

财务会计分录：

借：业务活动费用　　10 000

　贷：库存物品　　10 000

预算会计分录：无。

例2-44　某事业单位期末盘点库存物品，盘盈了一批库存物品，价值600元。

财务会计分录：

借：库存物品　　600

　贷：待处理财产损溢　　600

预算会计分录：无。

盘盈、盘亏或报废、毁损的库存物品，先在“待处理财产损溢”科目进行核算，报经批准后的处理参见“待处理财产损溢”科目的核算。

3. 加工物品

为核算加工物品业务，单位应设置“加工物品”总账科目。本科目核算单位自制或委托外单位加工的各种物品的实际成本。未完成的测绘、地质勘察、设计成果的实际成本，也通过本科目核算。本科目应当设置“自制物品”“委托加工物品”两个一级明细科目，并按照物品类别、品种、项目等设置明细账，进行明细核算。本科目“自制物品”一级明细科目下应当设置“直接材料”“直接人工”“其他直接费用”等二级明细科目归集自制物品发生的直接材料、直接人工（专门从事物品制造人员的人工费）等直接费用；对于自制物品发生的间接费用，应当在本科目“自制物品”一级明细科目下单独设置“间接费用”二级明细科目予以归集，期末，再按照一定的分配标准和方法，分配计入有关物品的成本。

（1）自制物品。

① 为自制物品领用材料等，按照材料成本，借记本科目（自制物品——直接材料），贷记“库存物品”科目。

② 专门从事物品制造的人员发生的直接人工费用，按照实际发生的金额，借记本科目（自制物品——直接人工），贷记“应付职工薪酬”科目。

③ 为自制物品发生的其他直接费用，按照实际发生的金额，借记本科目（自制物品——其他直接费用），贷记“零余额账户用款额度”“银行存款”等科目。

④ 为自制物品发生的间接费用，按照实际发生的金额，借记本科目（自制物品——间接费用），贷记“零余额账户用款额度”“银行存款”“应付职工薪酬”“固定资产累计折旧”“无形资产累计摊销”等科目。间接费用一般按照生产人员工资、生产人员工时、机器工时、耗用材料的数量或成本、直接费用（直接材料和直接人工）或产品产量等进行分配。单位可根据具体情况自行选择间接费用的分配方法。分配方法一经确定，不得随意变更。

⑤ 已经制造完成并验收入库的物品，按照所发生的实际成本（包括耗用的直接材料费用、直接人工费用、其他直接费用和分配的间接费用），借记“库存物品”科目，贷记本科目（自制物品）。

（2）委托加工物品。

① 发给外单位加工的材料等，按照其实际成本，借记本科目（委托加工物品），贷记“库存物品”科目。

② 支付加工费、运输费等费用时，按照实际支付的金额，借记本科目（委托加工物品），贷记“零余额账户用款额度”“银行存款”等科目。涉及增值税业务的，相关账务处理参见“应交增值税”科目。

③ 委托加工完成的材料等验收入库，按照加工前发出材料的成本和加工、运输成本等，借记“库存物品”等科目，贷记本科目（委托加工物品）。

本科目期末借方余额，反映单位自制或委托外单位加工但尚未完工的各种物品的实际成本。

在加工物品业务中，如果涉及纳入部门预算管理的现金收支的，在进行财务会计核算的同时，要进行预算会计核算，预算会计的具体核算参见本书预算会计核算部分的内容。

例2-45　某事业单位委托外单位加工一批物品（专业业务用A产品），发出一批加工材料（甲材料），其实际成本为50 000元。3个月以后，这批物品加工完成，该事业单位用银行存款支付加工费6 000元，加工完成的物品已运回该事业单位（运输费500元由该事业单位用现金支付）并已验收入库，暂不考虑增值税。

① 发出加工材料时

财务会计分录：

借：加工物品——委托加工物品——A产品　　50 000

贷：库存物品——甲材料 50 000

预算会计分录：无。

② 支付加工费及运输费时

财务会计分录：

借：加工物品——委托加工物品——A 产品 6 500

贷：银行存款 6 000

库存现金 500

预算会计分录：

借：事业支出 6 500

贷：资金结存——货币资金 6 500

③ 加工物品验收入库时

财务会计分录：

借：库存物品——A 产品 56 500

贷：加工物品——委托加工物品——A 产品 56 500

预算会计分录：无。

## 2.2.6 待摊费用

为核算待摊费用业务，单位应设置"待摊费用"总账科目。本科目核算单位已经支付、但应当由本期和以后各期分别负担的分摊期在 1 年以内（含 1 年）的各项费用，如预付航空保险费、预付租金等。摊销期限在 1 年以上的租入固定资产改良支出和其他费用，应当通过"长期待摊费用"科目核算，不通过本科目核算。待摊费用应当在其受益期限内分期平均摊销，如预付航空保险费应在保险期的有效期内、预付租金应在租赁期内分期平均摊销，计入当期费用。本科目应当按照待摊费用种类进行明细核算。

单位发生待摊费用时，按照实际预付的金额，借记本科目，贷记"财政拨款收入""零余额账户用款额度""银行存款"等科目。按照受益期限分期平均摊销时，按照摊销金额，借记"业务活动费用""单位管理费用""经营费用"等科目，贷记本科目。如果某项待摊费用已经不能使单位受益，应当将其摊余金额一次全部转入当期费用。按照摊销金额，借记"业务活动费用""单位管理费用""经营费用"等科目，贷记本科目。

本科目期末借方余额，反映单位各种已支付但尚未摊销的分摊期在 1 年以内（含 1 年）的费用。

在待摊费用业务中，如果涉及纳入部门预算管理的现金收支的，在进行财务会计核算的同时，要进行预算会计核算，预算会计的具体核算参见本书预算会计核算部分的内容。



例 2-46　某事业单位在开展专业业务活动中租用一套房屋，租用时用银行存款预付 1 年的租金 120 000 元。

财务会计分录：

借：待摊费用　　120 000

　　贷：银行存款　　120 000

预算会计分录：

借：事业支出　　120 000

　　贷：资金结存——货币资金　　120 000

例 2-47　承例 2-46，该事业单位每月平均分摊租金 10 000 元。

财务会计分录：

借：业务活动费用　　10 000

　　贷：待摊费用　　10 000

预算会计分录：无。

## 2.3　非流动资产

非流动资产是指流动资产以外的资产，包括固定资产、在建工程、无形资产、长期投资、公共基础设施、政府储备资产、文物文化资产、保障性住房和自然资源资产等。

### 2.3.1　长期投资

长期投资是指事业单位除短期投资以外、不准备短期内变现、持有时间在 1 年以上的投资。长期投资包括长期股权投资和长期债券投资。事业单位进行长期投资的主要目的是获取长期的、较高的投资收益。

1. 长期股权投资

为核算长期股权投资业务，事业单位应设置"长期股权投资"总账科目。本科目核算事业单位按照规定取得的、持有时间超过 1 年（不含 1 年）的股权性质的投资。本科目应当按照被投资单位和长期股权投资取得方式等进行明细核算。长期股权投资采用权益法核算的，还应当按照"成本""损益调整""其他权益变动"设置明细科目，进行明细核算。

（1）长期股权投资的取得。长期股权投资在取得时，应当按照其实际成本作为初始投资成本。

① 以现金取得的长期股权投资，按照确定的投资成本，借记本科目或本科目（成本），按照支付的价款中包含的已宣告但尚未发放的现金股利，借记"应收股利"科

目，按照实际支付的全部价款，贷记“银行存款”等科目。实际收到取得投资时所支付价款中包含的已宣告但尚未发放的现金股利时，借记“银行存款”科目，贷记“应收股利”科目。

② 以现金以外的其他资产置换取得的长期股权投资，参照“库存物品”科目中置换取得库存物品的相关规定进行账务处理。

③ 以未入账的无形资产取得的长期股权投资，按照评估价值加相关税费作为投资成本，借记本科目，按照发生的相关税费，贷记“银行存款”“其他应交税费”等科目，按照其差额，贷记“其他收入”科目。

④ 接受捐赠的长期股权投资，按照确定的投资成本，借记本科目或本科目（成本），按照发生的相关税费，贷记“银行存款”等科目，按照其差额，贷记“捐赠收入”科目。

⑤ 无偿调入的长期股权投资，按照确定的投资成本，借记本科目或本科目（成本），按照发生的相关税费，贷记“银行存款”等科目，按照其差额，贷记“无偿调拨净资产”科目。

根据我国《政府会计准则第 2 号——投资》的规定，以支付现金取得的长期股权投资，按照实际支付的全部价款（包括购买价款和相关税费）作为实际成本。实际支付价款中包含的已宣告但尚未发放的现金股利，应当单独确认为应收股利，不计入长期股权投资初始投资成本。以现金以外的其他资产置换取得的长期股权投资，其成本按照换出资产的评估价值加上支付的补价或减去收到的补价，加上换入长期股权投资发生的其他相关支出确定。接受捐赠的长期股权投资，其成本按照有关凭据注明的金额加上相关税费确定；没有相关凭据可供取得，但按规定经过资产评估的，其成本按照评估价值加上相关税费确定；没有相关凭据可供取得，也未经资产评估的，其成本比照同类或类似资产的市场价格加上相关税费确定。无偿调入的长期股权投资，其成本按照调出方账面价值加上相关税费确定。

本科目期末借方余额，反映事业单位持有的长期股权投资的价值。

在长期股权投资业务中，如果涉及纳入部门预算管理的现金收支的，在进行财务会计核算的同时，要进行预算会计核算，预算会计的具体核算参见本书预算会计核算部分的内容。

例 2-48　某事业单位使用专利技术、专用生产设备和货币资金与某企业组建全新的 A 有限公司进行科技转化。其中，专利技术账面原价 7 500 元，累计摊销 3 000 元；生产设备账面原价 900 000 元，累计折旧 300 000 元。投资时，经评估专利技术作价 1 800 000 元，生产设备作价 450 000 元，现金投资 1 500 000 元。该事业单位的股份占新投资 A 有限公司的 60%，单位拟采用权益法核算相关投资。由于单位为小规模纳税人，因此，资产成本中已包含增值税。

财务会计分录：

| | |
|---|---|
| 借：长期股权投资——A 公司——成本——无形资产投资 | 1 800 000 |
| ——生产设备投资 | 450 000 |
| ——现金投资 | 1 500 000 |

固定资产累计折旧　　300 000
无形资产累计摊销　　3 000
　贷：无形资产　　7 500
　　固定资产　　900 000
　　银行存款　　1 500 000
　　其他收入　　1 645 500

预算会计分录：

借：投资支出　　1 500 000
　贷：资金结存——货币资金　　1 500 000

（2）长期股权投资持有期间的计量。根据我国《政府会计准则第 2 号——投资》的规定，长期股权投资在持有期间，通常应当采用权益法进行核算。政府会计主体无权决定被投资单位的财务和经营政策或无权参与被投资单位的财务和经营政策决策的，应当采用成本法进行核算。其中，成本法，是指投资按照投资成本计量的方法；权益法，是指投资最初以投资成本计量，以后根据政府会计主体在被投资单位所享有的所有者权益份额的变动对投资的账面余额进行调整的方法。

① 采用成本法核算。被投资单位宣告发放现金股利或利润时，按照应收的金额，借记“应收股利”科目，贷记“投资收益”科目。收到现金股利或利润时，按照实际收到的金额，借记“银行存款”等科目，贷记“应收股利”科目。

在成本法下，长期股权投资的账面余额通常保持不变，但追加或收回投资时，应当相应调整其账面余额。

长期股权投资持有期间，被投资单位宣告分派的现金股利或利润，政府会计主体应当按照宣告分派的现金股利或利润中属于政府会计主体应享有的份额确认为投资收益。

② 采用权益法核算。在权益法下，被投资单位实现净利润的，按照应享有的份额，借记本科目（损益调整），贷记“投资收益”科目。被投资单位发生净亏损的，按照应分担的份额，借记“投资收益”科目，贷记本科目（损益调整），但以本科目的账面余额减记至零为限。发生亏损的被投资单位以后年度又实现净利润的，按照收益分享额弥补未确认的亏损分担额等后的金额，借记本科目（损益调整），贷记“投资收益”科目。

被投资单位宣告分派现金股利或利润的，按照应享有的份额，借记“应收股利”科目，贷记本科目（损益调整）。

被投资单位发生除净损益和利润分配以外的所有者权益变动的，按照应享有或应分担的份额，借记或贷记“权益法调整”科目，贷记或借记本科目（其他权益变动）。

在权益法下，政府会计主体取得长期股权投资后，对于被投资单位所有者权益的变动，应当按照下列规定进行处理：按照应享有或应分担的被投资单位实现的净损益的份额，确认为投资损益，同时调整长期股权投资的账面余额；按照被投资单位宣告分派的现金股利或利润计算应享有的份额，确认为应收股利，同时减少长期股权投资的账面余额；按照被投资单位除净损益和利润分配以外的所有者权益变动的份额，确认为净资产，同时调整长期股权投资的账面余额。

例2-49　某事业单位持有A公司60%的股份，有权决定A公司的财务和经营决策，相应的长期股权投资采用权益法核算。年末，A公司实现净利润825 000元，宣告分派现金股利165 000元，发生除净利润和利润分配以外的所有者权益变动增加数为30 000元。

1）确认分享的净利润时

财务会计分录：

借：长期股权投资——损益调整　　495 000

　　贷：投资收益　　495 000

2）确认分享的现金股利时

财务会计分录：

借：应收股利　　99 000

　　贷：长期股权投资——损益调整　　99 000

3）确认分享的其他所有者权益变动增加数时

财务会计分录：

借：长期股权投资——其他权益变动　　18 000

　　贷：权益法调整　　18 000

③ 成本法与权益法的转换。单位因处置部分长期股权投资等原因而对处置后的剩余股权投资由权益法改按成本法核算的，应当按照权益法下本科目账面余额作为成本法下本科目账面余额（成本）。其后，被投资单位宣告分派现金股利或利润时，属于单位已计入投资账面余额的部分，按照应分得的现金股利或利润份额，借记“应收股利”科目，贷记本科目。

单位因追加投资等原因对长期股权投资的核算从成本法改为权益法的，应当按照成本法下本科目账面余额与追加投资成本的合计金额，借记本科目（成本），按照成本法下本科目账面余额，贷记本科目，按照追加投资的成本，贷记“银行存款”等科目。

（3）长期股权投资的处置。

① 出售长期股权投资。事业单位按照规定报经批准出售（转让）长期股权投资时，应当区分长期股权投资取得方式分别进行处理。

处置以现金取得的长期股权投资时，按照实际取得的价款，借记“银行存款”等科目，按照被处置长期股权投资的账面余额，贷记本科目，按照尚未领取的现金股利或利润，贷记“应收股利”科目，按照发生的相关税费等支出，贷记“银行存款”等科目，按照借贷方差额，借记或贷记“投资收益”科目。

处置以现金以外的其他资产取得的长期股权投资时，按照被处置长期股权投资的账面余额，借记“资产处置费用”科目，贷记本科目；同时，按照实际取得的价款，借记“银行存款”等科目，按照尚未领取的现金股利或利润，贷记“应收股利”科目，按照发生的相关税费等支出，贷记“银行存款”等科目，按照借贷方差额，贷记“应缴财政款”科目。按照规定将处置时取得的投资收益纳入本单位预算管理的，应当按照所取得价款大于被处置长期股权投资账面余额、应收股利账面余额和相关税费支出合计的差额，贷记“投资收益”科目。

② 核销长期股权投资。因被投资单位破产清算等原因，有确凿证据表明长期股权投资发生损失，按照规定报经批准后予以核销时，按照予以核销的长期股权投资的账面余额，借记“资产处置费用”科目，贷记本科目。

③ 置换换出长期股权投资。报经批准置换转出长期股权投资时，参照“库存物品”科目中置换换入库存物品的规定进行账务处理。

采用权益法核算的长期股权投资的处置，除进行上述账务处理外，还应结转原直接计入净资产的相关金额，借记或贷记“权益法调整”科目，贷记或借记“投资收益”科目。

根据《政府会计准则第 2 号——投资》的规定，政府会计主体因处置部分长期股权投资等原因无权再决定被投资单位的财务和经营政策或者参与被投资单位的财务和经营政策决策的，应当对处置后的剩余股权投资改按成本法核算，并以该剩余股权投资在权益法下的账面余额作为按照成本法核算的初始投资成本。其后，被投资单位宣告分派现金股利或利润时，属于已计入投资账面余额的部分，作为成本法下长期股权投资成本的收回，冲减长期股权投资的账面余额。政府会计主体因追加投资等原因对长期股权投资的核算从成本法改为权益法的，应当自有权决定被投资单位的财务和经营政策或者参与被投资单位的财务和经营政策决策时，按成本法下长期股权投资的账面余额加上追加投资的成本作为按照权益法核算的初始投资成本。

例 2-50　某事业单位持有 C 公司 30% 的股份，有权参与 C 公司的财务和经营决策，相应的长期股权投资采用权益法核算，该股权投资是 5 年前用银行存款购买取得的。现在，该事业单位经批准转让持有的 C 公司 20% 的股份，获得转让收入 540 000 元，款项已存入银行。收回的货币资金和投资收益归单位预算管理。转让后，该事业单位仅持有 C 公司 10% 的股份，不再有权参与 C 公司的财务和经营决策，相应的长期股权投资改按成本法核算。股份转让日，该事业单位采用权益法核算的相应的长期股权投资的成本数额为 765 000 元，损益调整借方余额为 31 500 元。转让 20% 的长期股权投资的成本数额为 510 000 元（765 000 × 2/3），损益调整数额为 21 000 元（31 500 × 2/3），转让收益为 9 000 元（540 000 − 510 000 − 21 000）。股份转让后，权益法下剩余 10% 长期股权投资的成本数额为 255 000 元（765 000 − 510 000），损益调整借方余额为 10 500 元（31 500 − 21 000），合计为 265 500 元（255 000 + 10 500）。

1）转让 20% 股份时

财务会计分录：

| | | |
|---|---|---|
| 借：银行存款 | 540 000 | |
| 　　贷：长期股权投资——成本 | | 510 000 |
| 　　　　　　　　　——损益调整 | | 21 000 |
| 　　　　投资收益 | | 9 000 |

预算会计分录：

| | | |
|---|---|---|
| 借：资金结存——货币资金 | 540 000 | |
| 　　贷：其他结余 | | 531 000 |

投资预算收益　　9 000

2）权益法转成本法时

借：长期股权投资　　265 500

　　贷：长期股权投资——成本　　255 000

　　　　　　　　　——损益调整　　10 500

例 2-51　承例 2-50，1 年后 C 公司宣告分派现金股利 75 000 元，其中，属于已计入该事业单位投资账面余额的部分为 6 000 元，其余 1 500 元（75 000 × 10% − 6 000）为未计入投资账面余额的部分，或为成本法下应当确认的投资收益数额。

确认分派的现金股利时：

借：应收股利　　7 500

　　贷：长期股权投资　　6 000

　　　　投资收益　　1 500

2. 长期债券投资

为核算长期债券投资业务，事业单位应设置“长期债券投资”总账科目。本科目核算事业单位按照规定取得的、持有时间超过 1 年（不含 1 年）的债券投资。本科目应当设置“成本”和“应计利息”明细科目，并按照债券投资的种类进行明细核算。

长期债券投资在取得时，应当以其实际成本作为投资成本。

取得的长期债券投资，按照确定的投资成本，借记本科目（成本），按照支付的价款中包含的已到付息期但尚未领取的利息，借记“应收利息”科目，按照实际支付的金额，贷记“银行存款”等科目。实际收到取得债券时所支付价款中包含的已到付息期但尚未领取的利息时，借记“银行存款”等科目，贷记“应收利息”科目。

长期债券投资持有期间，按期以债券票面金额与票面利率计算确认利息收入时，如为到期一次还本付息的债券投资，借记本科目（应计利息），贷记“投资收益”科目；如为分期付息、到期一次还本的债券投资，借记“应收利息”科目，贷记“投资收益”科目。收到分期支付的利息时，按照实收的金额，借记“银行存款”等科目，贷记“应收利息”科目。

到期收回长期债券投资时，按照实际收到的金额，借记“银行存款”等科目，按照长期债券投资的账面余额，贷记本科目，按照相关应收利息金额，贷记“应收利息”科目，按照其差额，贷记“投资收益”科目。

对外出售长期债券投资时，按照实际收到的金额，借记“银行存款”等科目，按照长期债券投资的账面余额，贷记本科目，按照已计入“应收利息”科目但尚未收取的金额，贷记“应收利息”科目，按照其差额，贷记或借记“投资收益”科目。涉及增值税业务的，相关账务处理参见“应交增值税”科目。

本科目期末借方余额，反映事业单位持有的长期债券投资的价值。

在长期债券投资业务中，如果涉及纳入部门预算管理的现金收支的，在进行财务会计核算时，同时要进行预算会计核算，预算会计的具体核算参见本书预算会计核算部分的内容。

例 2-52　某事业单位用银行存款购入一项 5 年期的债券，实际支付价为 900 000

元，准备持有至到期。该项债券票面金额为900 000元，票面利率为5%，每年支付一次利息45 000元，到期一次偿还本金。

① 取得长期债券投资时

财务会计分录：

借：长期债券投资 900 000

　　贷：银行存款 900 000

预算会计分录：

借：投资支出 900 000

　　贷：资金结存——货币资金 900 000

② 每年确认债券利息收入时

财务会计分录：

借：应收利息 45 000

　　贷：投资收益 45 000

预算会计分录：无。

③ 收到债券利息时

财务会计分录：

借：银行存款 45 000

　　贷：应收利息 45 000

预算会计分录：

借：资金结存——货币资金 45 000

　　贷：投资预算收益 45 000

④ 到期收回债券本金时

财务会计分录：

借：银行存款 900 000

　　贷：长期债券投资 900 000

预算会计分录：

借：资金结存——货币资金 900 000

　　贷：其他结余 900 000

## 2.3.2 固定资产及建造业务

### 1. 固定资产及固定资产累计折旧

（1）固定资产定义。固定资产，是指政府会计主体为满足自身开展业务活动或其他活动需要而控制的，使用年限超过1年（不含1年）、单位价值在规定标准以上，并在使用过程中基本保持原有物质形态的资产。单位价值虽未达到规定标准，但是使用年限超过1年（不含1年）的大批同类物资，如图书、家具、用具、装具等，应当确认为固定资产。

行政事业单位的固定资产一般包括房屋及构筑物、专用设备、通用设备、文物和陈列品、图书和档案、家具、用具、装具和动植物等。

（2）固定资产的确认。固定资产同时满足下列条件的，应当予以确认：与该固定资产相关的服务潜力很可能实现或者经济利益很可能流入政府会计主体；该固定资产的成本或者价值能够可靠地计量。

通常情况下，购入、换入、接受捐赠、无偿调入不需安装的固定资产，在固定资产验收合格时确认；购入、换入、接受捐赠、无偿调入需要安装的固定资产，在固定资产安装完成交付使用时确认；自行建造、改建、扩建的固定资产，在建造完成交付使用时确认。

确认固定资产时，应当考虑以下情况：

① 固定资产的各组成部分具有不同使用年限或者以不同方式为政府会计主体实现服务潜力或提供经济利益，适用不同折旧率或折旧方法且可以分别确定各自原价的，应当分别将各组成部分确认为单项固定资产。

② 应用软件构成相关硬件不可缺少的组成部分的，应当将该软件的价值包括在所属的硬件价值中，一并确认为固定资产；不构成相关硬件不可缺少的组成部分的，应当将该软件确认为无形资产。

③ 购建房屋及构筑物时，不能分清购建成本中的房屋及构筑物部分与土地使用权部分的，应当全部确认为固定资产；能够分清购建成本中的房屋及构筑物部分与土地使用权部分的，应当将其中的房屋及构筑物部分确认为固定资产，将其中的土地使用权部分确认为无形资产。

（3）固定资产的初始计量。固定资产在取得时应当按照成本进行初始计量。

① 外购的固定资产，其成本包括购买价款、相关税费以及固定资产交付使用前所发生的可归属于该项资产的运输费、装卸费、安装费和专业人员服务费等。以一笔款项购入多项没有单独标价的固定资产，应当按照各项固定资产同类或类似资产市场价格的比例对总成本进行分配，分别确定各项固定资产的成本。

② 自行建造的固定资产，其成本包括该项资产至交付使用前所发生的全部必要支出。

③ 在原有固定资产基础上进行改建、扩建、修缮后的固定资产，其成本按照原固定资产账面价值加上改建、扩建、修缮发生的支出，再扣除固定资产被替换部分的账面价值后的金额确定。

为建造固定资产借入的专门借款的利息，属于建设期间发生的，计入在建工程成本；不属于建设期间发生的，计入当期费用。

④ 已交付使用但尚未办理竣工决算手续的固定资产，应当按照估计价值入账，待办理竣工决算后再按实际成本调整原来的暂估价值。

⑤ 通过置换取得的固定资产，其成本按照换出资产的评估价值加上支付的补价或减去收到的补价，加上换入固定资产发生的其他相关支出确定。

⑥ 接受捐赠的固定资产，其成本按照有关凭据注明的金额加上相关税费、运输费等确定；没有相关凭据可供取得，但按规定经过资产评估的，其成本按照评估价值加

上相关税费、运输费等确定；没有相关凭据可供取得，也未经资产评估的，其成本比照同类或类似资产的市场价格加上相关税费、运输费等确定；没有相关凭据且未经资产评估、同类或类似资产的市场价格也无法可靠取得的，按照名义金额入账，相关税费、运输费等计入当期费用。如受赠的系旧的固定资产，在确定其初始入账成本时应当考虑该项资产的新旧程度。

⑦ 无偿调入的固定资产，其成本按照调出方账面价值加上相关税费、运输费等确定。

⑧ 盘盈的固定资产，按规定经过资产评估的，其成本按照评估价值确定；未经资产评估的，其成本按照重置成本确定。

⑨ 融资租赁取得的固定资产，其成本按照其他相关政府会计准则确定。

固定资产的后续计量包括固定资产折旧和固定资产处置，在后面讲述。

（4）“固定资产”科目的设置。为核算固定资产业务，单位应设置“固定资产”总账科目。本科目核算单位固定资产的原值。本科目应当按照固定资产类别和项目进行明细核算。

固定资产核算时，应当考虑以下情况：

购入需要安装的固定资产，应当先通过“在建工程”科目核算，安装完毕交付使用时再转入本科目核算。以借入、经营租赁租入方式取得的固定资产，不通过本科目核算，应当设置备查簿进行登记。采用融资租入方式取得的固定资产，通过本科目核算，并在本科目下设置“融资租入固定资产”明细科目。经批准在境外购买具有所有权的土地，作为固定资产，通过本科目核算；单位应当在本科目下设置“境外土地”明细科目，进行相应明细核算。

本科目期末借方余额，反映单位固定资产的原值。

（5）固定资产的取得。固定资产在取得时，应当按照成本进行初始计量。

① 购入不需安装的固定资产验收合格时，按照确定的固定资产成本，借记本科目，贷记“财政拨款收入”“零余额账户用款额度”“应付账款”“银行存款”等科目。购入需要安装的固定资产，在安装完毕交付使用前通过“在建工程”科目核算，安装完毕交付使用时再转入本科目。

购入固定资产扣留质量保证金的，应当在取得固定资产时，按照确定的固定资产成本，借记本科目（不需安装）或“在建工程”科目（需要安装），按照实际支付或应付的金额，贷记“财政拨款收入”、“零余额账户用款额度”、“应付账款”（不含质量保证金）、“银行存款”等科目，按照扣留的质量保证金数额，贷记“其他应付款”[扣留期在1年以内（含1年）]或“长期应付款”（扣留期超过1年）科目。质保期满支付质量保证金时，借记“其他应付款”“长期应付款”科目，贷记“财政拨款收入”“零余额账户用款额度”“银行存款”等科目。

② 自行建造的固定资产交付使用时，按照在建工程成本，借记本科目，贷记“在建工程”科目。

已交付使用但尚未办理竣工决算手续的固定资产，按照估计价值入账，待办理竣工决算后再按照实际成本调整原来的暂估价值。

③ 融资租赁取得的固定资产，其成本按照租赁协议或者合同确定的租赁价款、相关税费以及固定资产交付使用前所发生的可归属于该项资产的运输费、途中保险费、安装调试费等确定。

融资租入的固定资产，按照确定的成本，借记本科目（不需安装）或“在建工程”科目（需安装），按照租赁协议或者合同确定的租赁付款额，贷记“长期应付款”科目，按照支付的运输费、途中保险费、安装调试费等金额，贷记“财政拨款收入”“零余额账户用款额度”“银行存款”等科目。定期支付租金时，按照实际支付金额，借记“长期应付款”科目，贷记“财政拨款收入”“零余额账户用款额度”“银行存款”等科目。

④ 按照规定跨年度分期付款购入固定资产的账务处理，参照融资租入固定资产内容。

⑤ 接受捐赠的固定资产，按照确定的固定资产成本，借记本科目（不需安装）或“在建工程”科目（需安装），按照发生的相关税费、运输费等，贷记“零余额账户用款额度”“银行存款”等科目，按照其差额，贷记“捐赠收入”科目。接受捐赠的固定资产按照名义金额入账的，按照名义金额，借记本科目，贷记“捐赠收入”科目；按照发生的相关税费、运输费等，借记“其他费用”科目，贷记“零余额账户用款额度”“银行存款”等科目。

⑥ 无偿调入的固定资产，按照确定的固定资产成本，借记本科目（不需安装）或“在建工程”科目（需安装），按照发生的相关税费、运输费等，贷记“零余额账户用款额度”“银行存款”等科目，按照其差额，贷记“无偿调拨净资产”科目。

⑦ 置换取得的固定资产，参照“库存物品”科目中置换取得库存物品的相关规定进行账务处理。

固定资产取得时涉及增值税业务的，相关账务处理参见“应交增值税”科目。

在固定资产业务中，如果涉及纳入部门预算管理的现金收支的，在进行财务会计核算的同时，要进行预算会计核算，预算会计的具体核算参见本书预算会计核算部分的内容。

例 2-53　某行政单位通过财政直接支付方式购入一台不需要安装的通用设备，支付价税合计 113 000 元，运输费 2 000 元。

财务会计分录：

| | | |
|---|---|---|
| 借：固定资产 | 115 000 | |
| 　　贷：财政拨款收入 | | 115 000 |

预算会计分录：

| | | |
|---|---|---|
| 借：行政支出 | 115 000 | |
| 　　贷：财政拨款预算收入 | | 115 000 |

例 2-54　某事业单位购入专业业务用 25 台计算机（不需要安装），价税合计 135 600 元，已验收并已交付使用。根据合同规定，取得该批计算机时通过单位零余额账户支付总价的 90%，计 122 040 元（发票金额 122 040 元）。其余款项为扣留的质量保证金，如果购入的计算机质量无问题，在 3 个月以后支付。

借：固定资产　135 600
　贷：零余额账户用款额度　122 040
　　其他应付款　13 560
借：事业支出　122 040
　贷：资金结存——零余额账户用款额度　122 040

（6）固定资产的后续支出。固定资产的后续支出按照支出是否符合固定资产的确认条件区分为符合固定资产确认条件的后续支出和不符合固定资产确认条件的后续支出两类。符合固定资产确认条件的后续支出包括为增加固定资产使用效能或延长其使用年限而发生的改建、扩建等后续支出；不符合固定资产确认条件的后续支出包括为保证固定资产正常使用而发生的日常维修等支出。

① 符合固定资产确认条件的后续支出，通常情况下在固定资产转入改建、扩建时，按照固定资产的账面价值，借记“在建工程”科目，按照固定资产已计提折旧，借记“固定资产累计折旧”科目，按照固定资产的账面余额，贷记本科目。为增加固定资产使用效能或延长其使用年限而发生的改建、扩建等后续支出，借记“在建工程”科目，贷记“财政拨款收入”“零余额账户用款额度”“银行存款”等科目。固定资产改建、扩建等完成交付使用时，按照在建工程成本，借记本科目，贷记“在建工程”科目。

② 不符合固定资产确认条件的后续支出，如为保证固定资产正常使用发生的日常维修等支出，借记“业务活动费用”“单位管理费用”等科目，贷记“财政拨款收入”“零余额账户用款额度”“银行存款”等科目。

（7）固定资产的折旧。折旧，是指在固定资产的预计使用年限内，按照确定的方法对应计的折旧额进行系统分摊。

固定资产应计的折旧额为其成本，计提固定资产折旧时不考虑预计净残值。

根据《政府会计准则第 3 号——固定资产》的规定，政府会计主体应当对固定资产计提折旧，但下列各项固定资产不计提折旧：文物和陈列品；动植物；图书、档案；单独计价入账的土地；以名义金额计量的固定资产。

政府会计主体应当对暂估入账的固定资产计提折旧，实际成本确定后不需调整原已计提的折旧额。

政府会计主体应当根据相关规定以及固定资产的性质和使用情况，合理确定固定资产的使用年限。固定资产的使用年限一经确定，不得随意变更。

政府会计主体确定固定资产使用年限，应当考虑下列因素：预计实现服务潜力或提供经济利益的期限；预计有形损耗和无形损耗；法律或者类似规定对资产使用的限制。

《〈政府会计准则第 3 号——固定资产〉应用指南》上有“政府固定资产折旧年限表”。

政府会计主体一般应当采用年限平均法或者工作量法计提固定资产折旧。在确定固定资产的折旧方法时，应当考虑与固定资产相关的服务潜力或经济利益的预期实现方式。固定资产折旧方法一经确定，不得随意变更。

固定资产应当按月计提折旧，并根据用途计入当期费用或者相关资产成本。固定资产提足折旧后，无论能否继续使用，均不再计提折旧；提前报废的固定资产，也不再补提折旧。已提足折旧的固定资产，可以继续使用的，应当继续使用，规范实物管理。

固定资产因改建、扩建或修缮等原因而延长其使用年限的，应当按照重新确定的固定资产的成本以及重新确定的折旧年限计算折旧额。

为核算固定资产折旧业务，行政事业单位应设置“固定资产累计折旧”总账科目。本科目核算单位计提的固定资产累计折旧。本科目应当按照所对应固定资产的明细分类进行明细核算。

单位计提融资租入固定资产折旧时，应当采用与自有固定资产相一致的折旧政策。能够合理确定租赁期届满时将会取得租入固定资产所有权的，应当在租入固定资产尚可使用年限内计提折旧；无法合理确定租赁期届满时能够取得租入固定资产所有权的，应当在租赁期与租入固定资产尚可使用年限两者中较短的期间内计提折旧。

按月计提固定资产折旧时，按照应计提折旧金额，借记“业务活动费用”“单位管理费用”“经营费用”“加工物品”“在建工程”等科目，贷记本科目。经批准处置或处理固定资产时，按照所处置或处理固定资产的账面价值，借记“资产处置费用”“无偿调拨净资产”“待处理财产损溢”等科目，按照已计提折旧，借记本科目，按照固定资产的账面余额，贷记“固定资产”科目。

本科目期末贷方余额，反映单位计提的固定资产折旧累计数。

关于固定资产折旧计提时点，《政府会计准则第3号——固定资产》应用指南中规定，固定资产应当按月计提折旧，当月增加的固定资产，当月开始计提折旧；当月减少的固定资产，当月不再计提折旧。

计提固定资产折旧业务中，不涉及现金收支业务，因此，不需要进行预算会计核算。

例2-55　某行政单位对本月新增加的计算机计提折旧，该批计算机原价90 000元，按照现行制度规定其折旧年限为6年。

| | | |
|---|---|---|
| 借：业务活动费用 | 1 250 | |
| 　　贷：固定资产累计折旧——通用设备——计算机 | | 1 250 |

（8）固定资产的处置。按照《政府会计准则第3号——固定资产》规定，关于固定资产的处置，政府会计主体按规定报经批准出售、转让固定资产或固定资产报废、毁损的，应当将固定资产账面价值转销计入当期费用，并将处置收入扣除相关处置税费后的差额按规定作应缴款项处理（差额为净收益时）或计入当期费用（差额为净损失时）。按规定报经批准对外捐赠、无偿调出固定资产的，应当将固定资产的账面价值予以转销，对外捐赠、无偿调出中发生的归属于捐出方、调出方的相关费用应当计入当期费用。按规定报经批准以固定资产对外投资的，应当将该固定资产的账面价值予以转销，并将固定资产在对外投资时的评估价值与其账面价值的差额计入当期收入或费用。

按照规定报经批准处置固定资产，应当分别以下情况处理：

① 报经批准出售、转让固定资产，按照被出售、转让固定资产的账面价值，借记

“资产处置费用”科目，按照固定资产已计提的折旧，借记“固定资产累计折旧”科目，按照固定资产账面余额，贷记“固定资产”科目；同时，按照收到的价款，借记“银行存款”等科目，按照处置过程中发生的相关费用，贷记“银行存款”等科目，按照其差额，贷记“应缴财政款”科目。

② 报经批准对外捐赠固定资产，按照固定资产已计提的折旧，借记“固定资产累计折旧”科目，按照被处置固定资产账面余额，贷记“固定资产”科目，按照捐赠过程中发生的归属于捐出方的相关费用，贷记“银行存款”等科目，按照其差额，借记“资产处置费用”科目。

③ 报经批准无偿调出固定资产，按照固定资产已计提的折旧，借记“固定资产累计折旧”科目，按照被处置固定资产账面余额，贷记“固定资产”科目，按照其差额，借记“无偿调拨净资产”科目；同时，按照无偿调出过程中发生的归属于调出方的相关费用，借记“资产处置费用”科目，贷记“银行存款”等科目。

④ 报经批准置换换出固定资产，参照“库存物品”中置换换入库存物品的规定进行账务处理。

固定资产处置时涉及增值税业务的，相关账务处理参见“应交增值税”科目。

例 2-55　某行政单位报经批准出售一项固定资产，该项固定资产的账面原价为 72 000 元，已提折旧 70 000 元，出售价为 2 600 元（暂不考虑增值税），已存银行，按照规定该笔款项应上缴财政。

① 转销账面记录时

财务会计分录：

| | | |
|---|---|---|
| 借：资产处置费用 | 2 000 | |
| 　　固定资产累计折旧 | 70 000 | |
| 　　贷：固定资产 | | 72 000 |

预算会计分录：无。

② 收到出售款时

财务会计分录：

| | | |
|---|---|---|
| 借：银行存款 | 2 600 | |
| 　　贷：应缴财政款 | | 2 600 |

预算会计分录：无。

（9）固定资产的盘盈、盘亏或毁损、报废。单位应当定期对固定资产进行清查盘点，每年至少盘点一次。对于发生的固定资产盘盈、盘亏或毁损、报废，应当先记入“待处理财产损溢”科目，按照规定报经批准后及时进行后续账务处理。

盘盈的固定资产，其成本按照有关凭据注明的金额确定；没有相关凭据，但按照规定经过资产评估的，其成本按照评估价值确定；没有相关凭据，也未经过评估的，其成本按照重置成本确定。如无法采用上述方法确定盘盈固定资产成本的，按照名义金额（人民币 1 元）入账。盘盈的固定资产，按照确定的入账成本，借记“固定资产”科目，贷记“待处理财产损溢”科目。

盘亏、毁损或报废的固定资产，按照待处理固定资产的账面价值，借记“待处理财产损溢”科目，按照已计提折旧，借记“固定资产累计折旧”科目，按照固定资产的账面余额，贷记“固定资产”科目。

例2-56　某事业单位年终进行固定资产清查，盘亏计算机一台，其账面原价为8 000元，已提折旧6 000元。将盘亏计算机转入待处理资产，同时上报相关部门审批。

| | | |
|---|---|---|
| 借：待处置资产损溢 | 2 000 | |
| 固定资产累计折旧 | 6 000 | |
| 贷：固定资产——通用设备——计算机 | | 8 000 |

2. 工程物资及在建工程

为核算行政事业单位为在建工程准备的物资的成本，应设置“工程物资”总账科目。本科目核算单位为在建工程准备的各种物资的成本，包括工程用材料、设备等。本科目可按照“库存材料”“库存设备”等工程物资类别进行明细核算。

单位购入为工程准备的物资，按照确定的物资成本，借记本科目，贷记“财政拨款收入”“零余额账户用款额度”“银行存款”“应付账款”等科目。领用工程物资，按照物资成本，借记“在建工程”科目，贷记本科目。工程完工后将领出的剩余物资退库时做相反的会计分录。

工程完工后将剩余的工程物资转作本单位存货等的，按照物资成本，借记“库存物品”等科目，贷记本科目。涉及增值税业务的，相关账务处理参见“应交增值税”科目。

本科目期末借方余额，反映单位为在建工程准备的各种物资的成本。

在工程物资业务中，如果涉及纳入部门预算管理的现金收支的，在进行财务会计核算的同时，要进行预算会计核算，预算会计的具体核算参见本书预算会计核算部分的内容。

为核算行政事业单位正在建设的工程业务，应设置“在建工程”总账科目。本科目核算单位在建的建设项目工程的实际成本。单位在建的信息系统项目工程、公共基础设施项目工程、保障性住房项目工程的实际成本，也通过本科目核算。本科目应当设置“建筑安装工程投资”“设备投资”“待摊投资”“其他投资”“待核销基建支出”“基建转出投资”等明细科目，并按照具体项目进行明细核算。

(1)“建筑安装工程投资”明细科目，核算单位发生的构成建设项目实际支出的建筑工程和安装工程的实际成本，不包括被安装设备本身的价值以及按照合同规定支付给施工单位的预付备料款和预付工程款。本明细科目应当进一步设置“建筑工程”和“安装工程”两个明细科目进行明细核算。

(2)“设备投资”明细科目，核算单位发生的构成建设项目实际支出的各种设备的实际成本。

(3)“待摊投资”明细科目，核算单位发生的构成建设项目实际支出的、按照规定应当分摊计入有关工程成本和设备成本的各项间接费用和税费支出。本明细科目的具体核算内容包括以下方面：

① 勘察费、设计费、研究试验费、可行性研究费及项目其他前期费用。

② 土地征用及迁移补偿费、土地复垦及补偿费、森林植被恢复费及其他为取得土

地使用权、租用权而发生的费用。

③ 土地使用税、耕地占用税、契税、车船税、印花税及按照规定缴纳的其他税费。

④ 项目建设管理费、代建管理费、临时设施费、监理费、招投标费、社会中介审计（审查）费及其他管理性质的费用。项目建设管理费是指项目建设单位从项目筹建之日起至办理竣工财务决算之日止发生的管理性质的支出，包括不在原单位发工资的工作人员工资及相关费用、办公费、办公场地租用费、差旅交通费、劳动保护费、工具用具使用费、固定资产使用费、招募生产工人费、技术图书资料费（含软件）、业务招待费、施工现场津贴、竣工验收费等。

⑤ 项目建设期间发生的各类专门借款利息支出或融资费用。

⑥ 工程检测费、设备检验费、负荷联合试车费及其他检验检测类费用。

⑦ 固定资产损失、器材处理亏损、设备盘亏及毁损、单项工程或单位工程报废、毁损净损失及其他损失。

⑧ 系统集成等信息工程的费用支出。

⑨ 其他待摊性质支出。

本明细科目应当按照上述费用项目再进行明细核算，其中有些费用（如项目建设管理费等），还应当按照更为具体的费用项目进行明细核算。

（4）“其他投资”明细科目，核算单位发生的构成建设项目实际支出的房屋购置支出，基本畜禽、林木等购置、饲养、培育支出，办公生活用家具、器具购置支出，软件研发和不能计入设备投资的软件购置等支出。单位为进行可行性研究而购置的固定资产，以及取得土地使用权支付的土地出让金，也通过本明细科目核算。本明细科目应当进一步设置“房屋购置”“基本畜禽支出”“林木支出”“办公生活用家具、器具购置”“可行性研究固定资产购置”“无形资产”等明细科目。

（5）“待核销基建支出”明细科目，核算建设项目发生的江河清障、航道清淤、飞播造林、补助群众造林、水土保持、城市绿化、取消项目的可行性研究费以及项目整体报废等不能形成资产部分的基建投资支出。本明细科目应按照待核销基建支出的类别再进行明细核算。

（6）“基建转出投资”明细科目，核算为建设项目配套而建成的、产权不归属本单位的专用设施的实际成本。本明细科目应按照转出投资的类别再进行明细核算。

在建工程的主要账务处理如下：

（1）建筑安装工程投资。

① 将固定资产等资产转入改建、扩建等时，按照固定资产等资产的账面价值，借记本科目（建筑安装工程投资），按照已计提的折旧或摊销，借记“固定资产累计折旧”等科目，按照固定资产等资产的原值，贷记“固定资产”等科目。固定资产等资产改建、扩建过程中涉及替换（或拆除）原资产的某些组成部分的，按照被替换（或拆除）部分的账面价值，借记“待处理财产损溢”科目，贷记本科目（建筑安装工程投资）。

② 单位对于发包建筑安装工程，根据建筑安装工程价款结算账单与施工企业结算工程价款时，按照应承付的工程价款，借记本科目（建筑安装工程投资），按照预付工

程款余额，贷记“预付账款”科目，按照其差额，贷记“财政拨款收入”“零余额账户用款额度”“银行存款”“应付账款”等科目。

③ 单位自行施工的小型建筑安装工程，按照发生的各项支出金额，借记本科目（建筑安装工程投资），贷记“工程物资”“零余额账户用款额度”“银行存款”“应付职工薪酬”等科目。

④ 工程竣工，办妥竣工验收交接手续交付使用时，按照建筑安装工程成本（含应分摊的待摊投资），借记“固定资产”等科目，贷记本科目（建筑安装工程投资）。

（2）设备投资。

① 购入设备时，按照购入成本，借记本科目（设备投资），贷记“财政拨款收入”“零余额账户用款额度”“银行存款”等科目；采用预付款方式购入设备的，有关预付款的账务处理参照本科目有关“建筑安装工程投资”明细科目的规定。

② 设备安装完毕，办妥竣工验收交接手续交付使用时，按照设备投资成本（含设备安装工程成本和分摊的待摊投资），借记“固定资产”等科目，贷记本科目（设备投资、建筑安装工程投资——安装工程）。

将不需要安装的设备和达不到固定资产标准的工具、器具交付使用时，按照相关设备、工具、器具的实际成本，借记“固定资产”“库存物品”科目，贷记本科目（设备投资）。

（3）待摊投资。建设工程发生的构成建设项目实际支出的、按照规定应当分摊计入有关工程成本和设备成本的各项间接费用和税费支出，先在本明细科目中归集；建设工程办妥竣工验收手续交付使用时，按照合理的分配方法，摊入相关工程成本、安装设备成本等。

① 单位发生的构成待摊投资的各类费用，按照实际发生金额，借记本科目（待摊投资），贷记“财政拨款收入”“零余额账户用款额度”“银行存款”“应付利息”“长期借款”“其他应交税费”“固定资产累计折旧”“无形资产累计摊销”等科目。

② 对于建设过程中试生产、设备调试等产生的收入，按照取得的收入金额，借记“银行存款”等科目，按照依据有关规定应当冲减建设工程成本的部分，贷记本科目（待摊投资），按照其差额贷记“应缴财政款”或“其他收入”科目。

③ 由于自然灾害、管理不善等原因造成的单项工程或单位工程报废或毁损，扣除残料价值和过失人或保险公司等赔款后的净损失，报经批准后计入继续施工的工程成本的，按照工程成本扣除残料价值和过失人或保险公司等赔款后的净损失，借记本科目（待摊投资），按照残料变价收入、过失人或保险公司赔款等，借记“银行存款”“其他应收款”等科目，按照报废或毁损的工程成本，贷记本科目（建筑安装工程投资）。

④ 工程交付使用时，按照合理的分配方法分配待摊投资，借记本科目（建筑安装工程投资、设备投资），贷记本科目（待摊投资）。

待摊投资的分配方法，可按照下列公式计算：

1）按照实际分配率分配。适用于建设工期较短、整个项目的所有单项工程一次竣工的建设项目。

实际分配率 = 待摊投资明细科目余额 ÷ （建筑工程明细科目余额 + 安装工程明细科目余额 + 设备投资明细科目余额） ×100%

2）按照概算分配率分配。适用于建设工期长、单项工程分期分批建成投入使用的建设项目。

概算分配率 = （概算中各待摊投资项目的合计数 - 其中可直接分配部分） ÷ （概算中建筑工程、安装工程和设备投资合计） ×100%

3）某项固定资产应分配的待摊投资 = 该项固定资产的建筑工程成本或该项固定资产（设备）的采购成本和安装成本合计 × 分配率。

（4）其他投资。

① 单位为建设工程发生的房屋购置支出，基本畜禽、林木等的购置、饲养、培育支出，办公生活用家具、器具购置支出，软件研发和不能计入设备投资的软件购置等支出，按照实际发生金额，借记本科目（其他投资），贷记“财政拨款收入”“零余额账户用款额度”“银行存款”等科目。

② 工程完成将形成的房屋、基本畜禽、林木等各种财产以及无形资产交付使用时，按照其实际成本，借记“固定资产”“无形资产”等科目，贷记本科目（其他投资）。

（5）待核销基建支出。

① 建设项目发生的江河清障、航道清淤、飞播造林、补助群众造林、水土保持、城市绿化等不能形成资产的各类待核销基建支出，按照实际发生金额，借记本科目（待核销基建支出），贷记“财政拨款收入”“零余额账户用款额度”“银行存款”等科目。

② 取消的建设项目发生的可行性研究费，按照实际发生金额，借记本科目（待核销基建支出），贷记本科目（待摊投资）。

③ 由于自然灾害等原因发生的建设项目整体报废所形成的净损失，报经批准后转入待核销基建支出，按照项目整体报废所形成的净损失，借记本科目（待核销基建支出），按照报废工程回收的残料变价收入、保险公司赔款等，借记“银行存款”“其他应收款”等科目，按照报废的工程成本，贷记本科目（建筑安装工程投资等）。

④ 建设项目竣工验收交付使用时，对发生的待核销基建支出进行冲销，借记“资产处置费用”科目，贷记本科目（待核销基建支出）。

（6）基建转出投资。为建设项目配套而建成的、产权不归属本单位的专用设施，在项目竣工验收交付使用时，按照转出的专用设施的成本，借记本科目（基建转出投资），贷记本科目（建筑安装工程投资）；同时，借记“无偿调拨净资产”科目，贷记本科目（基建转出投资）。

本科目期末借方余额，反映单位尚未完工的建设项目工程发生的实际成本。

在在建工程业务中，如果涉及纳入部门预算管理的现金收支的，在进行财务会计核算时，同时要进行预算会计核算，预算会计的具体核算参见本书预算会计核算部分的内容。

例2-57 某事业单位购入工程物资113 000元，通过财政直接支付方式已经支付。

财务会计分录：

借：工程物资 113 000

贷：财政拨款收入 113 000

预算会计分录：

借：事业支出 113 000

贷：财政拨款预算收入 113 000

例2-58 承例2-57，该事业单位一个建筑工程领用工程物资50 000元。

财务会计分录：

借：在建工程 50 000

贷：工程物资 50 000

预算会计分录：无。

例2-59 某事业单位采用发包方式建造一项固定资产工程。某日，通过财政直接支付方式向AD施工企业预付部分工程建设款150 000元。当年末，根据建筑安装工程价款结算账单与施工企业结算部分工程价款，确认应承付工程价款570 000元（已预付150 000元），剩余款项420 000元通过财政零余额账户支付。当年，该事业单位通过单位零余额账户支付项目建设管理费等间接费用8 000元。次年，建筑工程完工，该事业单位根据建筑安装工程价款结算账单与施工企业结算剩余工程价款，确认应承付工程价款672 000元，款项全部通过财政零余额账户支付，同时该事业单位通过单位零余额账户支付第二年的项目建设管理费以及工程检测费等间接费用10 000元。该建筑工程共发生待摊投资18 000元（8 000 + 10 000）。建筑工程验收合格交付使用，确定的实际成本为1 260 000元（570 000 + 672 000 + 18 000）。

① 向施工企业预付部分工程建造款项时

财务会计分录：

借：预付账款 150 000

贷：财政拨款收入 150 000

预算会计分录：

借：事业支出 150 000

贷：财政拨款预算收入 150 000

② 与施工企业结算部分工程价款时

财务会计分录：

借：在建工程——建筑安装工程投资 570 000

贷：预付账款 150 000

财政拨款收入 420 000

预算会计分录：

借：事业支出 420 000

贷：财政拨款预算收入 420 000

③ 支付项目建设管理费等间接费用时

财务会计分录：

借：在建工程——待摊投资 8 000

　　贷：零余额账户用款额度 8 000

预算会计分录：

借：事业支出 8 000

　　贷：资金结存——零余额账户用款额度 8 000

④ 与施工企业结算剩余工程价款时

借：在建工程——建筑安装工程投资 672 000

　　贷：财政拨款收入 672 000

预算会计分录：

借：事业支出 672 000

　　贷：财政拨款预算收入 672 000

⑤ 支付第二年的项目建设管理费以及工程检测费等间接费用时

财务会计分录：

借：在建工程——待摊投资 10 000

　　贷：零余额账户用款额度 10 000

预算会计分录：

借：事业支出 10 000

　　贷：资金结存——零余额账户用款额度 10 000

⑥ 分摊待摊投资时

财务会计分录：

借：在建工程——建筑安装工程投资 18 000

　　贷：在建工程——待摊投资 18 000

预算会计分录：无。

⑦ 建筑工程验收合格并交付使用时

财务会计分录：

借：固定资产 1 260 000

　　贷：在建工程——建筑安装工程投资 1 260 000

预算会计分录：无。

### 2.3.3 无形资产及研发业务

1. 无形资产及无形资产累计摊销

（1）无形资产的定义。无形资产，是指政府会计主体控制的没有实物形态的可辨认非货币性资产，如专利权、商标权、著作权、土地使用权、非专利技术等。

资产满足下列条件之一的，符合无形资产定义中的可辨认性标准：能够从政府会计主体中分离或者划分出来，并能单独或者与相关合同、资产或负债一起，用于出售、转移、授予许可、租赁或者交换。源自合同性权利或其他法定权利，无论这些权利是否可以从政府会计主体或其他权利和义务中转移或者分离。

（2）无形资产的确认。无形资产同时满足下列条件的，应当予以确认：与该无形资产相关的服务潜力很可能实现或者经济利益很可能流入政府会计主体；该无形资产的成本或者价值能够可靠地计量。

政府会计主体在判断无形资产的服务潜力或经济利益是否很可能实现或流入时，应当对无形资产在预计使用年限内可能存在的各种社会、经济、科技因素做出合理估计，并且应当有确凿的证据支持。

政府会计主体购入的不构成相关硬件不可缺少组成部分的软件，应当确认为无形资产。

政府会计主体自创商誉及内部产生的品牌、报刊名等，不应确认为无形资产。

（3）无形资产的初始计量。无形资产在取得时应当按照成本进行初始计量。

政府会计主体外购的无形资产，其成本包括购买价款、相关税费以及可归属于该项资产达到预定用途前所发生的其他支出。委托软件公司开发的软件，视同外购无形资产确定其成本。自行开发的无形资产，其成本包括自该项目进入开发阶段后至达到预定用途前所发生的支出总额。通过置换取得的无形资产，其成本按照换出资产的评估价值加上支付的补价或减去收到的补价，加上换入无形资产发生的其他相关支出确定。接受捐赠的无形资产，其成本按照有关凭据注明的金额加上相关税费确定；没有相关凭据可供取得，但按规定经过资产评估的，其成本按照评估价值加上相关税费确定；没有相关凭据可供取得，也未经资产评估的，其成本比照同类或类似资产的市场价格加上相关税费确定；没有相关凭据且未经资产评估、同类或类似资产的市场价格也无法可靠取得的，按照名义金额入账，相关税费计入当期费用。确定接受捐赠无形资产的初始入账成本时，应当考虑该项资产尚可为政府会计主体带来服务潜力或经济利益的能力。无偿调入的无形资产，其成本按照调出方账面价值加上相关税费确定。

（4）“无形资产”科目的设置。为核算无形资产业务，单位应设置“无形资产”总账科目。本科目核算单位无形资产的原值。非大批量购入、单价小于 1 000 元的无形资产，可以于购买的当期将其成本直接计入当期费用。本科目应当按照无形资产的类别、项目等进行明细核算。本科目期末借方余额，反映单位无形资产的成本。

（5）无形资产的取得。无形资产在取得时，应当按照成本进行初始计量。

① 外购的无形资产，按照确定的成本，借记本科目，贷记“财政拨款收入”“零余额账户用款额度”“应付账款”“银行存款”等科目。

② 委托软件公司开发软件，视同外购无形资产进行处理。合同中约定预付开发费用的，按照预付金额，借记“预付账款”科目，贷记“财政拨款收入”“零余额账户用款额度”“银行存款”等科目。软件开发完成交付使用并支付剩余或全部软件开发费用时，按照软件开发费用总额，借记本科目，按照相关预付账款金额，贷记“预付账款”科目，按照支付的剩余金额，贷记“财政拨款收入”“零余额账户用款额度”“银行存款”等科目。

③ 自行研究开发形成的无形资产，按照研究开发项目进入开发阶段后至达到预定用途前所发生的支出总额，借记本科目，贷记“研发支出——开发支出”科目。自行研究开发项目尚未进入开发阶段，或者确实无法区分研究阶段支出和开发阶段支出，但按照法律程序已申请取得无形资产的，按照依法取得时发生的注册费、聘请律师费等费用，借记本科目，贷记“财政拨款收入”“零余额账户用款额度”“银行存款”等科目；按照依法取得前所发生的研究开发支出，借记“业务活动费用”等科目，贷记“研发支出”科目。

④ 接受捐赠的无形资产，按照确定的无形资产成本，借记本科目，按照发生的相关税费等，贷记“零余额账户用款额度”“银行存款”等科目，按照其差额，贷记“捐赠收入”科目。接受捐赠的无形资产按照名义金额入账的，按照名义金额，借记本科目，贷记“捐赠收入”科目；同时，按照发生的相关税费等，借记“其他费用”科目，贷记“零余额账户用款额度”“银行存款”等科目。

⑤ 无偿调入的无形资产，按照确定的无形资产成本，借记本科目，按照发生的相关税费等，贷记“零余额账户用款额度”“银行存款”等科目，按照其差额，贷记“无偿调拨净资产”科目。

⑥ 置换取得的无形资产，参照“库存物品”科目中置换取得库存物品的相关规定进行账务处理。

无形资产取得时涉及增值税业务的，相关账务处理参见“应交增值税”科目。

在无形资产业务中，如果涉及纳入部门预算管理的现金收支的，在进行财务会计核算的同时，要进行预算会计核算，预算会计的具体核算参见本书预算会计核算部分的内容。

例2-60　某事业单位委托Y软件公司开发一款软件，合同金额120 000元，该单位按合同约定向Y软件公司先预付开发费用50 000元，款项通过财政零余额账户支付。5个月后，软件开发完成并交付使用，该单位通过财政零余额账户支付剩余款项。

① 向Y软件公司预付开发费用时

财务会计分录：

借：预付账款　　50 000

　　贷：财政拨款收入　　50 000

预算会计分录：

借：事业支出　　50 000

　　贷：财政拨款预算收入　　50 000

② 软件开发完成并交付使用，支付剩余款项时

财务会计分录：

借：无形资产　　120 000

　　贷：财政拨款收入　　70 000

　　　　预付账款　　50 000

预算会计分录：

借：事业支出　　70 000

贷：财政拨款预算收入 70 000

（6）无形资产的后续支出。无形资产的后续支出按照支出是否符合无形资产的确认条件区分为符合无形资产确认条件的后续支出和不符合无形资产确认条件的后续支出两类。符合无形资产确认条件的后续支出包括为增加无形资产使用效能而对其进行升级改造或扩展其功能而发生的支出；不符合无形资产确认条件的后续支出包括为保证无形资产正常使用而发生的日常维护等支出。

① 符合无形资产确认条件的后续支出。为增加无形资产的使用效能对其进行升级改造或扩展其功能时，如需暂停对无形资产进行摊销的，按照无形资产的账面价值，借记"在建工程"科目，按照无形资产已摊销金额，借记"无形资产累计摊销"科目，按照无形资产的账面余额，贷记本科目。无形资产后续支出符合无形资产确认条件的，按照支出的金额，借记本科目（无须暂停摊销的）或"在建工程"科目（需暂停摊销的），贷记"财政拨款收入""零余额账户用款额度""银行存款"等科目。暂停摊销的无形资产升级改造或扩展功能等完成交付使用时，按照在建工程成本，借记本科目，贷记"在建工程"科目。

② 不符合无形资产确认条件的后续支出。为保证无形资产正常使用发生的日常维护等支出，借记"业务活动费用""单位管理费用"等科目，贷记"财政拨款收入""零余额账户用款额度""银行存款"等科目。

（7）无形资产的摊销。政府会计主体应当于取得或形成无形资产时合理确定其使用年限。无形资产的使用年限为有限的，应当估计该使用年限。无法预见无形资产为政府会计主体提供服务潜力或者带来经济利益期限的，应当视为使用年限不确定的无形资产，使用年限不确定的无形资产不应摊销。

政府会计主体应当对使用年限有限的无形资产进行摊销，但已摊销完毕仍继续使用的无形资产和以名义金额计量的无形资产除外。摊销是指在无形资产使用年限内，按照确定的方法对应摊销金额进行系统分摊。

对于使用年限有限的无形资产，政府会计主体应当按照以下原则确定无形资产的摊销年限：

① 法律规定了有效年限的，按照法律规定的有效年限作为摊销年限；② 法律没有规定有效年限的，按照相关合同或单位申请书中的受益年限作为摊销年限；③ 法律没有规定有效年限、相关合同或单位申请书也没有规定受益年限的，应当根据无形资产为政府会计主体带来服务潜力或经济利益的实际情况，预计其使用年限；④ 非大批量购入、单价小于1 000元的无形资产，可以于购买的当期将其成本一次性全部转销。

政府会计主体应当按月对使用年限有限的无形资产进行摊销，并根据用途计入当期费用或者相关资产成本。

政府会计主体应当采用年限平均法或者工作量法对无形资产进行摊销，应摊销金额为其成本，不考虑预计残值。因发生后续支出而增加无形资产成本的，对于使用年限有限的无形资产，应当按照重新确定的无形资产成本以及重新确定的摊销年限计算摊销额。



为核算无形资产摊销业务，单位应设置"无形资产累计摊销"总账科目。本科目核算单位对使用年限有限的无形资产计提的累计摊销。本科目应当按照所对应无形资产的明细分类进行明细核算。本科目期末贷方余额，反映单位计提的无形资产摊销累计数。

按月对无形资产进行摊销时，按照应摊销金额，借记“业务活动费用”“单位管理费用”“加工物品”“在建工程”等科目，贷记“无形资产累计摊销”科目。经批准处置无形资产时，按照所处置无形资产的账面价值，借记“资产处置费用”“无偿调拨净资产”“待处理财产损溢”等科目，按照已计提摊销，借记“无形资产累计摊销”科目，按照无形资产的账面余额，贷记“无形资产”科目。

在无形资产累计摊销业务中，不涉及预算资金，因此，不进行预算会计核算。

例2-61　某事业单位对一项专业业务活动中使用的无形资产进行摊销，摊销金额为8 000元。

财务会计分录：

借：业务活动费用　　8 000

　　贷：无形资产累计摊销　　8 000

预算会计分录：无。

（8）无形资产的处置。按照《政府会计准则第4号——无形资产》的规定，关于无形资产的处置，政府会计主体按规定报经批准出售无形资产的，应当将无形资产账面价值转销计入当期费用，并将处置收入大于相关处置税费后的差额按规定计入当期收入或者做应缴款项处理，将处置收入小于相关处置税费后的差额计入当期费用。按规定报经批准对外捐赠、无偿调出无形资产的，应当将无形资产的账面价值予以转销，对外捐赠、无偿调出中发生的归属于捐出方、调出方的相关费用应当计入当期费用。按规定报经批准以无形资产对外投资的，应当将该无形资产的账面价值予以转销，并将无形资产在对外投资时的评估价值与其账面价值的差额计入当期收入或费用。无形资产预期不能为政府会计主体带来服务潜力或者经济利益的，应当在报经批准后将该无形资产的账面价值予以转销。

具体账务处理如下：

① 报经批准出售、转让无形资产的，按照被出售、转让无形资产的账面价值，借记“资产处置费用”科目，按照无形资产已计提的摊销，借记“无形资产累计摊销”科目，按照无形资产账面余额，贷记“无形资产”科目；同时，按照收到的价款，借记“银行存款”等科目，按照处置过程中发生的相关费用，贷记“银行存款”等科目，按照其差额，贷记“应缴财政款”（按照规定应上缴无形资产转让净收入的）或“其他收入”（按照规定将无形资产转让收入纳入本单位预算管理的）科目。

② 报经批准对外捐赠无形资产的，按照无形资产已计提的摊销，借记“无形资产累计摊销”科目，按照被处置无形资产的账面余额，贷记“无形资产”科目，按照捐赠过程中发生的归属于捐出方的相关费用，贷记“银行存款”等科目，按照其差额，借记“资产处置费用”科目。

③ 报经批准无偿调出无形资产的，按照无形资产已计提的摊销，借记“无形资产累计摊销”科目，按照被处置无形资产的账面余额，贷记“无形资产”科目，按照其

差额，借记“无偿调拨净资产”科目；同时，按照无偿调出过程中发生的归属于调出方的相关费用，借记“资产处置费用”科目，贷记“银行存款”等科目。

④ 报经批准置换换出无形资产的，参照“库存物品”科目中置换换入库存物品的规定进行账务处理。

⑤ 无形资产预期不能为单位带来服务潜力或经济利益，按照规定报经批准核销时，按照待核销无形资产的账面价值，借记“资产处置费用”科目，按照已计提摊销，借记“无形资产累计摊销”科目，按照无形资产的账面余额，贷记“无形资产”科目。

无形资产处置时涉及增值税业务的，相关账务处理参见“应交增值税”科目。

例 2-62　某事业单位有一项无形资产已经不能为单位带来服务潜力，按照规定报经批准后核销，该项无形资产的账面余额 800 000 元，已计提累计摊销 750 000 元。

财务会计分录：

| | | |
|---|---|---|
| 借：资产处置费用 | 50 000 | |
| 　　无形资产累计摊销 | 750 000 | |
| 　　贷：无形资产 | | 800 000 |

预算会计分录：无。

（9）无形资产的盘点。单位应当定期对无形资产进行清查盘点，每年至少盘点一次。单位资产清查盘点过程中发现的无形资产盘盈、盘亏等，参照“固定资产”科目相关规定进行账务处理。

2. 研发支出

根据《政府会计准则第 4 号——无形资产》的规定，政府会计主体自行研究开发项目的支出，应当区分研究阶段支出与开发阶段支出。研究是指为获取并理解新的科学或技术知识而进行的独创性的有计划调查。开发是指在进行生产或使用前，将研究成果或其他知识应用于某项计划或设计，以生产出新的或具有实质性改进的材料、装置、产品等。

政府会计主体自行研究开发项目研究阶段的支出，应当于发生时计入当期费用。自行研究开发项目开发阶段的支出，先按合理方法进行归集，如果最终形成无形资产的，应当确认为无形资产；如果最终未形成无形资产的，应当计入当期费用。自行研究开发项目尚未进入开发阶段，或者确实无法区分研究阶段支出和开发阶段支出，但按法律程序已申请取得无形资产的，应当将依法取得时发生的注册费、聘请律师费等费用确认为无形资产。

为核算研发支出业务，单位应设置“研发支出”总账科目。本科目核算单位自行研究开发项目研究阶段和开发阶段发生的各项支出。建设项目中的软件研发支出，应当通过“在建工程”科目核算，不通过本科目核算。本科目应当按照自行研究开发项目，分别“研究支出”“开发支出”进行明细核算。

自行研究开发项目研究阶段的支出，应当先在本科目归集。按照从事研究及其辅助活动人员计提的薪酬，研究活动领用的库存物品，发生的与研究活动相关的管理费、间接费和其他各项费用，借记本科目（研究支出），贷记“应付职工薪酬”“库存物品”“财政拨款收入”“零余额账户用款额度”“固定资产累计折旧”“银行存款”等科目。期（月）末，应当将本科目归集的研究阶段的支出金额转入当期费用，借记“业务活动费用”等科目，贷记本科目（研究支出）。

自行研究开发项目开发阶段的支出，先通过本科目进行归集。按照从事开发及其辅助活动人员计提的薪酬，开发活动领用的库存物品，发生的与开发活动相关的管理费、间接费和其他各项费用，借记本科目（开发支出），贷记“应付职工薪酬”“库存物品”“财政拨款收入”“零余额账户用款额度”“固定资产累计折旧”“银行存款”等科目。自行研究开发项目完成，达到预定用途形成无形资产的，按照本科目归集的开发阶段的支出金额，借记“无形资产”科目，贷记本科目（开发支出）。

单位应于每年年度终了评估研究开发项目是否能达到预定用途，如预计不能达到预定用途（如无法最终完成开发项目并形成无形资产的），应当将已发生的开发支出金额全部转入当期费用，借记“业务活动费用”等科目，贷记本科目（开发支出）。

自行研究开发项目时涉及增值税业务的，相关账务处理参见“应交增值税”科目。

本科目期末借方余额，反映单位预计能达到预定用途的研究开发项目在开发阶段发生的累计支出数。

在研发支出业务中，如果涉及纳入部门预算管理的现金收支的，在进行财务会计核算的同时，要进行预算会计核算，预算会计的具体核算参见本书预算会计核算部分的内容。

例2-63　某事业单位自行开展研究开发活动，在研究阶段，计提从事研究活动的人员薪酬共计100 000元。当年末，将发生的研究阶段的全部支出600 000元转入业务活动费用。第2年，经论证和批准，相应研发活动进入开发阶段。在开发阶段，计提从事开发活动的人员薪酬150 000元。10个月后，开发项目完成，形成一项无形资产，开发成本共计800 000元。

① 计提从事研究活动人员的薪酬时

财务会计分录：

| | | |
|---|---|---|
| 借：研发支出——研究支出 | 100 000 | |
| 　　贷：应付职工薪酬 | | 100 000 |

预算会计分录：无。

② 结转研究阶段支出时

财务会计分录：

| | | |
|---|---|---|
| 借：业务活动费用 | 600 000 | |
| 　　贷：研发支出——研究支出 | | 600 000 |

预算会计分录：无。

③ 计提从事开发活动人员的薪酬时

财务会计分录：

| | | |
|---|---|---|
| 借：研发支出——开发支出 | 150 000 | |
| 　　贷：应付职工薪酬 | | 150 000 |

预算会计分录：无。

④ 开发项目完成并形成一项无形资产时

财务会计分录：

借：无形资产　　800 000

　　贷：研发支出——开发支出　　800 000

预算会计分录：无。

### 2.3.4 政府单位管理的公用资产

1. 政府单位管理公用资产的概述

（1）政府单位管理公用资产的定义。政府单位管理公用资产是指政府单位为满足公共需求而控制的资产，包括公共基础设施、政府储备物资、保障性住房、文物文化资产、公益性林木资产等。

① 公共基础设施，是指政府会计主体为满足社会公共需求而控制的，同时具有以下特征的有形资产：是一个有形资产系统或网络的组成部分；具有特定用途；一般不可移动。

公共基础设施主要包括市政基础设施（如城市道路、桥梁、隧道、公交场站、路灯、广场、公园绿地、室外公共健身器材，以及环卫、排水、供水、供电、供气、供热、污水处理、垃圾处理系统等）、交通基础设施（如公路、航道、港口等）、水利基础设施（如大坝、堤防、水闸、泵站、渠道等）和其他公共基础设施。

② 政府储备物资，是指政府会计主体为满足实施国家安全与发展战略、进行抗灾救灾、应对公共突发事件等特定公共需求而控制的，同时具有下列特征的有形资产：在应对可能发生的特定事件或情形时动用；其购入、存储保管、更新（轮换）、动用等由政府及相关部门发布的专门管理制度规范。政府储备物资包括战略及能源物资、抢险抗灾救灾物资、农产品、医药物资和其他重要商品物资，通常情况下由政府会计主体委托承储单位存储。

③ 保障性住房，是指政府管理的为中低收入住房困难家庭所提供的限定标准、限定价格或租金的住房，此类住房区别于完全由市场形成价格的商品房。

④ 文物文化资产，是指为满足社会公众需求，政府管理的用于纪念和展出的历史文物或艺术品，以及其他具有历史价值的长期保存的典藏等。

⑤ 公益性林木资产，是指政府单位管理的以防护、环境保护为主要目的的林木类生物资产，包括防风固沙林、水土保持林和水源涵养林等。关于林木资产本书在“2.4.5 林木资产”中介绍。

（2）政府单位管理公用资产的确认。政府单位管理公用资产与政府单位占用和使用资产是不同的，它们的差异在于前者有满足公共需求的特性，即这类资产直接为社会公众提供服务，而不是为政府单位自身的日常运行服务。政府单位占有和为履行职能由本单位使用的设施、房屋、文物等，在单位的固定资产中核算；政府单位占有和使用的物资，在单位的库存物品或工程物资中核算。政府单位管理的资产不是由政府单位使用，而是由公众使用的，则应该在政府单位管理公用资产的相应科目中核算。独立于公共基础设施、不构成公共基础设施使用不可缺少组成部分的管理维护用房屋建筑物、设备、车辆等，要确认为单位的固定资产。

（3）政府单位管理公用资产的会计主体。目前，在实际工作中存在一些公用资产由政府单位多层次管理或多部门管理的情况，因此，政府单位管理公用资产需要明确会计主体，即由谁来记录和报告相关资产。

① 由按规定负有主要管理职能的政府单位进行确认。如果资产由多个政府单位共同管理维护，应当由对该资产负有主要管理维护职责或者承担后续主要支出责任的政府单位予以确认。

② 由按规定负有分管职能的政府单位分别进行确认。资产分为多个组成部分，由不同政府单位分别管理维护的公共基础设施，应当由各个会计主体分别对其负责管理维护的公共基础设施的相应部分予以确认。

③ 由负有直接管理维护职责的政府单位进行确认。如果公用资产存在多层级的管理单位，应当由直接管理维护公用资产的政府单位予以确认。

④ 由直接负有政府管理职责的政府单位进行确认。如果是委托其他单位或者机构代为管理维护公用资产，该资产应当由委托方予以确认。

2. 公共基础设施及公共基础设施累计折旧（摊销）

（1）公共基础设施的确认。根据《政府会计准则第5号——公共基础设施》的规定，公共基础设施同时满足下列条件的，应当予以确认：与该公共基础设施相关的服务潜力很可能实现或者经济利益很可能流入政府会计主体；该公共基础设施的成本或者价值能够可靠地计量。通常情况下，符合上述规定的公共基础设施，应当由按规定对其负有管理维护职责的政府会计主体予以确认。多个政府会计主体共同管理维护的公共基础设施，应当由对该资产负有主要管理维护职责或者承担后续主要支出责任的政府会计主体予以确认。分为多个组成部分由不同政府会计主体分别管理维护的公共基础设施，应当由各个政府会计主体分别对其负责管理维护的公共基础设施的相应部分予以确认。负有管理维护公共基础设施职责的政府会计主体通过政府购买服务方式委托企业或其他会计主体代为管理维护公共基础设施的，该公共基础设施应当由委托方予以确认。

通常情况下，对于自建或外购的公共基础设施，政府会计主体应当在该项公共基础设施验收合格并交付使用时确认；对于无偿调入、接受捐赠的公共基础设施，政府会计主体应当在开始承担该项公共基础设施管理维护职责时确认。

政府会计主体应当根据公共基础设施提供公共产品或服务的性质或功能特征对其进行分类确认。公共基础设施的各组成部分具有不同使用年限或者以不同方式提供公共产品或服务，适用不同折旧率或折旧方法且可以分别确定各自原价的，应当分别将各组成部分确认为该类公共基础设施的一个单项公共基础设施。

政府会计主体在购建公共基础设施时，能够分清购建成本中的构筑物部分与土地使用权部分的，应当将其中的构筑物部分和土地使用权部分分别确认为公共基础设施；不能分清购建成本中的构筑物部分与土地使用权部分的，应当整体确认为公共基础设施。

(2) 公共基础设施的初始计量。公共基础设施在取得时应当按照成本进行初始计量。

政府会计主体自行建造的公共基础设施，其成本包括完成批准的建设内容所发生的全部必要支出，包括建筑安装工程投资支出、设备投资支出、待摊投资支出和其他投资支出。在原有公共基础设施基础上进行改建、扩建等建造活动后的公共基础设施，其成本按照原公共基础设施账面价值加上改建、扩建等建造活动发生的支出，再扣除公共基础设施被替换部分的账面价值后的金额确定。为建造公共基础设施借入的专门借款的利息，属于建设期间发生的，计入该公共基础设施在建工程成本；不属于建设期间发生的，计入当期费用。已交付使用但尚未办理竣工决算手续的公共基础设施，应当按照估计价值入账，待办理竣工决算后再按照实际成本调整原来的暂估价值。接受其他会计主体无偿调入的公共基础设施，其成本按照该项公共基础设施在调出方的账面价值加上归属于调入方的相关费用确定。接受捐赠的公共基础设施，其成本按照有关凭据注明的金额加上相关费用确定；没有相关凭据可供取得，但按规定经过资产评估的，其成本按照评估价值加上相关费用确定；没有相关凭据可供取得，也未经资产评估的，其成本比照同类或类似资产的市场价格加上相关费用确定。如受赠的系旧的公共基础设施，在确定其初始入账成本时应当考虑该项资产的新旧程度。外购的公共基础设施，其成本包括购买价款、相关税费以及公共基础设施交付使用前所发生的可归属于该项资产的运输费、装卸费、安装费和专业人员服务费等。对于包括不同组成部分的公共基础设施，只有总成本、没有单项组成部分成本的，政府会计主体可以按照各单项组成部分同类或类似资产的成本或市场价格比例对总成本进行分配，分别确定公共基础设施中各单项组成部分的成本。

(3) 公共基础设施科目的设置。为核算公共基础设施业务，单位应设置“公共基础设施”总账科目。本科目核算单位控制的公共基础设施的原值。本科目应当按照公共基础设施的类别、项目等进行明细核算。本科目期末借方余额，反映公共基础设施的原值。

单位应当根据行业主管部门对公共基础设施的分类规定，制定适合于本单位管理的公共基础设施目录、分类方法，作为进行公共基础设施核算的依据。

(4) 公共基础设施的取得。公共基础设施在取得时，应当按照其成本入账。

① 自行建造的公共基础设施完工交付使用时，按照在建工程的成本，借记本科目，贷记“在建工程”科目。已交付使用但尚未办理竣工决算手续的公共基础设施，按照估计价值入账，待办理竣工决算后再按照实际成本调整原来的暂估价值。

② 接受其他单位无偿调入的公共基础设施，按照确定的成本，借记本科目，按照发生的归属于调入方的相关费用，贷记“财政拨款收入”“零余额账户用款额度”“银行存款”等科目，按照其差额，贷记“无偿调拨净资产”科目。无偿调入的公共基础设施成本无法可靠取得的，按照发生的相关税费、运输费等金额，借记“其他费用”科目，贷记“财政拨款收入”“零余额账户用款额度”“银行存款”等科目。

③ 接受捐赠的公共基础设施，按照确定的成本，借记本科目，按照发生的相关费

用，贷记“财政拨款收入”“零余额账户用款额度”“银行存款”等科目，按照其差额，贷记“捐赠收入”科目。接受捐赠的公共基础设施成本无法可靠取得的，按照发生的相关税费等金额，借记“其他费用”科目，贷记“财政拨款收入”“零余额账户用款额度”“银行存款”等科目。

④ 外购的公共基础设施，按照确定的成本，借记本科目，贷记“财政拨款收入”“零余额账户用款额度”“银行存款”等科目。

对于成本无法可靠取得的公共基础设施，单位应当设置备查簿进行登记，待成本能够可靠确定后按照规定及时入账。

在公共基础设施取得业务中，如果涉及纳入部门预算管理的现金收支的，在进行财务会计核算的同时，要进行预算会计核算，预算会计的具体核算参见本书预算会计核算部分的内容。

例2-64　某行政单位自行建造一项公共基础设施，现已完工并交付使用，在建工程成本为5 000 000元。

| | | |
|---|---|---|
| 借：公共基础设施 | 5 000 000 | |
| 　　贷：在建工程 | | 5 000 000 |

例2-65　某行政单位接受其他单位无偿调入的一项公共基础设施，该项公共基础设施在调出方的账面价值为8 990 000元，调入过程中，由调入方支付相关费用10 000元，已通过财政零余额账户支付。

财务会计分录：

| | | |
|---|---|---|
| 借：公共基础设施 | 9 000 000 | |
| 　　贷：财政拨款收入 | | 10 000 |
| 　　　　无偿调拨净资产 | | 8 990 000 |

预算会计分录：

| | | |
|---|---|---|
| 借：行政支出 | 10 000 | |
| 　　贷：财政拨款预算收入 | | 10 000 |

（5）公共基础设施的后续支出。公共基础设施的后续支出是指公共基础设施在使用过程中发生的改建、扩建支出，日常维修支出等。公共基础设施的后续支出按支出是否计入公共基础设施的成本，可分为计入公共基础设施成本的后续支出和不计入公共基础设施成本的后续支出两类。通常情况下，为增加公共基础设施使用效能或延长其使用年限而发生的改建、扩建等后续支出，应当计入公共基础设施成本；为维护公共基础设施的正常使用而发生的日常维修、养护等后续支出，应当计入当期费用，不计入公共基础设施成本。

将公共基础设施转入改建、扩建时，按照公共基础设施的账面价值，借记“在建工程”科目，按照公共基础设施已计提折旧，借记“公共基础设施累计折旧（摊销）”科目，按照公共基础设施的账面余额，贷记本科目。为增加公共基础设施使用效能或延长其使用年限而发生的改建、扩建等后续支出，借记“在建工程”科目，贷记“财政拨款收入”“零余额账户用款额度”“银行存款”等科目。公共基础设施改建、扩建完成，竣工验收交付使用时，按照在建工程成本，借记本科目，贷记“在建工程”

科目。

为保证公共基础设施正常使用发生的日常维修等支出，借记“业务活动费用”等科目，贷记“财政拨款收入”“零余额账户用款额度”“银行存款”等科目。

在公共基础设施后续支出业务中，如果涉及纳入部门预算管理的现金收支的，在进行财务会计核算的同时，要进行预算会计核算，预算会计的具体核算参见本书预算会计核算部分的内容。

例 2-66　某行政单位对一项公共基础设施进行改扩建，该项公共基础设施的账面余额为 770 000 元，已计提折旧为 570 000 元。改扩建过程中共发生支出 800 000 元，款项已通过财政零余额账户支付。改扩建工程于 10 个月后完工并交付使用。

① 将原公共基础设施转入改扩建时

财务会计分录：

| | | |
|---|---|---|
| 借：在建工程 | 200 000 | |
| 　　公共基础设施累计折旧（摊销） | 570 000 | |
| 　　贷：公共基础设施 | | 770 000 |

预算会计分录：无。

② 支付改扩建工程款时

财务会计分录：

| | | |
|---|---|---|
| 借：在建工程 | 800 000 | |
| 　　贷：财政拨款收入 | | 800 000 |

预算会计分录：

| | | |
|---|---|---|
| 借：行政支出 | 800 000 | |
| 　　贷：财政拨款预算收入 | | 800 000 |

③ 工程完工交付使用时

| | | |
|---|---|---|
| 借：公共基础设施 | 1 000 000 | |
| 　　贷：在建工程 | | 1 000 000 |

预算会计分录：无。

（6）公共基础设施的折旧或摊销①。根据《政府会计准则第 5 号——公共基础设施》的规定，政府会计主体应当对公共基础设施计提折旧，但政府会计主体持续进行良好的维护使得其性能得到永久维持的公共基础设施和确认为公共基础设施的单独计价入账的土地使用权除外。公共基础设施应计提的折旧总额为其成本，计提公共基础设施折旧时不考虑预计净残值。政府会计主体应当对暂估入账的公共基础设施计提折旧，实际成本确定后不需调整原已计提的折旧额。

---

① 《政府会计准则第 5 号——公共基础设施》和《政府会计制度——行政事业单位会计科目和报表》中都要求进行公共基础设施累计折旧（摊销）的核算，但财政部 2018 年 12 月 13 日发布的《关于进一步做好政府会计准则制度新旧衔接和加强行政事业单位资产核算的通知》（财会〔2018〕34 号）规定：“关于公共基础设施折旧（摊销），在国务院财政部门对公共基础设施折旧（摊销）年限作出规定之前，单位在公共基础设施首次入账时暂不考虑补提折旧（摊销），初始入账后也暂不计提折旧（摊销）。单位在 2019 年 1 月 1 日之前已经核算公共基础设施且计提折旧（摊销）的，在新旧衔接时以及执行政府会计准则制度后可继续沿用之前的折旧（摊销）政策。”

政府会计主体应当根据公共基础设施的性质和使用情况，合理确定公共基础设施的折旧年限。政府会计主体确定公共基础设施折旧年限，应当考虑下列因素：设计使用年限或设计基准期；预计实现服务潜力或提供经济利益的期限；预计有形损耗和无形损耗；法律或者类似规定对资产使用的限制。公共基础设施的折旧年限一经确定，不得随意变更。对于政府会计主体接受无偿调入、捐赠的公共基础设施，应当考虑该项资产的新旧程度，按照其尚可使用的年限计提折旧。

政府会计主体一般应当采用年限平均法或者工作量法计提公共基础设施折旧。在确定公共基础设施的折旧方法时，应当考虑与公共基础设施相关的服务潜力或经济利益的预期实现方式。公共基础设施折旧方法一经确定，不得随意变更。

公共基础设施应当按月计提折旧，并计入当期费用。当月增加的公共基础设施，当月开始计提折旧；当月减少的公共基础设施，当月不再计提折旧。

处于改建、扩建等建造活动期间的公共基础设施，应当暂停计提折旧。因改建、扩建等原因而延长公共基础设施使用年限的，应当按照重新确定的公共基础设施的成本和重新确定的折旧年限计算折旧额，不需调整原已计提的折旧额。公共基础设施提足折旧后，无论能否继续使用，均不再计提折旧；已提足折旧的公共基础设施，可以继续使用的，应当继续使用，并规范实物管理。提前报废的公共基础设施，不再补提折旧。

为核算公共基础设施折旧或摊销业务，单位应设置“公共基础设施累计折旧（摊销）”总账科目。本科目核算单位计提的公共基础设施累计折旧和累计摊销。本科目应当按照所对应公共基础设施的明细分类进行明细核算。

单位按月计提公共基础设施折旧时，按照应计提的折旧额，借记“业务活动费用”科目，贷记本科目。按月对确认为公共基础设施的单独计价入账的土地使用权进行摊销时，按照应计提的摊销额，借记“业务活动费用”科目，贷记本科目。

处置公共基础设施时，按照所处置公共基础设施的账面价值，借记“资产处置费用”“无偿调拨净资产”“待处理财产损溢”等科目，按照已提取的折旧和摊销，借记本科目，按照公共基础设施的账面余额，贷记“公共基础设施”科目。

本科目期末贷方余额，反映单位提取的公共基础设施折旧和摊销的累计数。

在公共基础设施的折旧或摊销业务中，不涉及纳入部门预算管理的现金收支，因此，不涉及预算会计的核算内容。

（7）公共基础设施的处置。根据《政府会计准则第5号——公共基础设施》的规定，政府会计主体按规定报经批准无偿调出、对外捐赠公共基础设施的，应当将公共基础设施的账面价值予以转销，无偿调出、对外捐赠中发生的归属于调出方、捐出方的相关费用应当计入当期费用。

按照规定报经批准处置公共基础设施，分别以下情况处理：

① 报经批准对外捐赠公共基础设施，按照公共基础设施已计提的折旧或摊销，借记“公共基础设施累计折旧（摊销）”科目，按照被处置公共基础设施的账面余额，贷记“公共基础设施”科目，按照捐赠过程中发生的归属于捐出方的相关费用，贷记“银行存款”等科目，按照其差额，借记“资产处置费用”科目。

② 报经批准无偿调出公共基础设施，按照公共基础设施已计提的折旧或摊销，借记“公共基础设施累计折旧（摊销）”科目，按照被处置公共基础设施的账面余额，贷记“公共基础设施”科目，按照其差额，借记“无偿调拨净资产”科目；同时，按照无偿调出过程中发生的归属于调出方的相关费用，借记“资产处置费用”科目，贷记“银行存款”等科目。

在公共基础设施的处置业务中，如果涉及纳入部门预算管理的现金收支的，在进行财务会计核算时，同时要进行预算会计核算，预算会计的具体核算参见本书预算会计核算部分的内容。

例 2-67　某行政单位报经批准将一项公共基础设施无偿调出，该公共基础设施账面余额 5 000 000 元，调出过程中发生归属于调出方的相关费用 2 000 元，已通过单位零余额账户支付。（该单位根据财政部 2018 年 12 月 13 日《关于进一步做好政府会计准则制度新旧衔接和加强行政事业单位资产核算的通知》要求，暂时没有对该公共基础设施计提折旧或者摊销。）

财务会计分录：

| | | |
|---|---|---|
| 借：无偿调拨净资产 | 5 000 000 | |
| 　　贷：公共基础设施 | | 5 000 000 |
| 借：资产处置费用 | 2 000 | |
| 　　贷：零余额账户用款额度 | | 2 000 |

预算会计分录：

| | | |
|---|---|---|
| 借：行政支出 | 2 000 | |
| 　　贷：资金结存——零余额账户用款额度 | | 2 000 |

（8）公共基础设施的盘盈、盘亏或毁损、报废。单位应当定期对公共基础设施进行清查盘点。对于发生的公共基础设施盘盈、盘亏、毁损或报废，应当先记入“待处理财产损溢”科目，按照规定报经批准后及时进行后续账务处理。

① 盘盈的公共基础设施，其成本按照有关凭据注明的金额确定；没有相关凭据，但按照规定经过资产评估的，其成本按照评估价值确定；没有相关凭据，也未经过评估的，其成本按照重置成本确定。盘盈的公共基础设施成本无法可靠取得的，单位应当设置备查簿进行登记，待成本确定后按照规定及时入账。盘盈的公共基础设施，按照确定的入账成本，借记“公共基础设施”科目，贷记“待处理财产损溢”科目。

② 盘亏、毁损或报废的公共基础设施，按照待处置公共基础设施的账面价值，借记“待处理财产损溢”科目，按照已计提折旧或摊销，借记“公共基础设施累计折旧（摊销）”科目，按照公共基础设施的账面余额，贷记“公共基础设施”科目。

根据《政府会计准则第 5 号——公共基础设施》的规定，公共基础设施报废或遭受重大毁损的，政府会计主体应当在报经批准后将公共基础设施账面价值予以转销，并将报废、毁损过程中取得的残值变价收入扣除相关费用后的差额按规定做应缴款项处理（差额为净收益时）或计入当期费用（差额为净损失时）。

3. 政府储备物资

（1）政府储备物资的确认。同时满足下列条件的，应当确认为政府储备物资：与该政府储备物资相关的服务潜力很可能实现或者经济利益很可能流入政府会计主体；该政府储备物资的成本或者价值能够可靠地计量。通常情况下，符合上述规定的政府储备物资，应当由按规定对其负有行政管理职责的政府会计主体予以确认。行政管理职责主要指提出或拟定收储计划、更新（轮换）计划、动用方案等。相关行政管理职责由不同政府会计主体行使的政府储备物资，由负责提出收储计划的政府会计主体予以确认。对政府储备物资不负有行政管理职责但接受委托具体负责执行其存储保管等工作的政府会计主体，应当将受托代储的政府储备物资作为受托代理资产核算。

（2）政府储备物资的初始计量。政府储备物资在取得时应当按照成本进行初始计量。

政府会计主体购入的政府储备物资，其成本包括购买价款和政府会计主体承担的相关税费、运输费、装卸费、保险费、检测费以及使政府储备物资达到目前场所和状态所发生的归属于政府储备物资成本的其他支出。委托加工的政府储备物资，其成本包括委托加工前物料成本、委托加工的成本（如委托加工费以及按规定应计入委托加工政府储备物资成本的相关税费等）以及政府会计主体承担的使政府储备物资达到目前场所和状态所发生的归属于政府储备物资成本的其他支出。接受捐赠的政府储备物资，其成本按照有关凭据注明的金额加上政府会计主体承担的相关税费、运输费等确定；没有相关凭据可供取得，但按规定经过资产评估的，其成本按照评估价值加上政府会计主体承担的相关税费、运输费等确定；没有相关凭据可供取得，也未经资产评估的，其成本比照同类或类似资产的市场价格加上政府会计主体承担的相关税费、运输费等确定。接受无偿调入的政府储备物资，其成本按照调出方账面价值加上归属于政府会计主体的相关税费、运输费等确定。

下列各项不计入政府储备物资成本：仓储费用；日常维护费用；不能归属于使政府储备物资达到目前场所和状态所发生的其他支出。

政府会计主体盘盈的政府储备物资，其成本按照有关凭据注明的金额确定；没有相关凭据，但按规定经过资产评估的，其成本按照评估价值确定；没有相关凭据，也未经资产评估的，其成本按照重置成本确定。

（3）政府储备物资的后续计量。政府会计主体应当根据实际情况采用先进先出法、加权平均法或者个别计价法确定政府储备物资发出的成本。计价方法一经确定，不得随意变更。对于性质和用途相似的政府储备物资，应当采用相同的成本计价方法确定发出物资的成本。对于不能替代使用的政府储备物资、为特定项目专门购入或加工的政府储备物资，通常应采用个别计价法确定发出物资的成本。

因动用而发出无须收回的政府储备物资的，应当在发出物资时将其账面余额予以转销，计入当期费用。因动用而发出需要收回或者预期可能收回的政府储备物资的，应当在按规定的质量验收标准收回物资时，将未收回物资的账面余额予以转销，计入当期费用。因行政管理主体变动等原因而将政府储备物资调拨给其他主体的，应当在发出物资时将其账面余额予以转销。对外销售政府储备物资的，应当在发出物资时将其账面余额转销计入当期费用，并按规定确认相关销售收入或将销售取得的价款大于所承担的相关税费后的差额做应缴款项处理。采取销售采购方式对政府储备物资进行更新（轮换）的，应当将物资轮出视为物资销售，按照《政府会计准则第6号——政府储备物资》第十八条规定处理；将物资轮入视为物资采购，按照《政府会计准则第6号——政府储备物资》第八条规定处理。

政府储备物资报废、毁损的，政府会计主体应当按规定报经批准后将报废、毁损的政府储备物资的账面余额予以转销，确认应收款项（确定追究相关赔偿责任的）或计入当期费用（因储存年限到期报废或非人为因素致使报废、毁损的）；同时，将报废、毁损过程中取得的残值变价收入扣除政府会计主体承担的相关费用后的差额按规定做应缴款项处理（差额为净收益时）或计入当期费用（差额为净损失时）。

政府储备物资盘亏的，政府会计主体应当按规定报经批准后将盘亏的政府储备物资的账面余额予以转销，确定追究相关赔偿责任的，确认应收款项；属于正常耗费或不可抗力因素造成的，计入当期费用。

（4）政府储备物资科目的设置。为核算政府储备物资业务，单位应设置“政府储备物资”总账科目。本科目核算单位控制的政府储备物资的成本。对政府储备物资不负有行政管理职责但接受委托具体负责执行存储保管等工作的单位，其受托代储的政府储备物资应当通过“受托代理资产”科目核算，不通过本科目核算。本科目应当按照政府储备物资的种类、品种、存放地点等进行明细核算。单位根据需要，可在本科目下设置“在库”“发出”等明细科目进行明细核算。本科目期末借方余额，反映政府储备物资的成本。

（5）政府储备物资的取得。政府储备物资取得时，应当按照其成本入账。

① 购入的政府储备物资。购入的政府储备物资验收入库时，按照确定的成本，借记本科目，贷记“财政拨款收入”“零余额账户用款额度”“银行存款”等科目。

② 委托加工的政府储备物资。涉及委托加工政府储备物资业务的，相关账务处理参照“加工物品”科目。

③ 接受捐赠的政府储备物资。接受捐赠的政府储备物资验收入库时，按照确定的成本，借记本科目，按照单位承担的相关税费、运输费等，贷记“零余额账户用款额度”“银行存款”等科目，按照其差额，贷记“捐赠收入”科目。

④ 接受无偿调入的政府储备物。接受无偿调入的政府储备物资验收入库时，按照确定的成本，借记本科目，按照单位承担的相关税费、运输费等，贷记“零余额账户用款额度”“银行存款”等科目，按照其差额，贷记“无偿调拨净资产”科目。

在政府储备物资取得的业务中，如果涉及纳入部门预算管理的现金收支的，在进行财务会计核算的同时，要进行预算会计核算，预算会计的具体核算参见本书预算会计核算部分的内容。

例2-68　某行政单位购入一批政府储备物资，含税价565 000元，由购买方承担的运输费和保险费等相关费用合计5 000元，所有款项都已通过财政零余额账户支付。

财务会计分录：

借：政府储备物资　　　　570 000

贷：财政拨款收入　　　　570 000

预算会计分录：

借：行政支出　　　　570 000

贷：财政拨款预算收入　　　　570 000

（6）政府储备物资的发出。

① 发出无须收回的政府储备物资。因动用而发出无须收回的政府储备物资的，按照发出物资的账面余额，借记“业务活动费用”科目，贷记本科目。

② 发出需要收回或者预期可能收回的政府储备物资。因动用而发出需要收回或者预期可能收回的政府储备物资的，在发出物资时，按照发出物资的账面余额，借记本科目（发出），贷记本科目（在库）；按照规定的质量验收标准收回物资时，按照收回物资原账面余额，借记本科目（在库），按照未收回物资的原账面余额，借记“业务活动费用”科目，按照物资发出时登记在本科目所属“发出”明细科目中的余额，贷记本科目（发出）。

③ 无偿调出政府储备物资。因行政管理主体变动等原因而将政府储备物资调拨给其他主体的，按照无偿调出政府储备物资的账面余额，借记“无偿调拨净资产”科目，贷记本科目。

④ 对外销售政府储备物资。对外销售政府储备物资并将销售收入纳入单位预算统一管理的，发出物资时，按照发出物资的账面余额，借记“业务活动费用”科目，贷记本科目；实现销售收入时，按照确认的收入金额，借记“银行存款”“应收账款”等科目，贷记“事业收入”等科目。

对外销售政府储备物资并按照规定将销售净收入上缴财政的，发出物资时，按照发出物资的账面余额，借记“资产处置费用”科目，贷记本科目；取得销售价款时，按照实际收到的款项金额，借记“银行存款”等科目，按照发生的相关税费，贷记“银行存款”等科目，按照销售价款大于所承担的相关税费后的差额，贷记“应缴财政款”科目。

在政府储备物资发出的业务中，如果涉及纳入部门预算管理的现金收支的，在进行财务会计核算的同时，要进行预算会计核算，预算会计的具体核算参见本书预算会计核算部分的内容。

例2-69　某行政单位因动用而发出一批无须收回的政府储备物资，该批政府储备物资的成本为360 000元。

借：业务活动费用　　　　360 000

贷：政府储备物资　　　　360 000

（7）政府储备物资的盘盈、盘亏和毁损、报废。单位应当定期对政府储备物资进行清查盘点，每年至少盘点一次。对于发生的政府储备物资盘盈、盘亏或者报废、毁损，应当先记入“待处理财产损溢”科目，按照规定报经批准后及时进行后续账务处理。

盘盈的政府储备物资，按照确定的入账成本，借记本科目，贷记“待处理财产损溢”科目。盘亏或者毁损、报废的政府储备物资，按照待处理政府储备物资的账面余额，借记“待处理财产损溢”科目，贷记本科目。

4. 文物文化资产

（1）文物文化资产科目的设置。为核算文物文化资产业务，单位应设置“文物文化资产”总账科目。本科目核算单位为满足社会公共需求而控制的文物文化资产的成本。单位为满足自身开展业务活动或其他活动需要而控制的文物和陈列品，应当通过“固定资产”科目核算，不通过本科目核算。本科目应当按照文物文化资产的类别、项目等进行明细核算。本科目期末借方余额，反映文物文化资产的成本。

（2）文物文化资产的取得。文物文化资产在取得时，应当按照其成本入账。

① 外购的文物文化资产，其成本包括购买价款、相关税费以及可归属于该项资产达到预定用途前所发生的其他支出（如运输费、安装费、装卸费等）。外购的文物文化资产，按照确定的成本，借记本科目，贷记“财政拨款收入”“零余额账户用款额度”“银行存款”等科目。

② 接受其他单位无偿调入的文物文化资产，其成本按照该项资产在调出方的账面价值加上归属于调入方的相关费用确定。调入的文物文化资产，按照确定的成本，借记本科目，按照发生的归属于调入方的相关费用，贷记“零余额账户用款额度”“银行存款”等科目，按照其差额，贷记“无偿调拨净资产”科目。无偿调入的文物文化资产成本无法可靠取得的，按照发生的归属于调入方的相关费用，借记“其他费用”科目，贷记“零余额账户用款额度”“银行存款”等科目。

③ 接受捐赠的文物文化资产，其成本按照有关凭据注明的金额加上相关费用确定；没有相关凭据可供取得，但按照规定经过资产评估的，其成本按照评估价值加上相关费用确定；没有相关凭据可供取得，也未经资产评估的，其成本比照同类或类似资产的市场价格加上相关费用确定。接受捐赠的文物文化资产，按照确定的成本，借记本科目，按照发生的相关税费、运输费等金额，贷记“零余额账户用款额度”“银行存款”等科目，按照其差额，贷记“捐赠收入”科目。接受捐赠的文物文化资产成本无法可靠取得的，按照发生的相关税费、运输费等金额，借记“其他费用”科目，贷记“零余额账户用款额度”“银行存款”等科目。

④ 对于成本无法可靠取得的文物文化资产，单位应当设置备查簿进行登记，待成本能够可靠确定后按照规定及时入账。

在文物文化资产的取得业务中，如果涉及纳入部门预算管理的现金收支的，在进行财务会计核算时，同时要进行预算会计核算，预算会计的具体核算参见本书预算会计核算部分的内容。

（3）文物文化资产的后续支出。与文物文化资产有关的后续支出参照“公共基础设施”科目相关规定进行处理。

（4）文物文化资产的处置。按照规定报经批准处置的文物文化资产，分别用以下办法处理：

① 报经批准对外捐赠文物文化资产，按照被处置文物文化资产的账面余额和捐赠过程中发生的归属于捐出方的相关费用合计数，借记“资产处置费用”科目，按照被处置文物文化资产的账面余额，贷记本科目，按照捐赠过程中发生的归属于捐出方的

相关费用，贷记“银行存款”等科目。

② 报经批准无偿调出文物文化资产，按照被处置文物文化资产的账面余额，借记“无偿调拨净资产”科目，贷记本科目；同时，按照无偿调出过程中发生的归属于调出方的相关费用，借记“资产处置费用”科目，贷记“银行存款”等科目。

在文物文化资产的处置业务中，如果涉及纳入部门预算管理的现金收支的，在进行财务会计核算时，同时要进行预算会计核算，预算会计的具体核算参见本书预算会计核算部分的内容。

（5）文物文化资产的盘盈、盘亏或毁损、报废。单位应当定期对文物文化资产进行清查盘点，每年至少盘点一次。对于发生的文物文化资产盘盈、盘亏、毁损或报废等，参照“公共基础设施”科目相关规定进行账务处理。

5. 保障性住房及保障性住房累计折旧

为核算保障性住房业务，单位应设置“保障性住房”总账科目。本科目核算单位为满足社会公共需求而控制的保障性住房的原值。此处的保障性住房，主要指地方政府住房保障主管部门持有全部或部分产权份额、纳入城镇住房保障规划和年度计划、向符合条件的保障对象提供的住房。本科目应当按照保障性住房的类别、项目等进行明细核算。本科目期末借方余额，反映保障性住房的原值。

（1）保障性住房的取得。保障性住房在取得时，应当按其成本入账。

① 外购的保障性住房，其成本包括购买价款、相关税费以及可归属于该项资产达到预定用途前所发生的其他支出。外购的保障性住房，按照确定的成本，借记本科目，贷记“财政拨款收入”“零余额账户用款额度”“银行存款”等科目。

② 自行建造的保障性住房交付使用时，按照在建工程成本，借记本科目，贷记“在建工程”科目。

已交付使用但尚未办理竣工决算手续的保障性住房，按照估计价值入账，待办理竣工决算后再按照实际成本调整原来的暂估价值。

③ 接受其他单位无偿调入的保障性住房，其成本按照该项资产在调出方的账面价值加上归属于调入方的相关费用确定。无偿调入的保障性住房，按照确定的成本，借记本科目，按照发生的归属于调入方的相关费用，贷记“零余额账户用款额度”“银行存款”等科目，按照其差额，贷记“无偿调拨净资产”科目。

④ 接受捐赠、融资租赁取得的保障性住房，参照“固定资产”科目相关规定进行处理。

在保障性住房的取得业务中，如果涉及纳入部门预算管理的现金收支的，在进行财务会计核算的同时，要进行预算会计核算，预算会计的具体核算参见本书预算会计核算部分的内容。

例2-70　某行政单位自行建造一栋保障性住房，现已完工并交付使用，总成本3 000 000元。

借：保障性住房　　3 000 000

　　贷：在建工程　　3 000 000

（2）保障性住房的后续支出。与保障性住房有关的后续支出，参照“固定资产”

科目相关规定进行处理。

(3) 保障性住房的出租。按照规定出租保障性住房并将出租收入上缴同级财政的，按照收取的租金金额，借记"银行存款"等科目，贷记"应缴财政款"科目。

例2-71　某行政单位出租一栋保障性住房，收到租金20 000元，已存入银行，该租金应当上缴财政。

借：银行存款　　20 000

　　贷：应缴财政款　　20 000

(4) 保障性住房的处置。按照规定报经批准处置保障性住房时，应当分别以下情况处理：

① 报经批准无偿调出保障性住房的，按照保障性住房已计提的折旧，借记"保障性住房累计折旧"科目，按照被处置保障性住房的账面余额，贷记本科目，按照其差额，借记"无偿调拨净资产"科目；同时，按照无偿调出过程中发生的归属于调出方的相关费用，借记"资产处置费用"科目，贷记"银行存款"等科目。

② 报经批准出售保障性住房的，按照被出售保障性住房的账面价值，借记"资产处置费用"科目，按照保障性住房已计提的折旧，借记"保障性住房累计折旧"科目，按照保障性住房的账面余额，贷记本科目；同时，按照收到的价款，借记"银行存款"等科目，按照出售过程中发生的相关费用，贷记"银行存款"等科目，按照其差额，贷记"应缴财政款"科目。

在保障性住房的处置业务中，如果涉及纳入部门预算管理的现金收支的，在进行财务会计核算的同时，要进行预算会计核算，预算会计的具体核算参见本书预算会计核算部分的内容。

例2-72　某行政单位报经批准无偿调出一栋保障性住房，该保障性住房的账面余额3 000 000元，已提折旧1 800 000元。调出过程中发生归属于调出方的费用5 000元，已用银行存款支付。

财务会计分录：

借：保障性住房累计折旧　　1 800 000

　　无偿调拨净资产　　1 200 000

　　贷：保障性住房　　3 000 000

借：资产处置费用　　5 000

　　贷：银行存款　　5 000

预算会计分录：

借：其他支出　　5 000

　　贷：资金结存——货币资金　　5 000

(5) 保障性住房的盘盈、盘亏或毁损、报废。单位应当定期对保障性住房进行清查盘点。对于发生的保障性住房盘盈、盘亏或毁损、报废等，参照"固定资产"科目相关规定进行账务处理。

(6) 保障性住房的折旧。为核算保障性住房的折旧业务，单位应设置"保障性住房累计折旧"总账科目。本科目核算单位计提的保障性住房的累计折旧。本科目应当按照所对应保障性住房的类别进行明细核算。

单位应当参照《企业会计准则第 3 号——固定资产》及其应用指南的相关规定，按月对其控制的保障性住房计提折旧。

按月计提保障性住房折旧时，按照应计提的折旧额，借记“业务活动费用”科目，贷记本科目。报经批准处置保障性住房时，按照所处置保障性住房的账面价值，借记“资产处置费用”“无偿调拨净资产”“待处理财产损溢”等科目，按照已计提折旧，借记本科目，按照保障性住房的账面余额，贷记“保障性住房”科目。

本科目期末贷方余额，反映单位计提的保障性住房折旧累计数。

在保障性住房累计折旧业务中，不涉及现金收支，因此，不需要进行预算会计核算。

例 2-73　某行政单位对控制的一栋保障性住房计提折旧 10 000 元。

借：业务活动费用　　10 000

　　贷：保障性住房累计折旧　　10 000

# 2.4　其他资产

## 2.4.1　受托代理资产

1. 受托代理资产科目设置

为核算受托代理资产业务，单位应设置“受托代理资产”总账科目。本科目核算单位接受委托方委托管理的各项资产，包括受托指定转赠的物资、受托存储保管的物资等的成本。单位管理的罚没物资也应当通过本科目核算。单位收到的受托代理资产为现金和银行存款的，不通过本科目核算，应当通过“库存现金”“银行存款”科目进行核算。本科目应当按照资产的种类和委托人进行明细核算；属于转赠资产的，还应当按照受赠人进行明细核算。本科目期末借方余额，反映单位受托代理实物资产的成本。

2. 受托转赠物资

接受委托人委托需要转赠给受赠人的物资，其成本按照有关凭据注明的金额确定。接受委托转赠的物资验收入库时，按照确定的成本，借记本科目，贷记“受托代理负债”科目。受托协议约定由受托方承担相关税费、运输费等的，还应当按照实际支付的相关税费、运输费等金额，借记“其他费用”科目，贷记“银行存款”等科目。

将受托转赠物资交付受赠人时，按照转赠物资的成本，借记“受托代理负债”科目，贷记本科目。

转赠物资的委托人取消了对捐赠物资的转赠要求，且不再收回捐赠物资的，应当将转赠物资转为单位的存货、固定资产等。按照转赠物资的成本，借记“受托代理负债”科目，贷记本科目；同时，借记“库存物品”“固定资产”等科目，贷记“其他收入”科目。

在受托代理资产业务中，如果涉及纳入部门预算管理的现金收支的，在进行财务会计核算的同时，要进行预算会计核算，预算会计的具体核算参见本书预算会计核算部分的内容。如果不涉及预算资金的收支，则不需要进行预算会计核算。

例2-74　某行政单位接受一批委托转赠物资，按照有关凭据注明的金额，该批物资的成本为28 000元。一周后，该行政单位按照委托人的要求，将该批物资转赠给了相关的受赠人。

① 收到受托转赠物资时

财务会计分录：

借：受托代理资产　　28 000

　　贷：受托代理负债　　28 000

预算会计分录：无。

② 将受托转赠物资交付受赠者时

财务会计分录：

借：受托代理负债　　28 000

　　贷：受托代理资产　　28 000

预算会计分录：无。

例2-75　某事业单位收到职工缴纳的工会经费10 000元，已存入银行。

财务会计分录：

借：银行存款——受托代理资金——工会经费　　10 000

　　贷：受托代理负债　　10 000

预算会计分录：无。

例2-76　某行政单位接受一批委托转赠物资，按照有关凭据注明的金额，该批物资的成本为50 000元；根据受托协议约定，由受托方承担相关税费、运输费2 000元，已通过单位零余额账户支付。

财务会计分录：

借：受托代理资产　　50 000

　　贷：受托代理负债　　50 000

借：其他费用　　2 000

　　贷：零余额账户用款额度　　2 000

预算会计分录：

借：其他支出　　2 000

　　贷：资金结存——零余额账户用款额度　　2 000

3. 受托存储保管物资

接受委托人委托存储保管的物资，其成本按照有关凭据注明的金额确定。接受委托储存的物资验收入库时，按照确定的成本，借记本科目，贷记“受托代理负债”科目。

发生由受托单位承担的与受托存储保管的物资相关的运输费、保管费等费用时，按照实际发生的费用金额，借记“其他费用”科目，贷记“银行存款”等科目。

根据委托人要求交付或发出受托存储保管的物资时，按照发出物资的成本，借记“受托代理负债”科目，贷记本科目。

例 2-77　某事业单位接受委托人委托存储保管一批价值 100 000 元的物资。2 个月后，该事业单位根据委托人的要求交付一部分受托保管物资，价值为 20 000 元。

① 收到受托存储保管物资时

财务会计分录：

借：受托代理资产　　100 000

　　贷：受托代理负债　　100 000

预算会计分录：无。

② 交付一部分受托存储保管物资时

财务会计分录：

借：受托代理负债　　20 000

　　贷：受托代理资产　　20 000

预算会计分录：无。

4. 罚没物资

取得罚没物资时，其成本按照有关凭据注明的金额确定。罚没物资验收（入库）时，按照确定的成本，借记本科目，贷记“受托代理负债”科目。罚没物资成本无法可靠确定的，单位应当设置备查簿进行登记。

按照规定处置或移交罚没物资时，按照罚没物资的成本，借记“受托代理负债”科目，贷记本科目。处置时取得款项的，按照实际取得的款项金额，借记“银行存款”等科目，贷记“应缴财政款”等科目。

单位受托代理的其他实物资产，参照本科目有关受托转赠物资、受托存储保管物资的规定进行账务处理。

例 2-78　某海关收到罚没走私电器一批（待拍卖），罚没单据上标明价格为 3 000 000 元。

财务会计分录：

借：受托代理资产——罚没物资——电器　　3 000 000

　　贷：受托代理负债　　3 000 000

预算会计分录：无。

## 2.4.2 长期待摊费用

为核算长期待摊费用业务，单位应设置“长期待摊费用”总账科目。本科目核算单位已经支出，但应由本期和以后各期负担的分摊期限在 1 年以上（不含 1 年）的各项费用，如以经营租赁方式租入的固定资产发生的改良支出等。本科目应当按照费用项目进行明细核算。本科目期末借方余额，反映单位尚未摊销完毕的长期待摊费用。

发生长期待摊费用时，按照支出金额，借记本科目，贷记“财政拨款收入”“零余额账户用款额度”“银行存款”等科目。

按照受益期间摊销长期待摊费用时，按照摊销金额，借记“业务活动费用”“单位管理费用”“经营费用”等科目，贷记本科目。

如果某项长期待摊费用已经不能使单位受益，应当将其摊余金额一次全部转入当期费用。按照摊销金额，借记“业务活动费用”“单位管理费用”“经营费用”等科目，贷记本科目。

在长期待摊费用业务中，如果涉及纳入部门预算管理的现金收支的，在进行财务会计核算的同时，要进行预算会计核算，预算会计的具体核算参见本书预算会计核算部分的内容。

例 2-79　某事业单位以经营租赁方式租入办公用房，租期为 5 年。租入后对该房屋进行装修改良以便供单位管理部门使用，现已装修完工交付使用并通过单位零余额账户支付了装修改良支出 180 000 元；租金逐年支付，本月通过财政零余额账户支付今年的租金 120 000 元。

① 支付装修改良支出时

财务会计分录：

借：长期待摊费用　　180 000

　　贷：零余额账户用款额度　　180 000

预算会计分录：

借：事业支出　　180 000

　　贷：资金结存——零余额账户用款额度　　180 000

② 支付今年的租金时

财务会计分录：

借：长期待摊费用　　120 000

　　贷：财政拨款收入　　120 000

预算会计分录：

借：事业支出　　120 000

　　贷：财政拨款预算收入　　120 000

③摊销应由本月承担的装修改良费用时

财务会计分录：

借：单位管理费用　　3 000

　　贷：长期待摊费用　　3 000

预算会计分录：无。

④ 摊销应由本月承担的租金费用时

财务会计分录：

借：单位管理费用　　10 000

　　贷：长期待摊费用　　10 000

预算会计分录：无。

## 2.4.3 待处理财产损溢

1. 待处理财产损溢科目的设置

为核算待处理财产损溢业务，单位应设置“待处理财产损溢”总账科目。本科目核算单位在资产清查过程中查明的各种资产盘盈、盘亏和报废、毁损的价值。本科目应当按照待处理的资产项目进行明细核算；对于在资产处理过程中取得收入或发生相关费用的项目，还应当设置“待处理财产价值”“处理净收入”明细科目，进行明细核算。单位资产清查中查明的资产盘盈、盘亏和报废、毁损，一般应当先记入本科目，按照规定报经批准后及时进行账务处理。年末结账前一般应处理完毕。本科目期末如为借方余额，反映尚未处理完毕的各种资产的净损失；期末如为贷方余额，反映尚未处理完毕的各种资产净溢余。年末，经批准处理后，本科目一般应无余额。

2. 账款核对时发现的库存现金短缺或溢余

（1）每日账款核对中发现现金短缺或溢余，属于现金短缺的，按照实际短缺的金额，借记本科目，贷记“库存现金”科目；属于现金溢余的，按照实际溢余的金额，借记“库存现金”科目，贷记本科目。

（2）如为现金短缺，属于应由责任人赔偿或向有关人员追回的，借记“其他应收款”科目，贷记本科目；属于无法查明原因的，报经批准核销时，借记“资产处置费用”科目，贷记本科目。

（3）如为现金溢余，属于应支付给有关人员或单位的，借记本科目，贷记“其他应付款”科目；属于无法查明原因的，报经批准后，借记本科目，贷记“其他收入”科目。

3. 资产清查过程中发现的存货、固定资产、无形资产、公共基础设施、政府储备物资、文物文化资产、保障性住房等各种资产盘盈、盘亏或报废、毁损

（1）盘盈的各类资产。

① 转入待处理资产时，按照确定的成本，借记“库存物品”“固定资产”“无形资产”“公共基础设施”“政府储备物资”“文物文化资产”“保障性住房”等科目，贷记本科目。

② 按照规定报经批准后处理时，对于盘盈的流动资产，借记本科目，贷记“单位管理费用”（事业单位）或“业务活动费用”（行政单位）科目。对于盘盈的非流动资产，如属于本年度取得的，按照当年新取得相关资产进行账务处理；如属于以前年度取得的，按照前期差错处理，借记本科目，贷记“以前年度盈余调整”科目。

（2）盘亏或者毁损、报废的各类资产。

① 转入待处理资产时，借记本科目（待处理财产价值），属于盘亏、毁损、报废固定资产、无形资产、公共基础设施、保障性住房的，还应借记“固定资产累计折旧”“无形资产累计摊销”“公共基础设施累计折旧（摊销）”“保障性住房累计折旧”科

目，贷记“库存物品”“固定资产”“无形资产”“公共基础设施”“政府储备物资”“文物文化资产”“保障性住房”“在建工程”等科目。涉及增值税业务的，相关账务处理参见“应交增值税”科目。报经批准处理时，借记“资产处置费用”科目，贷记本科目（待处理财产价值）。

② 处理毁损、报废实物资产过程中取得的残值或残值变价收入、保险理赔和过失人赔偿等，借记“库存现金”“银行存款”“库存物品”“其他应收款”等科目，贷记本科目（处理净收入）；处理毁损、报废实物资产过程中发生的相关费用，借记本科目（处理净收入），贷记“库存现金”“银行存款”等科目。

处理收支结清，如果处理收入大于相关费用的，按照处理收入减去相关费用后的净收入，借记本科目（处理净收入），贷记“应缴财政款”等科目；如果处理收入小于相关费用的，按照相关费用减去处理收入后的净支出，借记“资产处置费用”科目，贷记本科目（处理净收入）。

在待处理财产损溢业务中，如果涉及纳入部门预算管理的现金收支的，在进行财务会计核算时，同时要进行预算会计核算，预算会计的具体核算参见本书预算会计核算部分的内容。

例 2-80　某事业单位在清查盘点过程中发现毁损一批库存物品，价值 3 000 元。报经批准后进行处理，该批毁损物品变价收入为 1 000 元，已存入银行，已用现金支付清理费用 200 元，按规定处理净收入上缴财政。

① 将毁损物品转入待处理资产时

财务会计分录：

| | | |
|---|---|---|
| 借：待处理财产损溢——待处理财产价值 | 3 000 | |
| 　　贷：库存物品 | | 3 000 |

预算会计分录：无。

② 取得变价收入时

财务会计分录：

| | | |
|---|---|---|
| 借：银行存款 | 1 000 | |
| 　　贷：待处理财产损溢——处理净收入 | | 1 000 |

预算会计分录：无。

③ 支付清理费用时

财务会计分录：

| | | |
|---|---|---|
| 借：待处理财产损溢——处理净收入 | 200 | |
| 　　贷：库存现金 | | 200 |

预算会计分录：无。

④ 处理净收入应上缴财政时

财务会计分录：

| | | |
|---|---|---|
| 借：待处理财产损溢——处理净收入 | 800 | |
| 　　贷：应缴财政款 | | 800 |

预算会计分录：无。

例2-81 某事业单位在清查盘点过程中发现毁损一批库存物品，价值3 000元。报经批准后进行处理，该批毁损物品变价收入为700元，已存入银行，已用现金支付清理费用800元。

① 将毁损物品转入待处理资产时

财务会计分录：

借：待处理财产损溢——待处理财产价值 3 000

贷：库存物品 3 000

预算会计分录：无。

② 取得变价收入时

财务会计分录：

借：银行存款 700

贷：待处理财产损溢——处理净收入 700

预算会计分录：无。

③ 支付清理费用时

财务会计分录：

借：待处理财产损溢——处理净收入 800

贷：库存现金 800

预算会计分录：无。

④ 变价收入小于清理费用时

财务会计分录：

借：资产处置费用 100

贷：待处理财产损溢——处理净收入 100

预算会计分录：

借：其他支出 100

贷：资金结存——货币资金 100

## 2.4.4 营林工程

为核算营林工程业务，国有林场和苗圃应设置“营林工程”总账科目。本科目核算林场发生的育苗、造林、抚育、管护各种林木和苗木的生产成本。生产性林木资产达到正式投产可以采收林产品后，继续发生的管护费用，应当作为林产品的生产成本，通过“加工物品”科目核算。本科目应当设置“苗木生产成本”“林木生产成本”“间接费用”等明细科目。在“林木生产成本”明细科目下，可按“消耗性林木成本”“生产性林木成本”“公益性林木成本”进一步设置明细科目。本科目期末借方余额，反映林场尚未结转的营林工程发生的实际成本。

（1）发生属于营林生产的费用时，按照可以直接计入营林成本的费用，借记本科目（苗木生产成本、林木生产成本），按照需要分摊计入营林成本的费用，借记本科目

（间接费用），贷记“林木资产——苗木”“库存物品”“应付职工薪酬”“财政拨款收入”“零余额账户用款额度”“银行存款”“固定资产累计折旧”“长期待摊费用”等科目。

（2）月末，将间接费用按照一定的分配方法计入营林成本，借记本科目（苗木生产成本、林木生产成本），贷记本科目（间接费用）。结转后，本科目的“间接费用”明细科目应无余额。

（3）期末，将竣工的营林工程发生的营林生产成本转入林木资产，借记“林木资产”科目，贷记本科目。

（4）采伐或处置未竣工的林木、苗木时，应当先将林木、苗木的生产成本转入林木资产账面余额。结转时，借记“林木资产”科目，贷记本科目。

在核算营林工程业务中，如果涉及纳入部门预算管理的现金收支的，在进行财务会计核算时，同时要进行预算会计核算，预算会计的具体核算参见本书预算会计核算部分的内容。

## 2.4.5 林木资产

为核算林木资产业务，国有林场和苗圃应设置“林木资产”总账科目。本科目核算林场营造管理的各种活立木资产和苗木资产的累计成本。本科目应当设置“苗木”和“林木”两个明细科目，在“林木”明细科目下，可按“消耗性林木资产”“生产性林木资产”“公益性林木资产”进一步设置明细科目。本科目期末借方余额，反映林场林木资产的累计成本。

（1）林木资产取得时，应当按照其取得时的成本入账。自行营造形成的林木，期末按照该林木达到营林工程竣工标准发生的育苗、造林、抚育、管护成本，结转营林生产成本，借记本科目，贷记“营林工程”科目。

购入或有偿调入的林木，按照购入或有偿调入的成本，借记本科目，贷记“财政拨款收入”“零余额账户用款额度”“银行存款”等科目。

无偿调入的林木，按照该林木资产在调出方的账面价值加相关费用，借记本科目，按照发生的归属于调入方的相关费用，贷记“银行存款”等科目，按照其差额，贷记“无偿调拨净资产”科目。

（2）按规定采伐林木、自主出售成品苗木或造林时，应当减少相应林木资产的账面余额。

更新采伐公益性林木资产时，按照被采伐林木的林木资产账面余额，借记“业务活动费用”“库存物品”等科目，贷记本科目。

采伐消耗性林木资产时，按照被采伐林木的林木资产账面余额，借记“业务活动费用”“经营费用”“库存物品”等科目，贷记本科目。

自主出售成品苗木或造林时，按照该苗木的林木资产账面余额，借记“经营费用”等科目（出售）或“营林工程”科目（造林），贷记本科目。

（3）生产性林木资产的账面余额，应当在林产品采收期限内逐期摊入林产品的成本，各期摊销时，借记“加工物品——林产品生产成本”科目，贷记本科目。

（4）按规定报经批准处置林木资产，应当分别以下情况进行处理：

① 报经批准有偿转让林木资产（不含可自主出售的林木资产）时，按照被转让林木资产的账面余额，借记“资产处置费用”科目，贷记本科目；同时，按照收到的价款，借记“银行存款”等科目，按照处置过程中发生的相关费用，贷记“银行存款”等科目，按照收到的价款扣除相关费用后的差额，贷记“应缴财政款”科目。如果按照有关规定将林木资产转让净收入纳入本单位预算管理的，应当按照收到的价款扣除相关费用后的差额，贷记“其他收入”科目。

报经批准有偿转让林木的林地使用权时，其林地附着的林木资产的账面余额及处置收入和费用，按照有偿转让林木资产进行账务处理。

② 报经批准无偿调出林木资产时，按照调出林木资产的账面余额，借记“无偿调拨净资产”科目，贷记本科目；同时，按照无偿调出过程中发生的归属于调出方的相关费用，借记“资产处置费用”科目，贷记“银行存款”等科目。

③ 报经批准用林木资产投资时，参照新制度中关于置换换入相关资产的规定进行账务处理。

④ 因遭受自然灾害等致使林木资产发生损毁时，应当将被损毁林木资产的账面余额转入待处理财产损溢。结转时，借记“待处理财产损溢”科目，贷记本科目。

在核算林木资产业务中，如果涉及纳入部门预算管理的现金收支的，在进行财务会计核算的同时，要进行预算会计核算，预算会计的具体核算参见本书预算会计核算部分的内容。

# 本章习题

## 一、单项选择题

1. 行政事业单位不可以使用现金进行交易的情况是（　　）。

A. 支付职工工资　　B. 支付个人劳务报酬

C. 取得财政拨款收入　　D. 预支出差人员必须随身携带的差旅费

2. 在事业单位，短期投资主要是（　　）。

A. 股票交易　　B. 基金投资　　C. 国债投资　　D. 期权交易

3. 行政事业单位使用已恢复的以前年度财政直接支付额度时，应贷记（　　）。

A. “零余额账户用款额度”科目　　B. “财政零余额账户用款额度”科目

C. “财政直接支付额度”科目　　D. “财政应返还额度”科目

4. 行政事业单位使用已恢复的以前年度财政授权支付额度时，应贷记（　　）。

A.“零余额账户用款额度”科目　　B.“单位零余额账户用款额度”科目
C.“财政授权支付额度”科目　　D.“财政应返还额度”科目

5. 某事业单位收到一张3月1日签发、面额为10 000元、期限为6个月、利率为10%的票据，4月1日持该票据到银行贴现，贴现率为12%，则贴现所得为（　　）元。
A. 525　　B. 9 975　　C. 10 000　　D. 10 500

6. 某事业单位对外提供商品，收到带息票据一张，面额为100 000元，利率为9%，期限为5个月，则票据到期值为（　　）元。
A. 96 250　　B. 100 000　　C. 103 750　　D. 145 000

7. 下列不属于应收款项的是（　　）。
A. 应收账款，应收票据　　B. 应收理赔款
C. 其他应收款，备用金　　D. 现金折扣，预收账款

8. 单位应当于每年年末，对预付账款进行全面检查，对于不再符合预付款项性质的，应先将其转入（　　）。
A. 坏账准备　　B. 资产处置费用
C. 其他费用　　D. 其他应收款

9. 单位购买材料验收入库时，应以（　　）。
A. 购买价款作为实际成本
B. 运杂费作为实际成本
C. 购买价款加运杂费等采购费用作为实际成本
D. 购买价款加运杂费再加差旅费作为实际成本

10. 行政事业单位流动资产的变现或耗用期限一般规定在（　　）。
A. 一年以上　　B. 一年以内
C. 一个营业周期以内　　D. 一个生产周期以内

11. 我国行政事业单位发出存货的计价方法有先进先出法、加权平均法和（　　）。
A. 暂估计价法　　B. 后进先出法
C. 个别计价法　　D. 先进后出法

12. 事业单位用材料A置换换入材料B，所换入材料的实际成本应按照（　　）确定。
A. 材料A在本单位的账面价值，加上支付的补价或减去收到的补价
B. 材料B在原单位的账面价值，加上支付的补价或减去收到的补价
C. 材料A的评估价值，加上支付的补价或减去收到的补价
D. 材料B的评估价值，加上支付的补价或减去收到的补价

13. 行政事业单位接受捐赠取得的材料，其实际成本的确定方式不包括（　　）。
A. 按照同类材料的市场价格加上相关税费、运输费等入账
B. 按照有关凭据金额加上相关税费、运输费等入账
C. 按照名义金额加上相关税费、运输费等入账
D. 按照评估价值加上相关税费、运输费等入账

14. 行政事业单位无偿调入的材料，其实际成本的确定方式是（　　）。

A. 按照调出方账面价值加上相关税费、运输费等入账

B. 按照有关凭据金额加上相关税费、运输费等入账

C. 按照评估价值加上相关税费、运输费等入账

D. 按照同类材料的市场价格加上相关税费、运输费等入账

15. 事业单位专业活动用材料盘亏，按照确定的入账成本贷记“库存物品”科目，借记（　　）。

A. “其他费用”科目　　B. “资产处置费用”科目

C. “其他支出”科目　　D. “待处理财产损溢”科目

16. 下列不属于事业单位长期股权投资取得方式的是（　　）。

A. 以银行存款购买　　B. 以财政授权支付方式购买

C. 以固定资产置换取得　　D. 接受捐赠取得

17. 下列属于事业单位长期债券投资取得方式的是（　　）。

A. 以固定资产置换取得　　B. 以无形资产置换取得

C. 通过财政零余额账户购入　　D. 以银行存款购入

18. 行政事业单位中，虽然单位价值未达到固定资产标准，但耐用时间超过 1 年（不含 1 年）的（　　）。

A. 大批同类物资，也作为固定资产核算

B. 资产，也作为固定资产核算

C. 设备，也作为固定资产核算

D. 图书，也作为固定资产核算

19. 固定资产是指使用期限超过 1 年（不含 1 年），单位价值在规定标准以上，并且在使用过程中（　　）。

A. 大部分能够利用的资产　　B. 完全维持原有物质形态的资产

C. 基本能够使用的资产　　D. 基本保持原有物质形态的资产

20. 下列关于行政事业单位固定资产计价说法正确的是（　　）。

A. 盘盈的固定资产，应按评估价值入账

B. 接受捐赠的固定资产，应按捐赠方建议的价值入账

C. 融资租入的固定资产，应按第一期交纳的租赁费入账

D. 自行建造的固定资产的成本包括建造该项资产到交付使用前发生的全部必要支出

21. 某事业单位购入一台设备，买价为 12 000 元，运杂费 100 元，安装费 150 元，差旅费 200 元，则该台设备的入账价格为（　　）元。

A. 12 100　　B. 12 150　　C. 12 250　　D. 12 450

22. 行政单位用固定资产 C 置换换入固定资产 D，所换入固定资产实际成本的确定应按照（　　）。

A. 固定资产 C 在本单位的账面价值，加上支付的补价或减去收到的补价

B. 固定资产 C 的评估价值，加上支付的补价或减去收到的补价

C. 固定资产D在原单位的账面价值，加上支付的补价或减去收到的补价

D. 固定资产D的评估价值，加上支付的补价或减去收到的补价

23. 某公立大学医学部通过接受捐赠取得一台基因检测设备，其实际成本的确定方式不包括（　　）。

A. 按照捐赠方原账面价值加上相关税费、运输费等入账

B. 按照有关凭据金额加上相关税费、运输费等入账

C. 按照名义金额入账

D. 按照评估价值加上相关税费、运输费等入账

24. 行政事业单位无偿调入的公用车辆，其实际成本的确定方式是（　　）。

A. 按照评估价值加上相关税费、运输费等入账

B. 按照有关凭据金额加上相关税费、运输费等入账

C. 按照调出方账面价值加上相关税费、运输费等入账

D. 按照同款车型的市场价格加上相关税费、运输费等入账

25. 事业单位在清理报废、毁损固定资产时发生的清理费用应计入（　　）。

A. 事业支出　　B. 经营支出

C. 业务活动费用　　D. 待处理财产损溢——处理净收入

26. 行政事业单位在报废固定资产过程中收到的残值变价收入应计入（　　）。

A. 资产处置费用　　B. 资产处置收入

C. 待处理财产损溢——处理净收入　　D. 其他收入

27. 报经批准后，事业单位已盘盈的固定资产账面价值应从“待处理财产损溢”转入（　　）。

A. 其他收入　　B. 单位管理费用

C. 以前年度盈余调整　　D. 资产处置费用

28. 报经批准后，行政单位已盘盈的库存物品账面余额应从“待处理财产损溢”转入（　　）。

A. 其他收入　　B. 业务活动费用

C. 以前年度盈余调整　　D. 资产处置费用

29. 报经批准后，行政事业单位已盘亏的固定资产账面价值应从“待处理财产损溢”转入（　　）。

A. 其他费用　　B. 单位管理费用

C. 其他支出　　D. 资产处置费用

30. 报经批准后，事业单位已盘亏的库存物品账面余额应从“待处理财产损溢”转入（　　）。

A. 其他费用　　B. 资产处置费用

C. 其他支出　　D. 单位管理费用

31. 下列不属于事业单位无形资产的是（　　）。

A. 非专利技术　B. 著作权　C. 专利权　D. 土地所有权

32. 关于行政事业单位的无形资产的说法不正确的是（　　）。

A. 无形资产有物质形态
B. 与该无形资产相关的经济利益很可能流入单位
C. 使用年限不确定的无形资产不应摊销
D. 无形资产不计提折旧

33. 行政事业单位自行研究开发一项专利权，为核算该项目在研究阶段和开发阶段发生的各项支出，应设置（　　）。
A. “无形资产”科目　B. “在建工程”科目
C. “研发支出”科目　D. “长期待摊费用”科目

34. 单位管理的罚没物资应当纳入（　　）。
A. 库存物品　B. 存货　C. 受托代理资产　D. 固定资产

35. 行政事业单位非现金资产报废、毁损过程中收到的残值变价收入应先贷记（　　）。
A. “待处理财产损溢”科目　B. “应缴财政款”科目
C. “资产处置费用”科目　D. “其他收入”科目

36. 行政事业单位非现金资产报废、毁损过程中最终产生的处理净收入应贷记（　　）。
A. “待处理财产损溢”科目　B. “应缴财政款”科目
C. “资产处置费用”科目　D. “其他收入”科目

37. 行政事业单位固定资产报废、毁损过程中支付的处理相关费用应先借记（　　）。
A. “资产处置费用”科目　B. “其他费用”科目
C. “待处理财产损溢”科目　D. “其他支出”科目

38. 行政事业单位固定资产报废、毁损过程中产生的处理净支出应借记（　　）。
A. “资产处置费用”科目　B. “其他费用”科目
C. “待处理财产损溢”科目　D. “其他预算支出”科目

## 二、多项选择题

1. 事业单位的资产类科目包括（　　）。
A. 财政应返还额度　B. 短期投资
C. 长期投资　D. 存货
E. 固定资产

2. 行政单位的资产类科目包括（　　）。
A. 库存物品　B. 短期投资　C. 应收票据　D. 其他应收款
E. 应收股利

3. 行政事业单位接受捐赠、无偿调入的材料，其实际成本的确定方式包括（　　）。
A. 按照有关凭据金额加上相关税费、运输费等入账
B. 按照评估价值加上相关税费、运输费等入账
C. 按照同类材料的市场价格加上相关税费、运输费等入账
D. 按照名义金额入账
E. 按照调出方账面价值加上相关税费、运输费等入账

4. 引起事业单位固定资产增加的因素有（　　）。
A. 购入　B. 融资租入　C. 经营租入　D. 接受捐赠
E. 盘盈
5. 引起事业单位固定资产减少的因素有（　　）。
A. 出售　B. 报废、毁损　C. 对外捐赠　D. 投资转出
E. 融资租入
6. 计入事业单位购入固定资产入账价值的费用项目有（　　）。
A. 支付的买价　B. 相关税费　C. 运杂费　D. 安装费
E. 差旅费
7. 无形资产包括（　　）。
A. 专利权　B. 非专利技术　C. 商标权　D. 土地使用权
E. 自创商誉
8. 下列关于行政事业单位的无形资产说法正确的是（　　）。
A. 无形资产具有可辨认性
B. 与无形资产相关的服务潜力很可能实现或者经济利益很可能流入单位
C. 自创商誉及内部产生的品牌价值，应确认为无形资产
D. 委托软件公司开发的软件，视同外购无形资产确定其成本
E. 所有的无形资产都应进行摊销
9. 关于“研发支出”，下列说法正确的是（　　）。
A. 单位自行研究开发无形资产项目的支出，应当区分研究阶段支出与开发阶段支出
B. 研究阶段的支出，应当于发生时计入当期费用
C. 开发阶段的支出，应当于发生时计入当期费用
D. 自行开发的无形资产，其成本包括自该项目进入开发阶段后至达到预定用途前所发生的支出总额
E. 无法区分研究阶段支出和开发阶段支出，但已申请取得无形资产的，应当将依法取得时发生的注册费、聘请律师费等费用确认为无形资产
10. 下列会涉及“待处理财产损溢”科目使用的情况是（　　）。
A. 置换换出库存物品　B. 固定资产的盘盈
C. 转让无形资产　D. 核销无形资产
E. 库存现金的盘亏

## 三、判断题

1. 目前行政事业单位的职工工资和各种津贴、奖金、福利费用等可以采用财政直接支付或授权支付方式支付，行政事业单位使用现金的范围越来越小。（　　）



2. 会计和出纳工作要实行分管，会计管账不管钱，出纳管钱不管账。（　　）

3. “银行存款日记账”应定期与“银行对账单”核对，至少每年核对一次。（　）

4. 行政事业单位“银行存款日记账”账面余额与“银行对账单”余额产生差额的原因是存在未达账项。（　）

5. “零余额账户用款额度”科目期末借方余额，反映行政事业单位在期末尚未收到的财政授权支付额度。（　）

6. “财政应返还额度”科目贷方余额，反映行政事业单位应收财政返还的资金额度。（　）

7. 一般情况下，财政部门对行政事业单位的财政应返还额度采用先注销后恢复的管理办法。（　）

8. 事业单位应当于每年年末，对所有应收账款进行全面检查，如发生不能收回的迹象，应当计提坏账准备。（　）

9. 行政事业单位应当于每年年末，对收回后需要上缴财政的应收账款进行全面检查，对于账龄超过规定年限、确认无法收回的应收账款，应当按照规定报经批准后予以核销。（　）

10. 职工预借的差旅费应计入“其他应收款”科目。（　）

11. 行政单位应当于每年年末，对“其他应收款”进行全面检查，如发生不能收回的迹象，应当计提坏账准备。（　）

12. 行政事业单位置换换入存货的实际成本，应按照换出资产的评估价值，加上收到的补价或减去支付的补价，再加上为换入存货发生的其他相关支出确定。（　）

13. 行政事业单位无偿调入的存货，应按照调出方的账面价值加上相关税费、运输费等确定其实际成本。（　）

14. 行政事业单位盘盈的材料，应按照评估价值确定入账价值；未经资产评估的，按照重置成本确定。（　）

15. 行政事业单位随买随用的零星办公用品，可以在购进时直接列作费用，不纳入存货的核算范围。（　）

16. 行政事业单位通用设备的单位价值应在 1 000 元以上，专用设备单位价值应在 5 000元以上。（　）

17. 行政事业单位外购固定资产，支付的运杂费应计入“固定资产”科目。（　）

18. 事业单位租入的固定资产，均在“固定资产”科目内核算。（　）

19. 某项商标权，法律规定的有效期限为 10 年，而合同中未规定受益期限，则应按法定有效期限 10 年平均摊销。（　）

20. 行政事业单位购入的构成相关硬件不可缺少组成部分的软件，应当确认为无形资产。（　）

## 四、填空题

1. 库存现金是指存于行政事业单位内部用于________的货币资金。

2. 从本单位现金收入中直接支付现金，称为________。

3. “银行存款”科目核算的是行政事业单位存入银行或者________的各种存款。

4. 财政零余额账户用于财政直接支付，单位零余额账户用于________。

5. 行政事业单位应当于每年年末，对________的应收账款进行全面检查，对于账龄超过规定年限、确认无法收回的应收账款，按照规定报经批准后予以核销。

6. 在我国，行政事业单位领用或发出存货可采用________、加权平均法、个别计价法等方法来确定其实际成本。

7. 行政事业单位对于发生的库存物品盘盈、盘亏或者报废、毁损，应当先计入“________”科目，按照规定报经批准后及时进行后续账务处理。

8. 行政事业单位的固定资产是指使用期限________，单位价值在规定标准以上，并在使用过程中基本保持原有物质形态的资产。

9. 引起行政事业单位固定资产增加的因素有购入、无偿调入、自行建造、自行繁育、盘盈、改扩建后形成的以及________。

10. 事业单位盘亏固定资产时，按固定资产的________贷记“固定资产”科目。

11. 行政事业单位的无形资产主要包括专利权、非专利技术、著作权、商标权和________。

12. 行政事业单位自行开发的无形资产，确实无法区分研究阶段支出和开发阶段支出，但按法律程序已申请取得无形资产的，应当按照依法取得时发生的________、聘请律师费等费用，借记“无形资产”科目。

## 五、名词解释

1. 零余额账户用款额度　　2. 库存物品　　3. 固定资产
4. 无形资产　　5. 待处理财产损溢

## 六、简答题

1. 简述行政事业单位库存现金的概念及其管理要求。
2. 简述行政事业单位现金清查盘点中发现现金溢余的会计处理。
3. 简述行政事业单位银行存款的概念及其管理要求。
4. 简述行政事业单位固定资产按经济用途分类的情况。

## 七、业务题

编制会计分录：

1. 某事业单位开出现金支票，从单位零余额账户提取现金 3 000 元。

2. （1）某事业单位本级行政部门的管理人员小赵因公出差预支现金 1 000 元。

（2）小赵出差回来，报销差旅费 1 200 元，原预支金额为 1 000 元，超支部分以现金补足。

3. （1）某事业单位专业业务部门人员小郭因公出差预支现金 800 元。

（2）小郭出差归来，报销差旅费 600 元，退回现金 200 元。

4. （1）某行政单位工作人员小林因公出差预支现金 2 000 元。

（2）小林出差回来，报销差旅费 1 500 元，退回现金 500 元。

5. （1）某事业单位进行现金清查盘点，发现现金溢余 500 元，原因待查。

（2）经查实，题（1）中事业单位的现金溢余 500 元应支付给本单位员工。

（3）题（1）中事业单位的现金溢余 500 元无法查明原因，报经批准后进行处理。

6. （1）某事业单位进行现金清查盘点，发现现金短缺 400 元，原因待查。

（2）经核查，题（1）中事业单位的现金短缺，其中 300 元属于应由责任人赔偿部分，剩余 100 元无法查明原因，报经批准后进行处理。

7. 某事业单位收到单位零余额账户代理银行转来的“财政授权支付到账通知书”，列明收到本月财政拨款 500 000 元。

8. 某事业单位从单位零余额账户支付了专业业务活动经费 12 000 元。

9. 某行政单位在财政授权支付方式下，购买了一批随买随用的零星办公用品，共计 2 000 元。

10. （1）年终，行政单位本年度财政授权支付预算指标数为 6 000 000 元，单位零余额账户代理银行收到零余额账户用款额度 5 900 000 元，本年度财政授权支付实际支付数为 5 880 000 元。

（2）次年年初，行政单位收到代理银行发来的“财政授权支付额度恢复到账通知书”，恢复上年度注销的未使用额度。

（3）次年年初，行政单位收到财政部门批复的上年度未下达零余额账户用款额度。

11. 某行政单位使用恢复的财政授权支付额度支付水电费 2 000 元。

12. 某事业单位以银行存款购买一年期国债 100 000 元。

13. 某事业单位收到一年期国债利息 1 000 元，存入银行。

14. 一年期国债到期，事业单位收回本金 100 000 元，并收到持有期间的利息 3 000 元，存入银行。

15. （1）年终，事业单位本年度财政直接支付预算指标数为 5 000 000 元，当年财政直接支付实际支出数为 4 980 000 元。

（2）次年年初，事业单位收到财政部门批复，同意恢复上年末注销的财政直接支付额度；使用已恢复的上年度财政直接支付额度支付本级行政管理部门日常办公经费1 800 元。

（3）次年，事业单位使用已恢复的上年度财政直接支付额度支付购买专业活动用材料 18 200 元（不考虑增值税），已收到该批材料，并验收入库。

16.（1）某事业单位为增值税一般纳税人，销售产品价款 20 000 元（不含税价），货已发出，价税均未收到。

（2）3 个月后，收到上述业务价税，存入银行。

17.（1）某事业单位为增值税小规模纳税人，销售产品价款 20 000 元（不含税价），货已发出，价税均未收到。

（2）3 个月后，收到上述业务价税，存入银行。

18. 某事业单位为增值税小规模纳税人，通过财政零余额账户支付购买专业业务活动用材料的价款 2 500 元（含税），材料已验收入库。

19. 某事业单位为增值税小规模纳税人，通过银行存款支付购买经营活动用材料的价款 10 000 元（不含税价），增值税税率 13%，材料收到并已验收入库。

20. 某事业单位为增值税一般纳税人，通过银行存款支付购买经营活动用材料的价款 2 000 元（不含税价），增值税税率 3%，材料已收到并验收入库。

21. 事业单位专业业务部门领用甲材料共计 8 000 元，乙材料 5 000 元。

22. 事业单位本级行政管理部门领用已入库的办公用品 500 元。

23. 行政单位购入一批材料 50 000 元（不含税价），增值税税率 13%，价税均用财政直接支付方式支付，材料已收到并验收入库。

24. 行政单位为业务活动领用材料 10 000 元。

25. 事业单位原有甲材料账面价值 5 000 元（评估价值 4 000 元），现用甲材料置换换入 A 公司账面价值为 8 000 元的乙材料（评估价值 6 000 元），事业单位通过银行存款支付运输费 200 元，乙材料已验收入库。

26. 某事业单位报经批准对外捐赠专业业务用材料一批，账面余额 2 000 元。

27. 行政单位报经批准无偿调出一批已入库的办公用品，账面价值 3 000 元。

28. 事业单位开展经营活动，为生产 A 产品（自制物品）领用甲材料 5 000 元，用现金支付生产人员工资 8 000 元以及生产用水电费 600 元。月末 A 产品全部完工验收入库。

29. 行政单位委托外单位将乙材料加工成丙材料，乙材料原账面余额为 6 400 元，另通过财政零余额账户支付加工费、运输费共计 3 200 元，委托加工完成后验收入库。

30.（1）事业单位月末盘亏专业业务活动用甲材料 100 元，原因待查。

（2）题（1）中盘亏的专业业务活动用甲材料 100 元，经查属于正常损耗，经批准做核销处理。

31. 事业单位使用事业经费购入专业业务用的无须安装的固定资产 10 000 元（不考虑增值税），款项通过单位零余额账户支付。

32. 事业单位为经营活动部门购入一台不需要安装的设备，价款 20 000 元（不考虑增值税），款项通过银行存款支付，另用现金支付运输费 1 000 元，设备已验收并交付使用。

33. 行政单位购入一台无须安装的机器设备，价款 50 000 元（不考虑增值税），通过财政零余额账户支付，另用现金 2 000 元支付装卸费，设备已验收并交付使用。

34. （1）事业单位年初用融资租赁方式向某公司租入专用设备一台（专业活动用，无须安装）。该设备的协议价为 600 000 元，每年年末支付租金 100 000 元，分 6 年付清，设备已投入使用。

（2）年末，用银行存款支付上述融资租赁专用设备的租金 100 000 元。

35. （1）某事业单位年初融资租入一台经营用设备（无须安装），租赁价款共计 600 000 元，每年年末支付租金 120 000 元，租赁期 5 年，设备已交付使用，收到设备时用现金支付运输费 8 000 元。

（2）年末，事业单位通过银行存款支付本年度租金 120 000 元。

36. 事业单位接受捐赠固定资产一批（专业活动用），无相关凭据，评估价值 230 000 元，市场价格 250 000 元。

37. 事业单位无偿调入图书一批（专业活动用），评估价值 120 000 元，调出方账面价值 150 000 元，另用现金支付运输费 2 000 元。

38. 行政单位无偿调入打印机一批，无相关凭据，调出方账面价值 200 000 元，市场价格 170 000 元。

39. 事业单位年末盘亏固定资产一件，账面余额 100 000 元，已提折旧 90 000 元。

40. 事业单位将一台不需要的设备出售给其他单位，该设备账面原值为 8 000 元，已提折旧 5 000 元，售价为 4 000 元，收入已存入银行，并用银行存款支付了出售过程中发生的费用 200 元。

41. （1）事业单位年末清查盘点，报废一台专业活动用设备，原账面余额 500 000 元，已提折旧 420 000 元。

（2）报经批准，上述报废设备予以处理。

（3）报废过程中，用库存现金支付清理费用 500 元，收到残值变价收入 6 000 元存入银行。

（4）结清上述报废过程中的收支。

42. （1）事业单位从技术市场上购买甲专利权，通过单位零余额账户支付价款 180 000 元以及相关手续费 12 000 元，该专利权用于专业业务活动。

（2）上题中购买的甲专利权，法律规定其有效期为 10 年，合同确定的受益期为 8 年，按有关规定计提当月摊销额。

43. 行政单位经批准转让一项非专利技术，其账面余额 200 000 元，已计提摊销 70 000 元，转让价 160 000 元，存入银行，本单位通过银行支付相关税费 10 000 元，转让净收入按规定上缴财政。

3

# 第三章

# 负债的核算

## 3.1　负债的概述

负债，是指政府会计主体过去的经济业务或者事项形成的、预期会导致经济资源流出政府会计主体的现时义务。

现时义务，是指政府会计主体在现行条件下已承担的义务。未来发生的经济业务或者事项形成的义务不属于现时义务，不应当确认为负债。

政府会计主体的负债按照流动性，分为流动负债和非流动负债。流动负债是指预计在1年内（含1年）偿还的负债，包括短期借款、应付短期政府债券、应付及预收款项、应缴款项等。非流动负债是指流动负债以外的负债，包括长期借款、长期应付款、应付长期政府债券等。

政府会计主体的负债包括偿还时间与金额基本确定的负债和由或有事项形成的预计负债。偿还时间与金额基本确定的负债按政府会计主体的业务性质及风险程度，分为融资活动形成的举借债务及其应付利息、运营活动形成的应付及预收款项和暂收性负债。

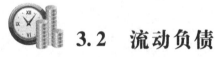

## 3.2　流动负债

流动负债是指预计在1年内（含1年）偿还的负债，包括短期借款、应付短期政府债券、应付及预收款项、应缴款项等。

### 3.2.1　短期借款

为核算短期借款业务，事业单位应设置“短期借款”总账科目。本科目核算事业单位经批准向银行或其他金融机构等借入的期限在1年内（含1年）的各种借款。本科目应当按照债权人和借款种类进行明细核算。本科目期末贷方余额，反映单位尚未偿还的短期借款本金。

事业单位借入各种短期借款时，按照实际借入的金额，借记“银行存款”科目，贷记本科目。银行承兑汇票到期，本单位无力支付票款的，按照应付票据的账面余额，借记“应付票据”科目，贷记本科目。归还短期借款时，借记本科目，贷记“银行存款”科目。

在核算短期借款业务中，如果涉及纳入部门预算管理的现金收支的，在进行财务会计核算的同时，要进行预算会计核算，预算会计的具体核算参见本书预算会计核算部分的内容。

例 3-1　某事业单位经批准向银行借入一笔期限为 6 个月的借款，金额为 800 000 元，已存入银行，利率 5%，到期一次还本付息。

① 借入款项时

财务会计分录：

借：银行存款　　800 000

　　贷：短期借款　　800 000

预算会计分录：

借：资金结存——货币资金　　800 000

　　贷：债务预算收入　　800 000

② 偿付本金和利息时

财务会计分录：

借：短期借款　　800 000

　　其他费用　　20 000

　　贷：银行存款　　820 000

预算会计分录：

借：债务还本支出　　800 000

　　其他支出　　20 000

　　贷：资金结存——货币资金　　820 000

## 3.2.2　应交增值税

### 1. 应交增值税科目的设置

为核算增值税业务，单位应设置“应交增值税”总账科目。本科目核算单位按照税法规定计算应交纳的增值税。

属于增值税一般纳税人的单位，应当在本科目下设置“应交税金”“未交税金”“预交税金”“待抵扣进项税额”“待认证进项税额”“待转销项税额”“简易计税”“转让金融商品应交增值税”“代扣代交增值税”等明细科目。

（1）“应交税金”明细账内应当设置“进项税额”“已交税金”“转出未交增值税”“减免税款”“销项税额”“进项税额转出”“转出多交增值税”等专栏。其中：

①“进项税额”专栏，记录单位购进货物、加工修理修配劳务、服务、无形资产或不动产而支付或负担的、准予从当期销项税额中抵扣的增值税额；

②“已交税金”专栏，记录单位当月已交纳的应交增值税额；

③“转出未交增值税”和“转出多交增值税”专栏，分别记录一般纳税人月度终

了转出当月应交未交或多交的增值税额；

④“减免税款”专栏，记录单位按照现行增值税制度规定准予减免的增值税额；

⑤“销项税额”专栏，记录单位销售货物、加工修理修配劳务、服务、无形资产或不动产应收取的增值税额；

⑥“进项税额转出”专栏，记录单位购进货物、加工修理修配劳务、服务、无形资产或不动产等发生非正常损失以及其他原因而不应从销项税额中抵扣、按照规定转出的进项税额。

（2）“未交税金”明细科目，核算单位月度终了从“应交税金”或“预交税金”明细科目转入当月应交未交、多交或预交的增值税额，以及当月交纳以前期间未交的增值税额。

（3）“预交税金”明细科目，核算单位转让不动产、提供不动产经营租赁服务等，以及其他按照现行增值税制度规定应预交的增值税额。

（4）“待抵扣进项税额”明细科目，核算单位已取得增值税扣税凭证并经税务机关认证，按照现行增值税制度规定准予以后期间从销项税额中抵扣的进项税额。

（5）“待认证进项税额”明细科目，核算单位由于未经税务机关认证而不得从当期销项税额中抵扣的进项税额。包括：一般纳税人已取得增值税扣税凭证并按规定准予从销项税额中抵扣，但尚未经税务机关认证的进项税额；一般纳税人已申请稽核但尚未取得稽核相符结果的海关缴款书进项税额。

（6）“待转销项税额”明细科目，核算单位销售货物、加工修理修配劳务、服务、无形资产或不动产，已确认相关收入（或利得）但尚未发生增值税纳税义务而需于以后期间确认为销项税额的增值税额。

（7）“简易计税”明细科目，核算单位采用简易计税方法发生的增值税计提、扣减、预交、交纳等业务。

（8）“转让金融商品应交增值税”明细科目，核算单位转让金融商品发生的增值税额。

（9）“代扣代交增值税”明细科目，核算单位购进在境内未设经营机构的境外单位或个人在境内的应税行为代扣代交的增值税。

属于增值税小规模纳税人的单位只需在本科目下设置“转让金融商品应交增值税”“代扣代交增值税”明细科目。

本科目期末贷方余额，反映单位应交未交的增值税；期末如为借方余额，反映单位尚未抵扣或多交的增值税。

以下简要说明应交增值税的主要账务处理，如无特别说明，其中的“单位”均指增值税一般纳税人。

2. 单位取得资产或接受劳务等业务

（1）采购等业务进项税额允许抵扣。单位购买用于增值税应税项目的资产或服务等时，按照应计入相关成本费用或资产的金额，借记“业务活动费用”“在途物品”“库存物品”“工程物资”“在建工程”“固定资产”“无形资产”等科目，按照当月已认证的可抵扣增值税额，借记本科目（应交税金——进项税额），按照当月未认证的可抵扣增值税额，借记本科目（待认证进项税额），按照应付或实际支付的金额，贷记“应付账款”“应付票据”“银行存款”“零余额账户用款额度”等科目。发生退货的，如原增值税专用发票已做认证，应根据税务机关开具的红字增值税专用发票做相反的会计分录；如原增值税专用发票未做认证，应将发票退回并做相反的会计分录。

小规模纳税人购买资产或服务等时不能抵扣增值税，发生的增值税计入资产成本或相关成本费用。

（2）采购等业务进项税额不得抵扣。单位购进资产或服务等，用于简易计税方法计税项目、免征增值税项目、集体福利或个人消费等，其进项税额按照现行增值税制度规定不得从销项税额中抵扣的，取得增值税专用发票时，应按照增值税发票注明的金额，借记相关成本费用或资产科目，按照待认证的增值税进项税额，借记本科目（待认证进项税额），按照实际支付或应付的金额，贷记“银行存款”“应付账款”“零余额账户用款额度”等科目。经税务机关认证为不可抵扣进项税时，借记本科目（应交税金——进项税额），贷记本科目（待认证进项税额）；同时，将进项税额转出，借记相关成本费用科目，贷记本科目（应交税金——进项税额转出）。

（3）购进不动产或不动产在建工程按照规定进项税额分年抵扣。单位取得应税项目为不动产或者不动产在建工程，其进项税额按照现行增值税制度规定自取得之日起分 2 年从销项税额中抵扣的，应当按照取得成本，借记“固定资产”“在建工程”等科目，按照当期可抵扣的增值税额，借记本科目（应交税金——进项税额），按照以后期间可抵扣的增值税额，借记本科目（待抵扣进项税额），按照应付或实际支付的金额，贷记“应付账款”“应付票据”“银行存款”“零余额账户用款额度”等科目。尚未抵扣的进项税额待以后期间允许抵扣时，按照允许抵扣的金额，借记本科目（应交税金——进项税额），贷记本科目（待抵扣进项税额）。

（4）进项税额抵扣情况发生改变。单位因发生非正常损失或改变用途等，原已计入进项税额、待抵扣进项税额或待认证进项税额，但按照现行增值税制度规定不得从销项税额中抵扣的，借记“待处理财产损溢”“固定资产”“无形资产”等科目，贷记本科目（应交税金——进项税额转出）、本科目（待抵扣进项税额）或本科目（待认证进项税额）；原不得抵扣且未抵扣进项税额的固定资产、无形资产等，因改变用途等用于允许抵扣进项税额的应税项目的，应按照允许抵扣的进项税额，借记本科目（应交税金——进项税额），贷记“固定资产”“无形资产”等科目。固定资产、无形资产等经上述调整后，应按照调整后的账面价值在剩余尚可使用年限内计提折旧或摊销。

单位购进时已全额计入进项税额的货物或服务等转用于不动产在建工程的，对于结转以后期间的进项税额，应借记本科目（待抵扣进项税额），贷记本科目（应交税金——进项税额转出）。

（5）购买方作为扣缴义务人。按照现行增值税制度规定，境外单位或个人在境内发生应税行为，在境内未设有经营机构的，以购买方为增值税扣缴义务人。境内一般纳税人购进服务或资产时，按照应计入相关成本费用或资产的金额，借记“业务活动费用”“在途物品”“库存物品”“工程物资”“在建工程”“固定资产”“无形资产”等科目，按照可抵扣的增值税额，借记本科目（应交税金——进项税额）（小规模纳税人应借记相关成本费用或资产科目），按照应付或实际支付的金额，贷记“银行存款”“应付账款”等科目，按照应代扣代缴的增值税额，贷记本科目（代扣代缴增值税）。实际缴纳代扣代缴增值税时，按照代扣代缴的增值税额，借记本科目（代扣代缴增值税），贷记“银行存款”“零余额账户用款额度”等科目。

3. 单位销售资产或提供服务等业务

（1）销售资产或提供服务业务。单位销售资产或提供服务，应当按照应收或已收的金额，借记“应收账款”“应收票据”“银行存款”等科目，按照确认的收入金额，贷记“经营收入”“事业收入”等科目，按照现行增值税制度规定计算的销项税额（或采用简易计税方法计算的应纳增值税额），贷记本科目（应交税金——销项税额）或本科目（简易计税）（小规模纳税人应贷记本科目）。发生销售退回的，应根据按照规定开具的红字增值税专用发票做相反的会计分录。

按照本制度及相关政府会计准则确认收入的时点早于按照增值税制度确认增值税纳税义务发生时点的，应将相关销项税额计入本科目（待转销项税额），待实际发生纳税义务时再转入本科目（应交税金——销项税额）或本科目（简易计税）。

按照增值税制度确认增值税纳税义务发生时点早于按照本制度及相关政府会计准则确认收入时点的，应按照应纳增值税额，借记“应收账款”科目，贷记本科目（应交税金——销项税额）或本科目（简易计税）。

（2）金融商品转让按照规定以盈亏相抵后的余额作为销售额。金融商品实际转让月末，如产生转让收益，则按照应纳税额，借记“投资收益”科目，贷记本科目（转让金融商品应交增值税）；如产生转让损失，则按照可结转下月抵扣税额，借记本科目（转让金融商品应交增值税），贷记“投资收益”科目。交纳增值税时，应借记本科目（转让金融商品应交增值税），贷记“银行存款”等科目。年末，本科目（转让金融商品应交增值税）如有借方余额，则借记“投资收益”科目，贷记本科目（转让金融商品应交增值税）。

4. 月末转出多交增值税和未交增值税

月度终了，单位应当将当月应交未交或多交的增值税自“应交税金”明细科目转入“未交税金”明细科目。对于当月应交未交的增值税，借记本科目（应交税金——转出未交增值税），贷记本科目（未交税金）；对于当月多交的增值税，借记本科目（未交税金），贷记本科目（应交税金——转出多交增值税）。

5. 缴纳增值税

（1）缴纳当月应交增值税。单位缴纳当月应交的增值税，借记本科目（应交税金——已交税金）（小规模纳税人借记本科目），贷记“银行存款”等科目。

（2）缴纳以前期间未交增值税。单位缴纳以前期间未交的增值税，借记本科目（未交税金）（小规模纳税人借记本科目），贷记“银行存款”等科目。

（3）预交增值税。单位预交增值税时，借记本科目（预交税金），贷记“银行存款”等科目。月末，单位应将“预交税金”明细科目余额转入“未交税金”明细科目，借记本科目（未交税金），贷记本科目（预交税金）。

（4）减免增值税。对于当期直接减免的增值税，借记本科目（应交税金——减免税款），贷记“业务活动费用”“经营费用”等科目。按照现行增值税制度规定，单位初次购买增值税税控系统专用设备支付的费用以及缴纳的技术维护费允许在增值税应纳税额中全额抵减的，按照规定抵减的增值税应纳税额，借记本科目（应交税金——减免税款）（小规模纳税人借记本科目），贷记“业务活动费用”“经营费用”等科目。

在核算应交增值税业务中，如果涉及纳入部门预算管理的现金收支的，在进行财务会计核算的同时，要进行预算会计核算，预算会计的具体核算参见本书预算会计核算部分的内容。

例 3-2　某事业单位在开展非独立核算经营活动中购入一批货物，价款为 10 000 元，当月已认证的可抵扣增值税税额为 1 300 元，款项合计 11 300 元已用银行存款支付，货物已验收入库。该单位在开展非独立核算经营活动中销售产品一批，取得经营收入 30 000 元，该单位属一般纳税人，税率 13%，价税合计 33 900 元已存入银行。当月末，该单位将当月应交未交的增值税 2 600 元从“应交税金”明细科目转入“未交税金”明细科目。下月初，该单位用银行存款交纳上月未交增值税 2 600 元。

① 购入货物时

财务会计分录：

借：库存物品　10 000

　　应交增值税——应交税金（进项税额）　1 300

　　贷：银行存款　11 300

预算会计分录：

借：经营支出　11 300

　　贷：资金结存——货币资金　11 300

② 销售产品时

财务会计分录：

借：银行存款　33 900

　　贷：经营收入　30 000

　　　　应交增值税——应交税金（销项税额）　3900

预算会计分录：

借：资金结存——货币资金　33 900

　　贷：经营预算收入　33 900

③ 月末，将当月应交未交的增值税从“应交税金”明细科目转入“未交税金”明细科目时

财务会计分录：

借：应交增值税——应交税金（转出未交增值税）　2 600

　　贷：应交增值税——未交税金　2 600

预算会计分录：无。

④ 下月初，用银行存款交纳上月未交增值税时

财务会计分录：

借：应交增值税——未交税金　　2 600

　　贷：银行存款　　2 600

预算会计分录：

借：经营支出　　2 600

　　贷：资金结存——货币资金　　2 600

### 3.2.3 其他应交税费

为核算其他应交税费业务，单位应设置“其他应交税费”总账科目。本科目核算单位按照税法等规定计算应缴纳的除增值税以外的各种税费，包括城市维护建设税、教育费附加、地方教育附加、车船税、房产税、城镇土地使用税和企业所得税等。单位代扣代缴的个人所得税，也通过本科目核算。单位应交纳的印花税不需要预提应交税费，直接通过“业务活动费用”“单位管理费用”“经营费用”等科目核算，不通过本科目核算。本科目应当按照应缴纳的税费种类进行明细核算。本科目期末贷方余额，反映单位应交未交的除增值税以外的税费金额；期末如为借方余额，反映单位多缴纳的除增值税以外的税费金额。

单位发生城市维护建设税、教育费附加、地方教育附加、车船税、房产税、城镇土地使用税等纳税义务的，按照税法规定计算的应交税费金额，借记“业务活动费用”“单位管理费用”“经营费用”等科目，贷记本科目（应交城市维护建设税、应交教育费附加、应交地方教育附加、应交车船税、应交房产税、应交城镇土地使用税等）。

按照税法规定计算应代扣代缴职工（含长期聘用人员）的个人所得税，借记“应付职工薪酬”科目，贷记本科目（应交个人所得税）。按照税法规定计算应代扣代缴支付给职工（含长期聘用人员）以外人员劳务费的个人所得税，借记“业务活动费用”“单位管理费用”等科目，贷记本科目（应交个人所得税）。

发生企业所得税纳税义务的，按照税法规定计算的应交所得税额，借记“所得税费用”科目，贷记本科目（单位应交所得税）。

单位实际缴纳上述各种税费时，借记本科目（应交城市维护建设税、应交教育费附加、应交地方教育附加、应交车船税、应交房产税、应交城镇土地使用税、应交个人所得税、单位应交所得税等），贷记“财政拨款收入”“零余额账户用款额度”“银行存款”等科目。

在核算其他应交税费业务中，如果涉及纳入部门预算管理的现金收支的，在进行财务会计核算的同时，要进行预算会计核算，预算会计的具体核算参见本书预算会计核算部分的内容。

例 3-3　某事业单位为小规模纳税人，出租办公楼附属房屋，收取本月租金 8 000 元，已存入银行。相关税费如下：房屋租金收入适用的增值税税率为 5%，房产税税率

为12%，城市维护建设税税率7%，教育费附加费率3%，地方教育附加费率2%。款项纳入单位预算管理。

财务会计分录：

借：银行存款　　8 000

　　贷：租金收入　　7 619.05

　　　　应交增值税　　380.95

借：其他费用　　1 005.72

　　贷：其他应交税费——应交房产税　　960.00

　　　　——应交城市维护建设税　　26.67

　　　　——应交教育费附加　　11.43

　　　　——应交地方教育附加　　7.62

预算会计分录：

借：资金结存——货币资金　　8 000

　　贷：其他预算收入　　8 000

例3-4　承例3-3，该事业单位月末通过银行存款交纳本月出租房屋的各项税金。

财务会计分录：

借：应交增值税　　380.95

　　其他应交税费——应交房产税　　960.00

　　　　——应交城市维护建设税　　26.67

　　　　——应交教育费附加　　11.43

　　　　——应交地方教育费附加　　7.62

　　贷：银行存款　　1 386.67

预算会计分录：

借：其他支出　　1 386.67

　　贷：资金结存——货币资金　　1 386.67

## 3.2.4 应缴财政款

为核算应缴财政款业务，单位应设置“应缴财政款”总账科目。本科目核算单位取得或应收的按照规定应当上缴财政的款项，包括应缴国库的款项和应缴财政专户的款项。单位按照国家税法等有关规定应当缴纳的各种税费，通过“应交增值税”“其他应交税费”科目核算，不通过本科目核算。本科目应当按照应缴财政款项的类别进行明细核算。本科目期末贷方余额，反映单位应当上缴财政但尚未缴纳的款项。年终清缴后，本科目一般应无余额。

单位取得或应收按照规定应缴财政的款项时，借记“银行存款”“应收账款”等科目，贷记本科目。单位处置资产取得的应上缴财政的处置净收入的账务处理，借记“待处理财产损溢”（处理净收入）等科目，贷记本科目。单位上缴应缴财政的款项时，按照实际上缴的金额，借记本科目，贷记“银行存款”科目。

单位的应缴财政款资金不是单位的预算资金，因此，预算会计不对该类业务进行会计核算。

行政事业单位执收的行政事业性收费、罚没款项等已实行国库集中收缴制度，通常有两种上缴方式：一是直接缴库，即由缴款人直接将款项缴入财政专户或国库；另一种是集中汇缴，即行政事业单位收取缴款人缴纳的款项后，按照规定的时间上缴国库或财政专户。采取直接缴库方式的，没有资金流入流出单位，因此，单位不需要进行应缴财政款的账务处理，只需要登记台账。采用集中汇缴方式的，收款单位先将款项集中，然后进行汇缴，中间可能存在时间差，收款单位需要对尚未汇缴的款项进行核算。应缴财政款一般要求单位收到后及时上缴财政，不得截留。

例3-5　某高校收到应上缴国库的代收手续费现金2 000元，当日存入银行，次日上缴财政专户。

① 收到现金并于当天存入银行时

| | | |
|---|---|---|
| 借：库存现金 | 2 000 | |
| 　　贷：应缴财政款 | | 2 000 |
| 借：银行存款 | 2 000 | |
| 　　贷：库存现金 | | 2 000 |

② 次日上缴财政专户时

| | | |
|---|---|---|
| 借：应缴财政款 | 2 000 | |
| 　　贷：银行存款 | | 2 000 |

## 3.2.5　应付职工薪酬

为核算应付职工薪酬业务，单位应设置“应付职工薪酬”总账科目。本科目核算单位按照有关规定应付给职工（含长期聘用人员）及为职工支付的各种薪酬，包括基本工资、国家统一规定的津贴补贴、规范津贴补贴（绩效工资）、改革性补贴、社会保险费（如职工基本养老保险费、职业年金、基本医疗保险费等）、住房公积金等。本科目应当根据国家有关规定按照“基本工资”（含离退休费）、“国家统一规定的津贴补贴”、“规范津贴补贴（绩效工资）”、“改革性补贴”、“社会保险费”、“住房公积金”、“其他个人收入”等进行明细核算。其中，“社会保险费”“住房公积金”明细科目核算内容包括单位从职工工资中代扣代缴的社会保险费、住房公积金，以及单位为职工计算缴纳的社会保险费、住房公积金。本科目期末贷方余额，反映单位应付未付的职工薪酬。

单位计算确认当期应付职工薪酬（含单位为职工计算缴纳的社会保险费、住房公积金），计提从事专业及其辅助活动人员的职工薪酬时，借记“业务活动费用”“单位管理费用”科目，贷记本科目；计提应由在建工程、加工物品、自行研发无形资产负担的职工薪酬时，借记“在建工程”“加工物品”“研发支出”等科目，贷记本科目；

计提从事专业及其辅助活动之外的经营活动人员的职工薪酬时，借记“经营费用”科目，贷记本科目。因解除与职工的劳动关系而给予的补偿，借记“单位管理费用”等科目，贷记本科目。

单位向职工支付工资、津贴补贴等薪酬时，按照实际支付的金额，借记本科目，贷记“财政拨款收入”“零余额账户用款额度”“银行存款”等科目。

单位按照税法规定代扣职工个人所得税时，借记本科目（基本工资），贷记“其他应交税费——应交个人所得税”科目。从应付职工薪酬中代扣为职工垫付的水电费、房租等费用时，按照实际扣除的金额，借记本科目（基本工资），贷记“其他应收款”等科目。从应付职工薪酬中代扣社会保险费和住房公积金时，按照代扣的金额，借记本科目（基本工资），贷记本科目（社会保险费、住房公积金）。

单位按照国家有关规定缴纳职工社会保险费和住房公积金时，按照实际支付的金额，借记本科目（社会保险费、住房公积金），贷记“财政拨款收入”“零余额账户用款额度”“银行存款”等科目。从应付职工薪酬中支付的其他款项，借记本科目，贷记“零余额账户用款额度”“银行存款”等科目。

在核算应付职工薪酬业务中，如果涉及纳入部门预算管理的现金收支的，在进行财务会计核算的同时，要进行预算会计核算，预算会计的具体核算参见本书预算会计核算部分的内容。

例3-6　某行政单位计提当月职工薪酬共计909 600元，其中包含了职工基本工资675 200元（应从职工基本工资中代扣社会保险费104 000和住房公积金51 200元），国家统一规定的津贴补贴69 600元，单位应为职工缴纳的社会保险费108 800元和住房公积金56 000元。单位按照规定应从职工基本工资中代扣的职工个人所得税12 480元。数日后，该单位通过财政直接支付方式向职工支付基本工资507 520元（675 200 − 104 000 − 51 200 − 12 480）和津贴补贴69 600元，并按规定向相关机构缴纳职工社会保险费212 800元和住房公积金107 200元，同时向税务部门交纳个人所得税12 480元。

① 计提职工薪酬时

财务会计分录：

借：业务活动费用　　909 600
　　贷：应付职工薪酬——基本工资　　675 200
　　　　　　　　　——国家统一规定的津贴补贴　　69 600
　　　　　　　　　——社会保险费　　108 800
　　　　　　　　　——住房公积金　　56 000

预算会计分录：无。

② 按规定从职工基本工资中代扣职工个人所得税时

财务会计分录：

借：应付职工薪酬——基本工资　　12 480
　　贷：其他应交税费——应交个人所得税　　12 480

预算会计分录：无。

③ 从应付职工薪酬中代扣社会保险费和住房公积金时

财务会计分录：

借：应付职工薪酬——基本工资　　155 200

　　贷：应付职工薪酬——社会保险费　　104 000

　　　　　　　　　——住房公积金　　51 200

预算会计分录：无。

④ 向职工支付基本工资和津贴补贴时

财务会计分录：

借：应付职工薪酬——基本工资　　507 520

　　　　　　　——国家统一规定的津贴补贴　　69 600

　　贷：财政拨款收入　　577 120

预算会计分录：

借：行政支出　　577 120

　　贷：财政拨款预算收入　　577 120

⑤ 向相关机构缴纳职工社会保险费和住房公积金时

财务会计分录：

借：应付职工薪酬——社会保险费　　212 800

　　　　　　　——住房公积金　　107 200

　　贷：财政拨款收入　　320 000

预算会计分录：

借：行政支出　　320 000

　　贷：财政拨款预算收入　　320 000

⑥ 向税务部门交纳个人所得税时

财务会计分录：

借：其他应交税费——应交个人所得税　　12 480

　　贷：财政拨款收入　　12 480

预算会计分录：

借：行政支出　　12 480

　　贷：财政拨款预算收入　　12 480

### 3.2.6 应付票据

为核算应付票据业务，事业单位应设置“应付票据”总账科目。本科目核算事业单位因购买材料、物资等而开出、承兑的商业汇票，包括银行承兑汇票和商业承兑汇票。本科目应当按照债权人进行明细核算。本科目期末贷方余额，反映事业单位开出、承兑的尚未到期的应付票据金额。

单位开出、承兑商业汇票时，借记“库存物品”“固定资产”等科目，贷记本科目。涉及增值税业务的，相关账务处理参见“应交增值税”部分的内容。以商业汇票抵付应付账款时，借记“应付账款”科目，贷记本科目。支付银行承兑汇票的手续费时，借记“业务活动费用”“经营费用”等科目，贷记“银行存款”“零余额账户用款额度”等科目。

商业汇票到期时，应当分别以下情况进行处理：

（1）收到银行支付到期票据的付款通知时，借记本科目，贷记“银行存款”科目。

（2）银行承兑汇票到期，单位无力支付票款的，按照应付票据账面余额，借记本科目，贷记“短期借款”科目。

（3）商业承兑汇票到期，单位无力支付票款的，按照应付票据账面余额，借记本科目，贷记“应付账款”科目。

单位应当设置“应付票据备查簿”，详细登记每一应付票据的种类、号数、出票日期、到期日、票面金额、交易合同号、收款人姓名或单位名称，以及付款日期和金额等。应付票据到期结清票款后，应当在备查簿内逐笔注销。

在核算应付票据业务中，如果涉及纳入部门预算管理的现金收支的，在进行财务会计核算的同时，要进行预算会计核算，预算会计的具体核算参见本书预算会计核算部分的内容。

例 3-7　某事业单位有非独立核算的经营活动（小规模纳税人），因购买材料 11 300 元（价税合计）而开出一张 3 个月的商业承兑汇票，材料已验收入库。该事业单位 3 个月后用银行存款支付 11 300 元。

① 材料验收入库时

财务会计分录：

| | | |
|---|---|---|
| 借：库存物品 | 11 300 | |
| 　　贷：应付票据 | | 11 300 |

预算会计分录：无。

② 3 个月后票据到期，用银行存款支付款项时

财务会计分录：

| | | |
|---|---|---|
| 借：应付票据 | 11 300 | |
| 　　贷：银行存款 | | 11 300 |

预算会计分录：

| | | |
|---|---|---|
| 借：经营支出 | 11 300 | |
| 　　贷：资金结存——货币资金 | | 11 300 |

## 3.2.7 应付账款

为核算应付账款业务，单位应设置“应付账款”总账科目。本科目核算单位因购买物资、接受服务、开展工程建设等而应付的偿还期限在 1 年以内（含 1 年）的款项。本科目应当按照债权人进行明细核算。对于建设项目，还应设置“应付器材款”“应付

工程款”等明细科目，并按照具体项目进行明细核算。本科目期末贷方余额，反映单位尚未支付的应付账款金额。

单位收到所购材料、物资、设备或服务以及确认完成工程进度但尚未付款时，根据发票及账单等有关凭证，按照应付未付款项的金额，借记“库存物品”“固定资产”“在建工程”等科目，贷记本科目。涉及增值税业务的，相关账务处理参见“应交增值税”部分的内容。偿付应付账款时，按照实际支付的金额，借记本科目，贷记“财政拨款收入”“零余额账户用款额度”“银行存款”等科目。

事业单位开出、承兑商业汇票抵付应付账款时，借记本科目，贷记“应付票据”科目。单位无法偿付或债权人豁免偿还的应付账款，应当按照规定报经批准后进行账务处理。经批准核销时，借记本科目，贷记“其他收入”科目。核销的应付账款应在备查簿中保留登记。

在核算应付账款业务中，如果涉及纳入部门预算管理的现金收支的，在进行财务会计核算的同时，要进行预算会计核算，预算会计的具体核算参见本书预算会计核算部分的内容。

例 3-8　某事业单位购入事业业务用材料，价税合计 22 600 元，材料已验收入库，款项没有支付；20 天后通过单位零余额账户支付 22 600 元。

① 购入材料时

财务会计分录：

| | | |
|---|---|---|
| 借：库存物品 | 22 600 | |
| 　　贷：应付账款 | | 22 600 |

预算会计分录：无。

② 20 天后通过单位零余额账户支付款项时

财务会计分录：

| | | |
|---|---|---|
| 借：应付账款 | 22 600 | |
| 　　贷：零余额账户用款额度 | | 22 600 |

预算会计分录：

| | | |
|---|---|---|
| 借：事业支出 | 22 600 | |
| 　　贷：资金结存——零余额账户用款额度 | | 22 600 |

### 3.2.8　应付政府补贴款

为核算应付政府补贴款业务，行政单位应设置“应付政府补贴款”总账科目。本科目核算负责发放政府补贴的行政单位，按照规定应当支付给政府补贴接受者的各种政府补贴款。本科目应当按照应支付的政府补贴种类进行明细核算。本科目期末贷方余额，反映行政单位应付未付的政府补贴金额。单位还应当根据需要按照补贴接受者进行明细核算，或者建立备查簿对补贴接受者予以登记。



行政单位发生应付政府补贴时，按照依规定计算确定的应付政府补贴金额，借记

“业务活动费用”科目，贷记本科目。支付应付政府补贴款时，按照支付金额，借记本科目，贷记“零余额账户用款额度”“银行存款”等科目。

在核算应付政府补贴款业务中，如果涉及纳入部门预算管理的现金收支的，在进行财务会计核算的同时，要进行预算会计核算，预算会计的具体核算参见本书预算会计核算部分的内容。

例 3-9 某行政单位发生一项应付政府补贴款业务，按照规定计算出的应付政府补贴款为 62 000 元。数日后，该单位通过单位零余额账户向政府补贴的接受者支付了相关补贴 62 000 元。

① 计算出应付政府补贴款时

财务会计分录：

借：业务活动费用　　62 000

　　贷：应付政府补贴款　　62 000

预算会计分录：无。

② 通过单位零余额账户支付政府补贴时

财务会计分录：

借：应付政府补贴款　　62 000

　　贷：零余额账户用款额度　　62 000

预算会计分录：

借：行政支出　　62 000

　　贷：资金结存——零余额账户用款额度　　62 000

## 3.2.9 应付利息

为核算应付利息业务，事业单位应设置“应付利息”总账科目。本科目核算事业单位按照合同约定应支付的借款利息，包括短期借款、分期付息到期还本的长期借款等应支付的利息。本科目应当按照债权人等进行明细核算。本科目期末贷方余额，反映事业单位应付未付的利息金额。

单位为建造固定资产、公共基础设施等借入的专门借款的利息，属于建设期间发生的，按期计提利息费用时，按照计算确定的金额，借记“在建工程”科目，贷记本科目；不属于建设期间发生的，按期计提利息费用时，按照计算确定的金额，借记“其他费用”科目，贷记本科目。对于其他借款，按期计提利息费用时，按照计算确定的金额，借记“其他费用”科目，贷记本科目。实际支付应付利息时，按照支付的金额，借记本科目，贷记“银行存款”等科目。

在核算应付利息业务中，如果涉及纳入部门预算管理的现金收支的，在进行财务会计核算的同时，要进行预算会计核算，预算会计的具体核算参见本书预算会计核算部分的内容。

例 3-10 某事业单位经批准借入 3 年期的借款 8 000 000 元（用于建造固定资产，

工程还在建设中），利率6.75%，已存入银行；按合同规定，一个季度支付一次利息，本月末计提利息；3个月后用银行存款支付利息。

① 借入款项时

财务会计分录：

借：银行存款　　8 000 000

　　贷：长期借款　　8 000 000

预算会计分录：

借：资金结存——货币资金　　8 000 000

　　贷：债务预算收入　　8 000 000

② 月末计提利息时

财务会计分录：

借：在建工程　　45 000

　　贷：应付利息　　45 000

预算会计分录：无。

③ 3个月后支付利息时

财务会计分录：

借：应付利息　　135 000

　　贷：银行存款　　135 000

预算会计分录：

借：其他支出　　135 000

　　贷：资金结存——货币资金　　135 000

## 3.2.10 预收账款

为核算预收账款业务，事业单位应设置“预收账款”总账科目。本科目核算事业单位预先收取但尚未结算的款项。本科目应当按照债权人进行明细核算。本科目期末贷方余额，反映事业单位预收但尚未结算的款项金额。

单位从付款方预收款项时，按照实际预收的金额，借记“银行存款”等科目，贷记本科目。确认有关收入时，按照预收账款账面余额，借记本科目，按照应确认的收入金额，贷记“事业收入”“经营收入”等科目，按照付款方补付或退回付款方的金额，借记或贷记“银行存款”等科目。涉及增值税业务的，相关账务处理参见“应交增值税”科目。无法偿付或债权人豁免偿还的预收账款，应当按照规定报经批准后进行账务处理。经批准核销时，借记本科目，贷记“其他收入”科目。核销的预收账款应在备查簿中保留登记。

在核算预收账款业务中，如果涉及纳入部门预算管理的现金收支的，在进行财务会计核算的同时，要进行预算会计核算，预算会计的具体核算参见本书预算会计核算部分的内容。

例3-11 某事业单位与甲单位签订合同，甲单位购买该事业单位一批体育用品，价值10 300元，合同规定该事业单位先预收3 000元，已存入银行；10天后交货，甲单位补付货款7 300元，该事业单位属于小规模纳税人，货款中包含3%的增值税。

① 该事业单位收到预付款时

财务会计分录：

| | | |
|---|---|---|
| 借：银行存款 | 3 000 | |
| 　　贷：预收账款——甲单位 | | 3 000 |

预算会计分录：

| | | |
|---|---|---|
| 借：资金结存——货币资金 | 3 000 | |
| 　　贷：经营预算收入 | | 3 000 |

② 交货后收到补付货款时

财务会计分录：

| | | |
|---|---|---|
| 借：银行存款 | 7 300 | |
| 　　预收账款——甲单位 | 3 000 | |
| 　　贷：经营收入 | | 10 000 |
| 　　　　应交增值税 | | 300 |

预算会计分录：

| | | |
|---|---|---|
| 借：资金结存——货币资金 | 7 300 | |
| 　　贷：经营预算收入 | | 7 300 |

## 3.2.11 其他应付款

为核算其他应付款业务，单位应设置“其他应付款”总账科目。本科目核算单位除应交增值税、其他应交税费、应缴财政款、应付职工薪酬、应付票据、应付账款、应付政府补贴款、应付利息、预收账款以外，其他各项偿还期限在1年内（含1年）的应付及暂收款项，如收取的押金、存入保证金、已经报销但尚未偿还银行的本单位公务卡欠款等。同级政府财政部门预拨的下期预算款和没有纳入预算的暂付款项，以及采用实拨资金方式通过本单位转拨给下属单位的财政拨款，也通过本科目核算。本科目应当按照其他应付款的类别以及债权人等进行明细核算。本科目期末贷方余额，反映单位尚未支付的其他应付款金额。

单位发生其他应付及暂收款项时，借记“银行存款”等科目，贷记本科目。支付（或退回）其他应付及暂收款项时，借记本科目，贷记“银行存款”等科目。将暂收款项转为收入时，借记本科目，贷记“事业收入”等科目。

收到同级政府财政部门预拨的下期预算款和没有纳入预算的暂付款项时，按照实际收到的金额，借记“银行存款”等科目，贷记本科目；待到下一预算期或批准纳入预算时，借记本科目，贷记“财政拨款收入”科目。

采用实拨资金方式通过本单位转拨给下属单位的财政拨款，按照实际收到的金额，借记“银行存款”科目，贷记本科目；向下属单位转拨财政拨款时，按照转拨的金额，借记本科目，贷记“银行存款”科目。

本单位公务卡持卡人报销时，按照审核报销的金额，借记“业务活动费用”“单位管理费用”等科目，贷记本科目；偿还公务卡欠款时，借记本科目，贷记“零余额账户用款额度”等科目。

涉及质保金形成其他应付款的，相关账务处理参见“固定资产”部分的内容。

无法偿付或债权人豁免偿还的其他应付款项，应当按照规定报经批准后进行账务处理。经批准核销时，借记本科目，贷记“其他收入”科目。核销的其他应付款应在备查簿中保留登记。

根据财政部《政府会计准则制度解释第1号》的规定，对于应当纳入下一年度部门预算管理的暂收款项，单位在收到款项时，借记“银行存款”等科目，贷记“其他应付款”科目；本年度不做预算会计处理。待下一年年初，单位应当按照上年暂收的款项金额，借记“其他应付款”科目，贷记有关收入科目；同时在预算会计中，按照暂收款项的金额，借记“资金结存”科目，贷记有关预算收入科目。

在核算其他应付款业务中，如果涉及纳入部门预算管理的现金收支的，在进行财务会计核算的同时，要进行预算会计核算，预算会计的具体核算参见本书预算会计核算部分的内容。

例3-12　某行政单位职工出差报销，采用公务卡购买机票、预订酒店，总金额6 800元；数日后的公务卡还款日，通过单位零余额账户归还公务卡欠款30 000元。

① 报销时

财务会计分录：

| | | |
|---|---|---|
| 借：业务活动费用 | 6 800 | |
| 　　贷：其他应付款 | | 6 800 |

预算会计分录：无。

② 归还公务卡欠款时

财务会计分录：

| | | |
|---|---|---|
| 借：其他应付款 | 30 000 | |
| 　　贷：零余额账户用款额度 | | 30 000 |

预算会计分录：

| | | |
|---|---|---|
| 借：行政支出 | 30 000 | |
| 　　贷：资金结存——零余额账户用款额度 | | 30 000 |

## 3.2.12　预提费用

为核算预提费用业务，单位应设置“预提费用”总账科目。本科目核算单位预先提取的已经发生但尚未支付的费用，如预提租金费用等。事业单位按规定从科研项目收入中提取的项目间接费用或管理费，也通过本科目核算。事业单位计提的借款利息费用，通过“应付利息”“长期借款”科目核算，不通过本科目核算。本科目应当按照预提费用的种类进行明细核算。对于提取的项目间接费用或管理费，应当在本科目下设置“项目间接费用或管理费”明细科目，并按项目进行明细核算。本科目期末贷方余额，反映单位已预提但尚未支付的各项费用。

1. 项目间接费用或管理费

按规定从科研项目收入中提取项目间接费用或管理费时，按照提取的金额，借记“单位管理费用”等科目，贷记本科目（项目间接费用或管理费）。实际使用计提的项目间接费用或管理费时，按照实际支付的金额，借记本科目（项目间接费用或管理费），贷记“银行存款”“库存现金”等科目。

事业单位使用预提的项目间接费用或管理费购买固定资产、无形资产、库存物品时，按照购买固定资产、无形资产、库存物品等的成本，借记“固定资产”“无形资产”“库存物品”等科目，贷记“银行存款”“库存现金”等科目；同时，按照相同的金额，借记本科目（项目间接费用或管理费），贷记“累计盈余”科目。

2. 其他预提费用

按期预提租金等费用时，按照预提的金额，借记“业务活动费用”“单位管理费用”“经营费用”等科目，贷记本科目。实际支付款项时，按照支付金额，借记本科目，贷记“零余额账户用款额度”“银行存款”等科目。

在核算预提费用业务中，如果涉及纳入部门预算管理的现金收支的，在进行财务会计核算的同时，要进行预算会计核算，预算会计的具体核算参见本书预算会计核算部分的内容。

例 3-13　某高校收到一科研项目资金 2 000 000 元，按照相关规定，提取 5% 的管理费。

财务会计分录：

借：单位管理费用　　100 000

　　贷：预提费用——项目间接费用或管理费　　100 000

预算会计分录：

借：非财政拨款结转——项目间接费用或管理费　　100 000

　　贷：非财政拨款结余——项目间接费用或管理费　　100 000

例 3-14　某事业单位预提本月应承担的物业费 300 000 元。

财务会计分录：

借：业务活动费用　　300 000

　　贷：预提费用——物业费　　300 000

预算会计分录：无。

例 3-15　承例 3-14，该事业单位年末通过单位零余额账户支付全年已预提的物业费 3 600 000 元。

财务会计分录：

借：预提费用——物业费　　3 600 000

　　贷：零余额账户用款额度　　3 600 000

预算会计分录：

借：事业支出　3 600 000

　　贷：资金结存——零余额账户用款额度　3 600 000

例 3-16　某事业单位使用计提的项目间接费用购买一台专业设备，已用银行存款支付 50 000 元购价，设备已验收并投入使用。

财务会计分录：

借：固定资产　50 000

　　贷：银行存款　50 000

借：预提费用——项目间接费用　50 000

　　贷：累计盈余　50 000

预算会计分录：

借：事业支出　50 000

　　贷：资金结存——货币资金　50 000

## 3.3　非流动负债

非流动负债是指流动负债以外的负债，包括长期借款、长期应付款、应付长期政府债券等。

### 3.3.1　长期借款

为核算长期借款业务，事业单位应设置“长期借款”总账科目。本科目核算事业单位经批准向银行或其他金融机构等借入的期限超过 1 年（不含 1 年）的各种借款本息。本科目应当设置“本金”和“应计利息”明细科目，并按照贷款单位和贷款种类进行明细核算。对于建设项目借款，还应按照具体项目进行明细核算。本科目期末贷方余额，反映事业单位尚未偿还的长期借款本息金额。

借入各项长期借款时，按照实际借入的金额，借记“银行存款”科目，贷记本科目（本金）。

为建造固定资产、公共基础设施等应支付的专门借款利息，按期计提利息时，分别以下情况处理：属于工程项目建设期间发生的利息，计入工程成本，按照计算确定的应支付的利息金额，借记“在建工程”科目，贷记“应付利息”科目；属于工程项目完工交付使用后发生的利息，计入当期费用，按照计算确定的应支付的利息金额，借记“其他费用”科目，贷记“应付利息”科目。



按期计提其他长期借款的利息时，按照计算确定的应支付的利息金额，借记“其他费用”科目，贷记“应付利息”科目（分期付息、到期还本借款的利息）或本科目（应计利息）（到期一次还本付息借款的利息）。

到期归还长期借款本金、利息时，借记本科目（本金、应计利息），贷记“银行存款”科目。

在核算长期借款业务中，如果涉及纳入部门预算管理的现金收支的，在进行财务会计核算的同时，要进行预算会计核算，预算会计的具体核算参见本书预算会计核算部分的内容。

例 3-17　某事业单位为建造一项固定资产，经批准向金融机构借入 3 年期的借款 8 000 000 元，已存入银行，利率 6%，利息每年支付一次，每年年末支付利息 480 000 元，本金到期一次偿还。工程建造期限 2 年，2 年后固定资产如期建造完工并交付使用。3 年后，该单位如期偿还本金 8 000 000 元，并支付最后 1 年利息。以上相应借款的本息均通过银行存款支付。

① 向金融机构借入款项时

财务会计分录：

| | | |
|---|---|---|
| 借：银行存款 | 8 000 000 | |
| 　　贷：长期借款——本金 | | 8 000 000 |

预算会计分录：

| | | |
|---|---|---|
| 借：资金结存——货币资金 | 8 000 000 | |
| 　　贷：债务预算收入 | | 8 000 000 |

② 第 1 年到第 2 年每月计提借款利息时

财务会计分录：

| | | |
|---|---|---|
| 借：在建工程 | 40 000 | |
| 　　贷：应付利息 | | 40 000 |

预算会计分录：无。

③ 第 3 年每月计提借款利息时

财务会计分录：

| | | |
|---|---|---|
| 借：其他费用 | 40 000 | |
| 　　贷：应付利息 | | 40 000 |

预算会计分录：无。

④ 支付第 1 年利息时（支付第 2 年利息时相同）

财务会计分录：

| | | |
|---|---|---|
| 借：应付利息 | 480 000 | |
| 　　贷：银行存款 | | 480 000 |

预算会计分录：

| | | |
|---|---|---|
| 借：其他支出 | 480 000 | |
| 　　贷：资金结存——货币资金 | | 480 000 |

⑤ 第 3 年末偿还本金并支付第 3 年的利息

财务会计分录：

| | | |
|---|---|---|
| 借：长期借款——本金 | 8 000 000 | |
| 　　应付利息 | 480 000 | |
| 　　贷：银行存款 | | 8 480 000 |

预算会计分录：

| | | |
|---|---|---|
| 借：债务还本支出 | 8 000 000 | |
| 　　其他支出 | 480 000 | |
| 　　贷：资金结存——货币资金 | | 8 480 000 |

## 3.3.2 长期应付款

为核算长期应付款业务，单位应设置“长期应付款”科目。本科目核算单位发生的偿还期限超过 1 年（不含 1 年）的应付款项，如以融资租赁方式取得固定资产应付的租赁费等。本科目应当按照长期应付款的类别以及债权人进行明细核算。本科目期末贷方余额，反映单位尚未支付的长期应付款金额。

单位发生长期应付款时，借记“固定资产”“在建工程”等科目，贷记本科目。支付长期应付款时，按照实际支付的金额，借记本科目，贷记“财政拨款收入”“零余额账户用款额度”“银行存款”等科目。涉及增值税业务的，相关账务处理参见“应交增值税”部分的内容。

无法偿付或债权人豁免偿还的长期应付款，应当按照规定报经批准后进行账务处理。经批准核销时，借记本科目，贷记“其他收入”科目。核销的长期应付款应在备查簿中保留登记。

涉及质保金形成长期应付款的，相关账务处理参见“固定资产”部分的内容。

在核算长期应付款业务中，如果涉及纳入部门预算管理的现金收支的，在进行财务会计核算的同时，要进行预算会计核算，预算会计的具体核算参见本书预算会计核算部分的内容。

例 3-18　某事业单位融资租入一项固定资产，相关合同约定，该事业单位每年年末向出租方支付租金 60 000 元（通过单位零余额账户支付），连续支付 5 年。租入该项固定资产时，该事业单位发生运输费 500 元，款项已用银行存款支付，固定资产已交付使用。

① 融资租入固定资产时

财务会计分录：

| | | |
|---|---|---|
| 借：固定资产 | 300 500 | |
| 　　贷：长期应付款 | | 300 000 |
| 　　　　银行存款 | | 500 |

预算会计分录：

借：事业支出　　500
　　贷：资金结存——货币资金　　500

② 每年年末支付租金时

财务会计分录：

借：长期应付款　　60 000
　　贷：零余额账户用款额度　　60 000

预算会计分录：

借：事业支出　　60 000
　　贷：资金结存——零余额账户用款额度　　60 000

### 3.3.3 预计负债

为核算预计负债业务，单位应设置“预计负债”总账科目。本科目核算单位对因或有事项所产生的现时义务而确认的负债，如对未决诉讼等确认的负债。本科目应当按照预计负债的项目进行明细核算。本科目期末贷方余额，反映单位已确认但尚未支付的预计负债金额。

单位确认预计负债时，按照预计的金额，借记“业务活动费用”“经营费用”“其他费用”等科目，贷记本科目。实际偿付预计负债时，按照偿付的金额，借记本科目，贷记“银行存款”“零余额账户用款额度”等科目。根据确凿证据需要对已确认的预计负债账面余额进行调整的，按照调整增加的金额，借记有关科目，贷记本科目；按照调整减少的金额，借记本科目，贷记有关科目。

在核算预计负债业务中，如果涉及纳入部门预算管理的现金收支的，在进行财务会计核算的同时，要进行预算会计核算，预算会计的具体核算参见本书预算会计核算部分的内容。

例 3-19　某医院与患者发生医疗纠纷，法院尚未正式判决，但是根据律师的判断，本单位很可能需要进行赔偿，估计赔偿金额在 500 000 元左右。

财务会计分录：

借：其他费用　　500 000
　　贷：预计负债　　500 000

预算会计分录：无。

例 3-20　承例 3-19，法院正式判决，该医院应赔偿 520 000 元；数日后，通过银行存款支付 520 000 元。

① 法院判决时

财务会计分录：

借：其他费用　　20 000
　　贷：预计负债　　20 000

预算会计分录：无。

② 支付赔偿款时

财务会计分录：

借：预计负债 520 000

贷：银行存款 520 000

预算会计分录：

借：其他支出 520 000

贷：资金结存——货币资金 520 000

# 3.4 其他负债

## 3.4.1 受托代理负债

为核算受托代理负债业务，单位应设置“受托代理负债”总账科目。本科目核算单位接受委托取得受托代理资产时形成的负债。本科目的账务处理参见“受托代理资产”“库存现金”“银行存款”等内容。本科目期末贷方余额，反映单位尚未交付或发出受托代理资产形成的受托代理负债金额。

具体账务处理和核算举例，参见“受托代理资产”部分的内容。

## 3.4.2 待结算医疗款

为核算待结算医疗款业务，基层医疗卫生机构应设置“待结算医疗款”总账科目。本科目核算按“收支两条线”管理的基层医疗卫生机构的待结算医疗收费。

按“收支两条线”管理的基层医疗卫生机构应当在为病人提供医疗服务（包括发出药品，下同）并收讫价款或取得收款权利时，按照规定的医疗服务项目收费标准计算确定收费金额并确认待结算医疗款。给予病人或其他付费方的折扣金额不计入待结算医疗款。

基层医疗卫生机构同医疗保险机构等结算时，基层医疗卫生机构按照医疗服务项目收费标准计算确定的应收医疗款金额与医疗保险机构等实际支付金额之间的差额应当调整待结算医疗款。

基层医疗卫生机构应当在本科目下按制度规定设置明细科目，并按照医疗服务类型进行明细核算。本科目期末贷方余额，反映基层医疗卫生机构期末待结算医疗款。

（1）基层医疗卫生机构与门急诊病人结算医疗款时，对于应向门急诊病人收取的部分，按照门急诊病人实际支付或应付未付的医疗款金额，借记“库存现金”“银行存款”“应收账款——应收医疗款——门急诊病人欠费”等科目，对于应由医疗保险机构等负担的部分，按照依有关规定计算确定的应收医保款金额，借记“应收账款——应收医疗款——应收医保款”科目，按照依有关规定计算确定的门急诊病人医疗款金额，贷记本科目（门急诊收费）。

（2）病人住院期间，基层医疗卫生机构因提供医疗服务确认待结算医疗款时，按照依有关规定计算确定的住院病人医疗款金额，借记“应收账款——应收在院病人医疗款”科目，贷记本科目（住院收费）。

（3）基层医疗卫生机构与住院病人结算医疗款时，住院病人应付医疗款金额大于其预交金额的，按照预收住院病人医疗款金额，借记“预收账款——预收医疗款——住院预收款”科目，按照病人实际补付或应付未付金额，借记“库存现金”“银行存款”“应收账款——应收医疗款——出院病人欠费”等科目，按照依有关规定计算的应由医疗保险机构等负担的医疗保险金额，借记“应收账款——应收医疗款——应收医保款”科目，按照已经确认的应收在院病人医疗款金额，贷记“应收账款——应收在院病人医疗款”科目。

住院病人应付医疗款金额小于其预交金额的，按照预收住院病人医疗款金额，借记“预收账款——预收医疗款——住院预收款”科目，按照依有关规定计算的应由医疗保险机构等负担的医疗保险金额，借记“应收账款——应收医疗款——应收医保款”科目，按照退还给住院病人的金额，贷记“库存现金”“银行存款”等科目，按照已经确认的应收在院病人医疗款金额，贷记“应收账款——应收在院病人医疗款”科目。

（4）基层医疗卫生机构与医疗保险机构等结算时，按照实际收到的金额，借记“银行存款”科目，按照应收医保款的金额，贷记“应收账款——应收医疗款——应收医保款”科目，按照借贷方之间的差额，借记或贷记本科目（门急诊收费——门急诊结算差额）或本科目（住院收费——住院结算差额）。

（5）在期末或规定的上缴时间，基层医疗卫生机构按照依有关规定确定的金额，借记本科目，按照依有关规定确定的上缴同级财政部门的金额，贷记“银行存款”等科目，按照依有关规定确定留用的金额，贷记“事业收入——医疗收入”科目。

### 3.4.3 彩票销售结算

为核算彩票销售结算业务，彩票机构应设置“彩票销售结算”总账科目。本科目核算彩票机构彩票销售资金的归集和分配情况。本科目应当按照彩票品种及游戏名称、彩票发行销售方式进行明细核算。本科目期末应无余额。

彩票机构实现彩票销售时，按照彩票销售结算的金额，借记“预收账款”等科目，贷记本科目。期末彩票机构分配彩票销售资金时，按照分配的彩票销售资金的金额，借记本科目，按照分配的彩票公益金、彩票机构业务费等金额，贷记“应缴财政款”科目，按照分配的应付返奖奖金的金额，贷记“应付返奖奖金”科目，按照分配的代销费金额，贷记“应付代销费”科目。

1. 应付返奖奖金

为核算应付返奖奖金业务，彩票机构应设置“应付返奖奖金”总账科目。本科目核算彩票机构按照彩票游戏规则确定的比例从彩票销售额中提取，用于支付给中奖者的资金，包括当期返奖奖金、奖池、调节基金和一般调节基金。本科目应当按照“当期返奖奖金”“奖池”“调节基金”“一般调节基金”设置明细科目。在“当期返奖奖金”“奖池”“调节基金”明细科目下，按照彩票品种及游戏名称设置明细科目进行明细核算。本科目期末贷方余额，反映彩票机构尚未支付的奖金和调节基金。

当期返奖奖金是指按照彩票游戏规则确定的比例在当期彩票奖金中提取并用于支付给中奖者的奖金。奖池是指彩票游戏提取奖金与实际中出奖金的累积资金差额。调节基金是指按照彩票销售额的一定比例提取的资金、逾期未退票的票款和浮动奖取整后的余额。调节基金应当专项用于支付各种不可预见的奖金风险支出或开展派奖。

停止销售的彩票游戏兑奖期结束后，奖池资金和调节基金有结余的，转为一般调节基金，用于不可预见情况下的奖金风险支出或开展派奖。

（1）当期返奖奖金。

① 提取当期返奖奖金时，按照彩票资金分配比例计算确定的当期返奖奖金金额，借记“彩票销售结算”科目，贷记本科目（当期返奖奖金——××游戏）。

② 兑付中奖者奖金时，按照实际兑付金额，借记本科目（当期返奖奖金——××游戏），贷记“银行存款”“其他应交税费”“预收账款——预收彩票销售款”（通过彩票代销者兑奖）等科目。

③ 逾期未兑付的弃奖奖金转入彩票公益金时，按照实际转出的金额，借记本科目（当期返奖奖金——××游戏），贷记“应缴财政款”科目。

④ 彩票机构之间因联网游戏奖金结算产生的应收款项，按照实际发生的金额，借记“应收账款——应收彩票联网游戏结算款”科目，贷记本科目（当期返奖奖金——××游戏）；产生的应付款项，按照实际发生的金额，借记本科目（当期返奖奖金——××游戏），贷记“应付账款——应付彩票联网游戏结算款”科目。

（2）奖池。

① 彩票游戏设置奖池的，兑付当期返奖奖金后，按照提取的当期返奖奖金与当期实际中出奖金的差额，借记或贷记本科目（当期返奖奖金——××游戏），贷记或借记本科目（奖池——××游戏）。

② 使用奖池资金兑付中奖者奖金时，按照实际兑付金额，借记本科目（奖池——××游戏），贷记“银行存款”等科目。

（3）调节基金。

① 彩票游戏设置调节基金的，在提取调节基金时，按照彩票资金分配比例计算确定的调节基金金额，借记“彩票销售结算”科目，贷记本科目（调节基金——××游戏）。

② 彩票游戏设置奖池的，奖池资金达到一定额度后，按照彩票游戏规则中规定将超过部分转入该彩票游戏的调节基金时，按照实际转出的金额，借记本科目（奖池——××游戏），贷记本科目（调节基金——××游戏）。

③ 使用调节基金支付各种不可预见的奖金风险支出和开展派奖时，按照实际支出的金额，借记本科目（调节基金——××游戏），贷记“银行存款”等科目。

④ 使用调节基金弥补奖池资金时，按照实际弥补奖池资金的金额，借记本科目（调节基金——××游戏），贷记本科目（奖池——××游戏）。

（4）一般调节基金。

① 停止销售的彩票游戏兑奖期结束后，奖池资金和调节基金有结余的，转入一般调节基金时，按照实际转出的金额，借记本科目（奖池、调节基金——××游戏），贷记本科目（一般调节基金）。

② 使用一般调节基金弥补某游戏奖池资金时，按照实际弥补奖池资金的金额，借记本科目（一般调节基金），贷记本科目（奖池——××游戏）。

2. 应付代销费

为核算应付代销费业务，彩票机构应设置“应付代销费”总账科目。本科目核算彩票机构按照彩票代销合同的约定比例从彩票销售额中提取，用于支付给彩票代销者的资金。本科目应当按照彩票代销者和彩票结算方式进行明细核算。本科目期末贷方余额，反映彩票机构尚未支付给彩票代销者的代销费。

彩票机构提取应付代销费时，按合同约定比例计算确定的金额，借记“彩票销售结算”科目，贷记本科目。实行内扣方式结算应付代销费的，结算彩票代销者代销费时，按照从彩票代销者缴交的彩票销售资金中直接抵扣的资金金额，借记本科目，贷记“预收账款——预收彩票销售款”科目。不实行内扣方式结算应付代销费的，向彩票代销者支付代销费时，按照实际支付的金额，借记本科目，贷记“银行存款”等科目。

# 本章习题

## 一、单项选择题

1. 政府会计制度中负债类科目不包括（　　）。
   A. 应交税费　　B. 应缴财政款
   C. 应付职工薪酬　　D. 短期借款
2. 下列不涉及事业单位负债类科目核算的是（　　）。
   A. 赊购货物 1 万元　　B. 借入银行存款 30 万元
   C. 正在筹划的对慈善机构的捐款　　D. 收到应缴入国库的款项
3. 下列不属于行政事业单位应缴财政款的有（　　）。
   A. 罚没物资　　B. 罚没物资的变价收入
   C. 代收的行政事业性收费　　D. 应缴财政专户的款项

4. 事业单位没收财物一批，价值5 000元，已验收入库，应列入（　　）。
A. 事业收入　B. 其他收入　C. 应缴财政款　D. 受托代理资产
5. 事业单位取得没收财物的变价收入5 000元，应列入（　　）。
A. 事业收入　B. 其他收入
C. 应缴财政款　D. 受托代理资产
6. 行政事业单位代扣代缴的个人所得税通过（　　）科目核算。
A. 应交税费　B. 应交所得税
C. 其他应交税费　D. 应交增值税
7. 事业单位为借入款项实际支付的利息应计入（　　）。
A. “业务活动费用”科目　B. “单位管理费用”科目
C. “其他费用”科目　D. “经营费用”科目
8. 行政单位发生应付政府补贴时，应贷记“应付政府补贴款”科目，借记（　　）。
A. “单位管理费用”科目　B. “业务活动费用”科目
C. “事业支出”科目　D. “行政支出”科目
9. 事业单位按照合同约定预先收取但尚未结算的款项，可以计入（　　）科目。
A. 预付账款　B. 应付账款　C. 预收账款　D. 待摊费用
10. 事业单位融资租入固定资产，应付的租金列为（　　）。
A. 应付账款　B. 应付票据
C. 长期应付款　D. 事业支出

## 二、多项选择题

1. 下列属于应缴财政款的有（　　）。
A. 代收的行政性收费　B. 罚没收入
C. 应缴财政专户款　D. 无主财物的变价收入
E. 应交税费
2. 行政事业单位为了核算应当缴纳的各种税费，需设置（　　）总账会计科目。
A. 应交税费　B. 应交增值税
C. 其他应交税费　D. 应交所得税
E. 印花税
3. 一般情况下，下列单位所购材料入账价值应按实际支付的含税价格计算的有（　　）。
A. 行政单位购入的材料
B. 确认为小规模纳税人的事业单位购入的非自用材料
C. 确认为小规模纳税人的事业单位购入的自用材料
D. 确认为一般规模纳税人的事业单位购入的非经营用材料
E. 确认为一般规模纳税人的事业单位购入的经营用材料

4. 单位其他应付款是指除了（ ）等以外的各项偿还期在 1 年内（含 1 年）的应付及暂收款项。

A. 应付票据 B. 应付账款 C. 预收账款 D. 预付账款

E. 应付职工薪酬

5. 下列属于行政单位负债类科目的是（ ）。

A. 长期借款 B. 长期应付款

C. 应缴财政款 D. 预收账款

E. 应付票据

## 三、判断题

1. 行政事业单位核算借入款项本金的会计科目有“短期借款”和“长期借款”。（ ）

2. 应缴财政款是指行政事业单位取得或应收的按照规定应当上缴国库的款项。（ ）

3. 其他应交税费核算内容包括增值税、城市维护建设税、教育费附加、房产税、车船税和企业所得税。（ ）

4. 事业单位从事经营活动并确认为小规模纳税人的，其购进材料的非经营用部分，按实际支付的不含税价格计算。（ ）

5. 事业单位如不能如期支付到期的银行承兑汇票，应将“应付票据”账面余额转入“短期借款”科目。（ ）

6. 无论票据是否带息，票据的到期值都是票据的面值。（ ）

7. 应付账款应当在单位收到所购物资或服务、完成工程时确认。（ ）

8. 事业单位如不能如期支付到期的商业承兑汇票，应将“应付票据”账面余额转入“短期借款”科目。（ ）

## 四、填空题

1. 应缴财政款是指单位取得或应收的按规定应当上缴__________的款项。

2. 单位按照增值税交税主体不同可以划分为一般纳税人和__________________。

3. 应付票据科目核算事业单位因购买材料、物资等而开出、承兑的商业汇票，包括银行承兑汇票和______________________________________________。

4. 其他应付款科目核算行政事业单位除应缴财政款、应付职工薪酬、应交增值税、其他应交税费、应付票据、应付账款、预收账款、应付政府补贴款、应付利息之外的其他各项偿还期限在____________________的应付及暂收款项，如收取的押金等。

5. 应付政府补贴款是指负责发放政府补贴的____________________，按照有关规定应付给政府补贴接受者的各种政府补贴款。

## 五、名词解释

1. 短期借款　　2. 应缴财政款　　3. 应付政府补贴款　4. 或有事项

## 六、简答题

1. 简述事业单位借入款项的科目设置以及管理要求。
2. 请简述或有事项的概念及特征。

## 七、业务题

编制会计分录：

1.（1）2×20 年 4 月 1 日，某事业单位为满足经营活动的资金需要，从银行借入 200 000 元，期限 3 个月，年利率 12%，借款利息月底计提，季末一次支付当季利息。

（2）4 月 30 日，计提当月应支付的利息。

（3）6 月 30 日，到期归还上述借款，并支付当季利息。

2. 行政单位收到代收的行政性收费收入 2 000 元，存入银行，按规定该收入应缴入国库。

3. 事业单位收到罚款 30 000 元，存入银行，按规定应上缴国库。

4.（1）行政单位收到罚没物资一件，凭据注明其价值为 10 000 元，已验收入库。

（2）行政单位拍卖上述罚没物资，取得价款 8 000 元，存入银行。

5. 事业单位为增值税一般纳税人，专业业务部门购买一批自用材料，增值税专用发票上注明金额为 20 000 元（不含税价），增值税税率 13%，材料收到并验收入库，价税均通过财政零余额账户支付。

6. 事业单位为增值税一般纳税人，经营活动部门购进一批生产用材料，增值税专用发票上注明金额为 30 000 元（不含税价），增值税税率 13%，材料收到并验收入库，价税均通过银行账户支付。

7. 事业单位为增值税小规模纳税人，采购一批专业活动用的日常办公用品验收入库，增值税专用发票上注明金额为 8 000 元（不含税价），增值税税率 13%，价税均采用财政授权支付方式支付。

8. 行政单位购买一批包装物，增值税专用发票注明的金额为 1 000 元（不含税价），增值税税率 3%，包装物已验收入库，价税均通过银行存款支付。

9. 事业单位为增值税一般纳税人，购入一批非自用材料，增值税专用发票上注明金额为 10 000 元（不含税价），增值税税率 3%，材料收到并验收入库，价税尚未支付。

10. 事业单位为增值税小规模纳税人，对外销售一批商品，价款 40 000 元（不含税价），价税已收到并存入银行。

11. 事业单位为增值税一般纳税人，对外销售一批商品，价款 50 000 元（不含税价），价税尚未收到。

12.（1）某事业单位计算出本月应付专业业务部门职工基本工资总额为500 000元，其他个人收入325 000元。另外，代扣个人所得税20 000元，代扣由职工个人承担的社会保险费36 000元、住房公积金54 000元，单位配套补贴社会保险费90 000元、住房公积金54 000元。

（2）通过财政直接支付方式将上述应支付款项分别转入职工个人工资账户、社保中心账户、住房公积金账户和税务局账户。

13. 事业单位计算本月应付职工基本工资90 000元，用事业经费发放，款项通过财政零余额账户支付。

14.（1）事业单位为一般纳税人，购入一批经营用的材料价款2 000元（不含税价），增值税税率16%，开出一张无息商业承兑汇票支付价税，期限为30天，材料已验收入库。

（2）30天后，通过银行存款按期支付上述不带息商业承兑汇票。

（3）30天后，事业单位无力支付上述商业承兑汇票。

15. 事业单位因经营活动需要，向银行借入3年期的借款500 000元，年利率6%，按年计提利息费用，到期一次性还本付息。

16. 事业单位为增值税一般纳税人：

（1）经营活动中，收到甲公司预付的A产品货款3 000元，款项存入银行。

（2）发出甲公司订购的A产品，经结算，货款共计10 000元（不含税价），增值税税率13%，不足部分甲公司已用支票付讫。

17. 事业单位开展经营活动（不考虑增值税）：

（1）预收某单位款项20 000元，款项已存入开户银行。

（2）完成合同中规定的部分经营活动业务内容，将题（1）中预收款项20 000元中的15 000元确认为收入。

18. 某事业单位为开展经营活动，以融资租赁方式租入一台机器（无须安装），合同注明租赁费用共计250 000元，分5年支付，于每年年末用银行存款进行支付，不考虑增值税。

第四章

4

# 收入及预算收入的核算

# 4.1 收入和预算收入的概述

在政府会计中，收入属于财务会计要素，预算收入属于预算会计要素。收入与预算收入在基本概念、具体种类、确认和计量方法方面有一定的联系，但也存在明显的区别。

## 4.1.1 收入

收入是指报告期内导致行政事业单位净资产增加的、含有服务潜力或者经济利益的经济资源的流入。行政事业单位的收入按照不同的来源渠道和资金性质分为财政拨款收入、非同级财政拨款收入、事业收入、上级补助收入、附属单位上缴收入、经营收入、投资收益、捐赠收入、利息收入、租金收入、其他收入。收入应当按照权责发生制基础进行确认和计量。

收入的确认应当同时满足以下条件：与收入相关的含有服务潜力或者经济利益的经济资源很可能流入行政事业单位；含有服务潜力或者经济利益的经济资源流入会导致行政事业单位资产增加或者负债减少；流入金额能够可靠地计量。

收入和费用两个财务会计要素建构起行政事业单位的收入费用表。

## 4.1.2 预算收入

预算收入是指行政事业单位在预算年度内依法取得的并纳入预算管理的现金流入。行政事业单位的预算收入按照不同的来源渠道和资金性质分为财政拨款预算收入、非同级财政拨款预算收入、事业预算收入、上级补助预算收入、附属单位上缴预算收入、经营预算收入、债务预算收入、投资预算收益、其他预算收入。

预算收入一般在实际收到时予以确认，以实际收到的金额计量。即预算收入应当按照收付实现制基础进行确认和计量。

预算收入和预算支出两个预算会计要素建构起行政事业单位的预算收入支出表。

# 4.2 财政拨款收入和财政拨款预算收入

## 4.2.1 财政拨款收入

为核算财政拨款收入业务，单位应设置“财政拨款收入”总账科目。本科目核算单位从同级政府财政部门取得的各类财政拨款。同级政府财政部门预拨的下期预算款和没有纳入预算的暂付款项，以及采用实拨资金方式通过本单位转拨给下属单位的财政拨款，通过“其他应付款”科目核算，不通过本科目核算。本科目可按照一般公共预算财政拨款、政府性基金预算财政拨款等拨款种类进行明细核算。期末结转后，本科目应无余额。

（1）在财政直接支付方式下，根据收到的“财政直接支付入账通知书”及相关原始凭证，按照通知书中的直接支付入账金额，借记“库存物品”“固定资产”“业务活动费用”“单位管理费用”“应付职工薪酬”等科目，贷记本科目。涉及增值税业务的，相关账务处理参见“应交增值税”科目。

年末，根据本年度财政直接支付预算指标数与当年财政直接支付实际支付数的差额，借记“财政应返还额度——财政直接支付”科目，贷记本科目。

（2）财政授权支付方式下，根据收到的“财政授权支付额度到账通知书”，按照通知书中的授权支付额度，借记“零余额账户用款额度”科目，贷记本科目。

年末，本年度财政授权支付预算指标数大于零余额账户用款额度下达数的，根据未下达的用款额度，借记“财政应返还额度——财政授权支付”科目，贷记本科目。

（3）其他方式下收到财政拨款收入时，按照实际收到的金额，借记“银行存款”等科目，贷记本科目。

（4）因差错更正或购货退回等发生国库直接支付款项退回的，属于以前年度支付的款项，按照退回金额，借记“财政应返还额度——财政直接支付”科目，贷记“以前年度盈余调整”“库存物品”等科目；属于本年度支付的款项，按照退回金额，借记本科目，贷记“业务活动费用”“库存物品”等科目。

（5）期末，将本科目本期发生额转入本期盈余，借记本科目，贷记“本期盈余”科目。

## 4.2.2 财政拨款预算收入

为核算财政拨款预算收入业务，单位应设置“财政拨款预算收入”总账科目。本科目核算单位从同级政府财政部门取得的各类财政拨款。本科目应当设置“基本支出”和“项目支出”两个明细科目，并按照《政府收支分类科目》中“支出功能分类科目”的项级科目进行明细核算；同时，在“基本支出”明细科目下按照“人员经费”和“日常公用经费”进行明细核算，在“项目支出”明细科目下按照具体项目进行明细核算。有一般公共预算财政拨款、政府性基金预算财政拨款等两种或两种以上财政拨款的单位，还应当按照财政拨款的种类进行明细核算。年末结转后，本科目应无余额。

（1）财政直接支付方式下，单位根据收到的“财政直接支付入账通知书”及相关原始凭证，按照通知书中的直接支付金额，借记“行政支出”“事业支出”等科目，贷记本科目。

年末，根据本年度财政直接支付预算指标数与当年财政直接支付实际支出数的差额，借记“资金结存——财政应返还额度”科目，贷记本科目。

（2）财政授权支付方式下，单位根据收到的“财政授权支付额度到账通知书”，按照通知书中的授权支付额度，借记“资金结存——零余额账户用款额度”科目，贷记本科目。

年末，单位本年度财政授权支付预算指标数大于零余额账户用款额度下达数的，按照两者差额，借记“资金结存——财政应返还额度”科目，贷记本科目。

（3）其他方式下，单位按照本期预算收到财政拨款预算收入时，按照实际收到的金额，借记“资金结存——货币资金”科目，贷记本科目。

单位收到下期预算的财政预拨款时，应当在下个预算期，按照预收的金额，借记“资金结存——货币资金”科目，贷记本科目。

（4）因差错更正、购货退回等发生国库直接支付款项退回的，属于本年度支付的款项，按照退回金额，借记本科目，贷记“行政支出”“事业支出”等科目。

（5）年末，将本科目本年发生额转入财政拨款结转，借记本科目，贷记“财政拨款结转——本年收支结转”科目。

例4-1　12月1日，某事业单位收到单位零余额账户代理银行转来的财政授权支付额度到账通知书，本月取得财政授权支付额度100 000元。

财务会计分录：

| | | |
|---|---|---|
| 借：零余额账户用款额度 | 100 000 | |
| 　　贷：财政拨款收入 | | 100 000 |

预算会计分录：

| | | |
|---|---|---|
| 借：资金结存——零余额账户用款额度 | 100 000 | |
| 　　贷：财政拨款预算收入 | | 100 000 |

例4-2　承例4-1，12月5日，该事业单位收到财政零余额账户代理银行转来的财政直接支付入账通知书，财政零余额账户已为该事业单位支付采购办公设备款120 000元，办公设备已验收并交付使用。

财务会计分录：

| | | |
|---|---|---|
| 借：固定资产 | 120 000 | |
| 　　贷：财政拨款收入 | | 120 000 |

预算会计分录：

借：事业支出　　120 000
　　贷：财政拨款预算收入　　120 000

例4-3　某行政单位尚未实行国库集中支付制度，收到财政部门拨入的本月经费500 000元，已存入银行。

财务会计分录：

借：银行存款　　500 000
　　贷：财政拨款收入　　500 000

预算会计分录：

借：资金结存——货币资金　　500 000
　　贷：财政拨款预算收入　　500 000

例4-4　承例4-1、例4-2，12月15日，该事业单位收到财政零余额账户代理银行转来的财政直接支付入账通知书，财政零余额账户已为该事业单位支付职工工资280 000元。

财务会计分录：

借：应付职工薪酬　　280 000
　　贷：财政拨款收入　　280 000

预算会计分录：

借：事业支出　　280 000
　　贷：财政拨款预算收入　　280 000

例4-5　承例4-1、例4-2、例4-4，年末，该事业单位经核对确认，财政直接支付预算指标数为10 000 000元，全年实际支付9 800 000元；财政授权支付预算指标数为2 000 000元，全年实际下达数1 900 000元，全年实际使用数1 850 000元。按照相关规定，应对财政直接支付方式和财政授权支付方式下未用完的额度进行年末注销。

财务会计分录：

借：财政应返还额度——财政直接支付　　200 000
　　　　　　　　　——财政授权支付　　150 000
　　贷：财政拨款收入　　300 000
　　　　零余额账户用款额度　　50 000

预算会计分录：

借：资金结存——财政应返还额度　　350 000
　　贷：财政拨款预算收入　　300 000
　　　　资金结存——零余额账户用款额度　　50 000

例4-6　承例4-1、例4-2、例4-4、例4-5，年末，该事业单位进行转账，“财政拨款预算收入”科目的期初数为1 200 000元。

财务会计分录：

借：财政拨款收入　　800 000
　　贷：本期盈余　　800 000

预算会计分录：

借：财政拨款预算收入　　　　2 000 000

　　贷：财政拨款结转　　　　2 000 000

实际工作中，在财政直接支付方式下，年末时行政事业单位如果存在未使用完的预算指标数，则在年末确认为单位的财政应返还额度和相应的财政拨款收入，同时在预算会计中确认为资金结存（财政应返还额度）和相应的财政拨款预算收入；在财政授权支付方式下，如果存在未下达的预算数，年末应注销，并确认为单位的财政应返还额度和相应的财政拨款收入，同时在预算会计中确认为资金结存（财政应返还额度）和相应的财政拨款预算收入；如果年末行政事业单位还存在未使用完的单位零余额账户用款额度，也应注销，注销的零余额账户用款额度确认为单位的财政应返还额度，并减少零余额账户用款额度，同时在预算会计中确认为资金结存的财政应返还额度增加和资金结存的零余额账户用款额度减少。

在财政直接支付方式下，财务会计中的财政拨款收入和预算会计中的财政拨款预算收入，都是在收到财政直接支付入账通知书及相关原始凭证，以及年末确认尚未使用的预算指标时确认；在财政授权支付方式下，财务会计中的财政拨款收入和预算会计中的财政拨款预算收入，都是在收到财政授权支付额度到账通知书，以及年末确认尚未收到或下达的预算指标时确认。

在财务会计中确认“财政拨款收入”的同时，进行预算会计的核算，在预算会计中确认相应的“财政拨款预算收入”。

“财政拨款收入”科目是期末结转，即每月将“财政拨款收入”本期发生额结转至“本期盈余”科目；“财政拨款预算收入”科目是年末结转，即年末将“财政拨款预算收入”本年发生额结转至“财政拨款结转”科目。

# 4.3　事业收入和事业预算收入

## 4.3.1　事业收入

由于不同行业的事业单位开展的专业业务活动及其辅助活动的具体内容不尽相同，因此，不同行业事业单位的事业收入的种类也存在差异。例如，高等学校和医院的事业收入种类不同。

为核算事业收入业务，事业单位应设置“事业收入”总账科目。本科目核算事业单位开展专业业务活动及其辅助活动实现的收入，不包括从同级政府财政部门取得的各类财政拨款。本科目应当按照事业收入的类别、来源等进行明细核算。对于因开展科研及其辅助活动从非同级政府财政部门取得的经费拨款，应当在本科目下单设“非同级财政拨款”明细科目进行核算。期末结转后，本科目应无余额。

1. 采用财政专户返还方式管理的事业收入

事业单位实现应上缴财政专户的事业收入时，按照实际收到或应收的金额，借记“银行存款”“应收账款”等科目，贷记“应缴财政款”科目；向财政专户上缴款项时，按照实际上缴的款项金额，借记“应缴财政款”科目，贷记“银行存款”等科目；收到从财政专户返还的事业收入时，按照实际收到的返还金额，借记“银行存款”等科目，贷记本科目。

2. 采用预收款方式确认的事业收入

事业单位实际收到预收款项时，按照收到的款项金额，借记“银行存款”等科目，贷记“预收账款”科目；以合同完成进度确认事业收入时，按照基于合同完成进度计算的金额，借记“预收账款”科目，贷记本科目。

3. 采用应收款方式确认的事业收入

事业单位根据合同完成进度计算本期应收的款项，借记“应收账款”科目，贷记本科目；实际收到款项时，借记“银行存款”等科目，贷记“应收账款”科目。

4. 其他方式下确认的事业收入

事业单位按照实际收到的金额，借记“银行存款”“库存现金”等科目，贷记本科目。

上述2至4中涉及增值税业务的，相关账务处理参见“应交增值税”科目内容。

5. 期末结转事业收入

期末，将本科目本期发生额转入本期盈余，借记本科目，贷记“本期盈余”科目。

## 4.3.2 事业预算收入

为核算事业预算收入业务，事业单位应设置“事业预算收入”总账科目。本科目核算事业单位开展专业业务活动及其辅助活动取得的现金流入。事业单位因开展科研及其辅助活动从非同级政府财政部门取得的经费拨款，也通过本科目核算。本科目应当按照事业预算收入类别、项目、来源、《政府收支分类科目》中“支出功能分类科目”的项级科目等进行明细核算。对于因开展科研及其辅助活动从非同级政府财政部门取得的经费拨款，应当在本科目下单设“非同级财政拨款”明细科目进行明细核算；事业预算收入中如有专项资金收入，还应按照具体项目进行明细核算。年末结转后，本科目应无余额。

1. 采用财政专户返还方式管理的事业预算收入

事业单位收到从财政专户返还的事业预算收入时，按照实际收到的返还金额，借记“资金结存——货币资金”科目，贷记本科目。

2. 收到其他事业预算收入时

事业单位按照实际收到的款项金额，借记“资金结存——货币资金”科目，贷记本科目。

3. 年末结转事业预算收入

事业单位将本科目本年发生额中的专项资金收入转入非财政拨款结转，借记本科目下各专项资金收入明细科目，贷记“非财政拨款结转——本年收支结转”科目；将本科目本年发生额中的非专项资金收入转入其他结余，借记本科目下各非专项资金收入明细科目，贷记“其他结余”科目。

例4-7 12月1日，某事业单位收到一笔采用财政专户返还方式管理的事业收入200 000元，款项已存入银行。数日后，该事业单位通过银行存款向财政专户上缴该笔款项。次月，该事业单位收到从财政专户返还的事业收入80 000元（该资金为专项资金），款项已存入银行。

① 收到采用财政专户返还方式管理的事业收入时

财务会计分录：

| | | |
|---|---|---|
| 借：银行存款 | 200 000 | |
| 　　贷：应缴财政款 | | 200 000 |

预算会计分录：无。

② 通过银行存款向财政专户上缴该笔款项时

财务会计分录：

| | | |
|---|---|---|
| 借：应缴财政款 | 200 000 | |
| 　　贷：银行存款 | | 200 000 |

预算会计分录：无。

③ 收到从财政专户返还的事业收入（专项资金）时

财务会计分录：

| | | |
|---|---|---|
| 借：银行存款 | 80 000 | |
| 　　贷：事业收入 | | 80 000 |

预算会计分录：

| | | |
|---|---|---|
| 借：资金结存——货币资金 | 80 000 | |
| 　　贷：事业预算收入——专项资金 | | 80 000 |

例4-8 12月5日，某事业单位按照合同约定从付款方预收一笔事业活动款项200 000元，款项已存入银行。年末，该事业单位按合同完成进度计算确认当年实现的事业收入为120 000元。次年，合同全部完成，该单位确认剩余合同的事业收入80 000元。

① 从付款方预收款项时

财务会计分录：

| | | |
|---|---|---|
| 借：银行存款 | 200 000 | |
| 　　贷：预收账款 | | 200 000 |

预算会计分录：

| | | |
|---|---|---|
| 借：资金结存——货币资金 | 200 000 | |
| 　　贷：事业预算收入 | | 200 000 |

② 年末，确认当年实现的事业收入时

财务会计分录：

借：预收账款　　120 000

　　贷：事业收入　　120 000

预算会计分录：无。

③ 次年，合同全部完成，确认剩余合同的事业收入时

财务会计分录：

借：预收账款　　80 000

　　贷：事业收入　　80 000

预算会计分录：无。

例 4-9　某事业单位按合同约定开展一项专业业务活动，月末，该事业单位按合同完成进度计算确认当月实现的事业收入为 180 000 元，款项尚未收到。次月，该事业单位收到上月实现的事业收入 180 000 元。

① 月末，确认当月实现的事业收入时

财务会计分录：

借：应收账款　　180 000

　　贷：事业收入　　180 000

预算会计分录：无。

② 次月，收到上月实现的事业收入时

财务会计分录：

借：银行存款　　180 000

　　贷：应收账款　　180 000

预算会计分录：

借：资金结存——货币资金　　180 000

　　贷：事业预算收入　　180 000

例 4-10　某事业单位在开展专业业务活动中收到现金 900 元。

财务会计分录：

借：库存现金　　900

　　贷：事业收入　　900

预算会计分录：

借：资金结存——货币资金　　900

　　贷：事业预算收入　　900

例 4-11　某事业单位 12 月末结转“事业收入”科目 12 月的发生额 500 000 元；结转“事业预算收入”科目全年的本年发生额 6 000 000 元（其中专项资金 1 000 000 元）。

财务会计分录：

借：事业收入　　500 000

　　贷：本期盈余　　500 000

预算会计分录：

借：事业预算收入——专项资金　　1 000 000

　　　　　　　——非专项资金　　5 000 000

　贷：非财政拨款结转——本年收支结转　　1 000 000

　　　其他结余　　5 000 000

事业预算收入是指事业单位开展专业业务活动及其辅助活动取得的现金流入，而事业收入是指事业单位开展专业业务活动及其辅助活动实现的收入，前者体现了收付实现制，后者体现了权责发生制。

在财务会计中确认“事业收入”时，如果款项已经收到并且该款项是纳入单位预算管理的，则同时进行预算会计的核算，在预算会计中确认相应的“事业预算收入”。

“事业收入”科目是期末结转，即每月将“事业收入”本期发生额结转至“本期盈余”科目；“事业预算收入”科目是年末结转，即年末将“事业预算收入”本年发生额中的专项资金收入结转至“非财政拨款结转”科目，将“事业预算收入”本年发生额中的非专项资金收入结转至“其他结余”科目。

## 4.4　上级补助收入和上级补助预算收入

### 4.4.1　上级补助收入

上级补助收入是指事业单位从主管部门和上级单位取得的非财政拨款收入。它不同于财政补助收入。财政补助收入来源于同级财政部门，资金性质为财政资金；上级补助收入来源于主管部门或上级单位，资金性质为非财政资金，如主管部门或上级单位自身组织的收入或集中下级单位的收入等。另外，财政补助收入属于事业单位的常规性收入，是事业单位开展业务活动的基本保证；上级补助收入属于事业单位的非常规性收入，主管部门或上级单位一般是根据自身资金情况和事业单位的需要，向事业单位拨付上级补助资金。

为核算上级补助收入业务，事业单位应设置“上级补助收入”总账科目。本科目核算事业单位从主管部门和上级单位取得的非财政拨款收入。本科目应当按照发放补助单位、补助项目等进行明细核算。期末结转后，本科目应无余额。

事业单位确认上级补助收入时，按照应收或实际收到的金额，借记“其他应收款”“银行存款”等科目，贷记本科目。实际收到应收的上级补助款时，按照实际收到的金额，借记“银行存款”等科目，贷记“其他应收款”科目。期末，将本科目本期发生额转入本期盈余，借记本科目，贷记“本期盈余”科目。

## 4.4.2 上级补助预算收入

为了核算上级补助预算收入业务，事业单位应设置“上级补助预算收入”总账科目。本科目核算事业单位从主管部门和上级单位取得的非财政补助现金流入。本科目应当按照发放补助单位、补助项目、《政府收支分类科目》中“支出功能分类科目”的项级科目等进行明细核算。上级补助预算收入中如有专项资金收入，还应按照具体项目进行明细核算。年末结转后，本科目应无余额。

事业单位收到上级补助预算收入时，按照实际收到的金额，借记“资金结存——货币资金”科目，贷记本科目。年末，将本科目本年发生额中的专项资金收入转入非财政拨款结转，借记本科目下各专项资金收入明细科目，贷记“非财政拨款结转——本年收支结转”科目；将本科目本年发生额中的非专项资金收入转入其他结余，借记本科目下各非专项资金收入明细科目，贷记“其他结余”科目。

例4-12　12月5日，某事业单位收到上级单位拨入的一笔非财政补助资金80 000元，款项已存入银行。该笔资金专项用于支持该事业单位的A项目专业业务活动。

财务会计分录：

| | | |
|---|---|---|
| 借：银行存款 | 80 000 | |
| 　　贷：上级补助收入——上级单位——专项资金——A项目 | | 80 000 |

预算会计分录：

| | | |
|---|---|---|
| 借：资金结存——货币资金 | 80 000 | |
| 　　贷：上级补助预算收入——上级单位——专项资金——A项目 | | 80 000 |

例4-13　承例4-12，该事业单位于12月底结账，将本月的“上级补助收入”科目发生额80 000元结转，并结转“上级补助预算收入”科目本年发生额，期初余额700 000元（其中专项资金520 000元），本月贷方发生额80 000元。

财务会计分录：

| | | |
|---|---|---|
| 借：上级补助收入 | 80 000 | |
| 　　贷：本期盈余 | | 80 000 |

预算会计分录：

| | | |
|---|---|---|
| 借：上级补助预算收入——专项资金 | 600 000 | |
| 　　　　　　　　　　——非专项资金 | 180 000 | |
| 　　贷：非财政拨款结转——本年收支结转 | | 600 000 |
| 　　　　其他结余 | | 180 000 |

事业单位在确认尚未收到的上级补助收入时，在财务会计中，借记“其他应收款”科目，贷记“上级补助收入”科目；此时，不进行预算会计核算。

在财务会计中确认“上级补助收入”时，如果款项已经收到并且该款项是纳入单位预算管理的，则同时进行预算会计的核算，在预算会计中确认相应的“上级补助预算收入”。

“上级补助收入”科目是期末结转，即每月将“上级补助收入”本期发生额结转至“本期盈余”科目；“上级补助预算收入”科目是年末结转，即年末将“上级补助预算收入”本年发生额中的专项资金收入结转至“非财政拨款结转”科目，将“上级补助预算收入”本年发生额中的非专项资金收入结转至“其他结余”科目。

# 4.5 附属单位上缴收入和附属单位上缴预算收入

## 4.5.1 附属单位上缴收入

附属单位上缴收入是指事业单位取得的附属独立核算单位按照有关规定上缴的收入。事业单位的附属独立核算单位可能是事业单位，也可能是企业。事业单位的附属独立核算单位通常按规定的标准或比例向事业单位上缴款项，从而形成事业单位的附属单位上缴收入。事业单位的附属单位上缴收入包括附属的事业单位上缴的收入和附属的企业上缴的利润等。

为核算附属单位上缴收入业务，事业单位应设置“附属单位上缴收入”总账科目。本科目核算事业单位取得的附属独立核算单位按照有关规定上缴的收入。本科目应当按照附属单位、缴款项目等进行明细核算。期末结转后，本科目应无余额。

事业单位确认附属单位上缴收入时，按照应收或收到的金额，借记“其他应收款”“银行存款”等科目，贷记本科目；实际收到应收附属单位上缴款时，按照实际收到的金额，借记“银行存款”等科目，贷记“其他应收款”科目；期末，将本科目本期发生额转入本期盈余，借记本科目，贷记“本期盈余”科目。

## 4.5.2 附属单位上缴预算收入

为核算附属单位上缴预算收入业务，事业单位应设置“附属单位上缴预算收入”总账科目。本科目核算事业单位取得附属独立核算单位根据有关规定上缴的现金流入。本科目应当按照附属单位、缴款项目、《政府收支分类科目》中“支出功能分类科目”的项级科目等进行明细核算。附属单位上缴预算收入中如有专项资金收入的，还应按照具体项目进行明细核算。年末结转后，本科目应无余额。

事业单位收到附属单位缴来款项时，按照实际收到的金额，借记“资金结存——货币资金”科目，贷记本科目。年末，将本科目本年发生额中的专项资金收入转入非财政拨款结转，借记本科目下各专项资金收入明细科目，贷记“非财政拨款结转——本年收支结转”科目；将本科目本年发生额中的非专项资金收入转入其他结余，借记本科目下各非专项资金收入明细科目，贷记“其他结余”科目。

例4-14　某事业单位收到一笔附属单位上缴收入30 000元，款项已存入银行。

财务会计分录：

借：银行存款　　30 000

　　贷：附属单位上缴收入　　30 000

预算会计分录：

借：资金结存——货币资金　　30 000

　　贷：附属单位上缴预算收入　　30 000

例4-15　某事业单位于12月底结账，将本月的“附属单位上缴收入”科目发生额150 000元结转，并结转“附属单位上缴预算收入”科目本年发生额，期初余额600 000元（其中专项资金200 000元），本月贷方发生额100 000元（非专项资金）。

财务会计分录：

借：附属单位上缴收入　　150 000

　　贷：本期盈余　　150 000

预算会计分录：

借：附属单位上缴预算收入——专项资金　　200 000

　　　　　　　　　　　　——非专项资金　　500 000

　　贷：非财政拨款结转——本年收支结转　　200 000

　　　　其他结余　　500 000

事业单位在确认尚未收到的附属单位上缴收入时，在财务会计中借记“其他应收款”科目，贷记“附属单位上缴收入”科目；此时，不进行预算会计核算。

在财务会计中确认“附属单位上缴收入”时，如果款项已经收到并且该款项是纳入单位预算管理的，则同时进行预算会计的核算，在预算会计中确认相应的“附属单位上缴预算收入”。

“附属单位上缴收入”科目是期末结转，即每月将“附属单位上缴收入”本期发生额结转至“本期盈余”科目；“附属单位上缴预算收入”科目是年末结转，即年末将“附属单位上缴预算收入”本年发生额中的专项资金收入结转至“非财政拨款结转”科目，将“附属单位上缴预算收入”本年发生额中的非专项资金收入结转至“其他结余”科目。

# 4.6 经营收入和经营预算收入

## 4.6.1 经营收入

经营收入是指事业单位在专业业务活动及其辅助活动之外开展非独立核算经营活动取得的收入。事业单位的经营收入与附属单位上缴收入的主要区别是，经营收入是事业单位开展非独立核算经营活动取得的收入，附属单位上缴收入是指事业单位取得的附属独立核算单位按照有关规定上缴的收入。事业单位开展的非独立核算经营活动应当是小规模的，不便或无法形成独立核算单位。如果经营活动规模较大，应尽可能组建附属独立核算单位。然后按照相关规定向事业单位上缴款项，形成事业单位的附属单位上缴收入。

为核算经营收入业务，事业单位应设置“经营收入”总账科目。本科目核算事业单位在专业业务活动及其辅助活动之外开展非独立核算经营活动取得的收入。本科目应当按照经营活动类别、项目和收入来源等进行明细核算。期末结转后，本科目应无余额。

经营收入应当在提供服务或发出存货，同时收讫价款或者取得索取价款的凭据时，按照实际收到或应收的金额予以确认。

事业单位实现经营收入时，按照确定的收入金额，借记“银行存款”“应收账款”“应收票据”等科目，贷记本科目。涉及增值税业务的，相关账务处理参见“应交增值税”科目内容。期末，将本科目本期发生额转入本期盈余，借记本科目，贷记“本期盈余”科目。

## 4.6.2 经营预算收入

为核算经营预算收入业务，事业单位应设置“经营预算收入”总账科目。本科目核算事业单位在专业业务活动及其辅助活动之外开展非独立核算经营活动取得的现金流入。本科目应当按照经营活动类别、项目、《政府收支分类科目》中“支出功能分类科目”的项级科目等进行明细核算。年末结转后，本科目应无余额。

事业单位收到经营预算收入时，按照实际收到的金额，借记“资金结存——货币资金”科目，贷记本科目。年末，将本科目本年发生额转入经营结余，借记本科目，贷记“经营结余”科目。

例4-16　某事业单位开展非独立核算经营活动，取得经营收入9 000元，款项已存入银行（暂不考虑增值税）。

财务会计分录：

借：银行存款　　9 000

贷：经营收入 9 000

预算会计分录：

借：资金结存——货币资金 9 000

贷：经营预算收入 9 000

例4-17 某事业单位于12月底结账，将本月的“经营收入”科目发生额160 000元结转，并结转“经营预算收入”科目本年发生额，期初余额900 000元，本月贷方发生额60 000元。

财务会计分录：

借：经营收入 160 000

贷：本期盈余 160 000

预算会计分录：

借：经营预算收入 960 000

贷：经营结余 960 000

事业单位在确认尚未收到的经营收入时，在财务会计中，借记“应收账款”或“应收票据”科目，贷记“经营收入”科目；此时，不进行预算会计核算。

在财务会计中确认“经营收入”时，如果款项已经收到并且该款项是纳入单位预算管理的，则同时进行预算会计的核算，在预算会计中确认相应的“经营预算收入”。

“经营收入”科目是期末结转，即每月将“经营收入”本期发生额结转至“本期盈余”科目；“经营预算收入”科目是年末结转，即年末将“经营预算收入”本年发生额结转至“经营结余”科目。

## 4.7 非同级财政拨款收入和非同级财政拨款预算收入

### 4.7.1 非同级财政拨款收入

为核算非同级财政拨款收入业务，单位应设置“非同级财政拨款收入”总账科目。本科目核算单位从非同级政府财政部门取得的经费拨款，包括从同级政府其他部门取得的横向转拨财政款、从上级或下级政府财政部门取得的经费拨款等。事业单位因开展科研及其辅助活动从非同级政府财政部门取得的经费拨款，应当通过“事业收入——非同级财政拨款”科目核算，不通过本科目核算。本科目应当按照本级横向转拨财政款和非本级财政拨款进行明细核算，并按照收入来源进行明细核算。期末结转后，本科目应无余额。

单位确认非同级财政拨款收入时，按照应收或实际收到的金额，借记“其他应收款”“银行存款”等科目，贷记本科目。期末，将本科目本期发生额转入本期盈余，借记本科目，贷记“本期盈余”科目。

### 4.7.2 非同级财政拨款预算收入

为核算非同级财政拨款预算收入业务，单位应设置“非同级财政拨款预算收入”总账科目。本科目核算单位从非同级政府财政部门取得的财政拨款，包括本级横向转拨财政款和非本级财政拨款。对于因开展科研及其辅助活动从非同级政府财政部门取得的经费拨款，应当通过“事业预算收入——非同级财政拨款”科目进行核算，不通过本科目核算。本科目应当按照非同级财政拨款预算收入的类别、来源、《政府收支分类科目》中“支出功能分类科目”的项级科目等进行明细核算。非同级财政拨款预算收入中如有专项资金收入，还应按照具体项目进行明细核算。年末结转后，本科目应无余额。

单位取得非同级财政拨款预算收入时，按照实际收到的金额，借记“资金结存——货币资金”科目，贷记本科目。年末，将本科目本年发生额中的专项资金收入转入非财政拨款结转，借记本科目下各专项资金收入明细科目，贷记“非财政拨款结转——本年收支结转”科目；将本科目本年发生额中的非专项资金收入转入其他结余，借记本科目下各非专项资金收入明细科目，贷记“其他结余”科目。

例4-18　某省属高校收到所在地市财政拨付给本单位的一笔经费500 000元，用于高校发展，款项已存入银行。

财务会计分录：

| | | |
|---|---|---|
| 借：银行存款 | 500 000 | |
| 　　贷：非同级财政拨款收入 | | 500 000 |

预算会计分录：

| | | |
|---|---|---|
| 借：资金结存——货币资金 | 500 000 | |
| 　　贷：非同级财政拨款预算收入 | | 500 000 |

例4-19　某事业单位于12月底结账，将本月的“非同级财政拨款收入”科目发生额500 000元结转，并结转“非同级财政拨款预算收入”科目本年发生额，期初余额800 000元（其中专项资金600 000元），本月贷方发生额500 000元（专项资金）。

财务会计分录：

| | | |
|---|---|---|
| 借：非同级财政拨款收入 | 500 000 | |
| 　　贷：本期盈余 | | 500 000 |

预算会计分录：

| | | |
|---|---|---|
| 借：非同级财政拨款预算收入——专项资金 | 1 100 000 | |
| 　　　　　　　　　　　　　——非专项资金 | 200 000 | |
| 　　贷：非财政拨款结转——本年收支结转 | | 1 100 000 |

其他结余 200 000

单位在确认尚未收到的非同级财政拨款收入时，在财务会计中借记“其他应收款”科目，贷记“非同级财政拨款收入”科目；此时，不进行预算会计核算。

在财务会计中确认“非同级财政拨款收入”时，如果款项已经收到并且该款项是纳入单位预算管理的，则同时进行预算会计的核算，在预算会计中确认相应的“非同级财政拨款预算收入”。

“非同级财政拨款收入”科目是期末结转，即每月将“非同级财政拨款收入”本期发生额结转至“本期盈余”科目；“非同级财政拨款预算收入”科目是年末结转，即年末将“非同级财政拨款预算收入”本年发生额中的专项资金收入结转至“非财政拨款结转”科目，将“非同级财政拨款预算收入”本年发生额中的非专项资金收入结转至“其他结余”科目。

# 4.8 投资收益和投资预算收益

## 4.8.1 投资收益

为核算投资收益业务，事业单位应设置“投资收益”总账科目。本科目核算事业单位股权投资和债券投资所实现的收益或发生的损失。本科目应当按照投资的种类等进行明细核算。期末结转后，本科目应无余额。

（1）收到短期投资持有期间的利息时，按照实际收到的金额，借记“银行存款”科目，贷记“投资收益”科目。

（2）出售或到期收回短期债券本息时，按照实际收到的金额，借记“银行存款”科目，按照出售或收回短期投资的成本，贷记“短期投资”科目，按照其差额，贷记或借记本科目。涉及增值税业务的，相关账务处理参见“应交增值税”科目。

（3）持有的分期付息、一次还本的长期债券投资，按期确认利息收入时，按照计算确定的应收未收利息，借记“应收利息”科目，贷记本科目；持有的到期一次还本付息的债券投资，按期确认利息收入时，按照计算确定的应收未收利息，借记“长期债券投资——应计利息”科目，贷记本科目。

（4）出售长期债券投资或到期收回长期债券投资本息时，按照实际收到的金额，借记“银行存款”等科目，按照债券初始投资成本和已计未收利息金额，贷记“长期债券投资——成本、应计利息”科目（到期一次还本付息债券）或“长期债券投资”“应收利息”科目（分期付息债券），按照其差额，贷记或借记本科目。涉及增值税业务的，相关账务处理参见“应交增值税”科目内容。

（5）采用成本法核算的长期股权投资持有期间，被投资单位宣告分派现金股利或利润时，按照宣告分派的现金股利或利润中属于单位应享有的份额，借记“应收股利”科目，贷记本科目。采用权益法核算的长期股权投资持有期间，按照应享有或应分担的被投资单位实现的净损益的份额，借记或贷记“长期股权投资——损益调整”科目，贷记或借记本科目；被投资单位发生净亏损，但以后年度又实现净利润的，单位在其收益分享额弥补未确认的亏损分担额等后，恢复确认投资收益，借记“长期股权投资——损益调整”科目，贷记本科目。

（6）按照规定处置长期股权投资时有关投资收益的账务处理，参见“长期股权投资”科目内容。

（7）期末，将本科目本期发生额转入本期盈余，借记或贷记本科目，贷记或借记“本期盈余”科目。

### 4.8.2 投资预算收益

为核算投资预算收益业务，事业单位应设置“投资预算收益”总账科目。本科目核算事业单位取得的按照规定纳入部门预算管理的属于投资收益性质的现金流入，包括股权投资收益、出售或收回债券投资所取得的收益和债券投资利息收入。本科目应当按照《政府收支分类科目》中“支出功能分类科目”的项级科目等进行明细核算。年末结转后，本科目应无余额。

（1）出售或到期收回本年度取得的短期、长期债券，按照实际取得的价款或实际收到的本息金额，借记“资金结存——货币资金”科目，按照取得债券时“投资支出”科目的发生额，贷记“投资支出”科目，按照其差额，贷记或借记本科目。

出售或到期收回以前年度取得的短期、长期债券时，按照实际取得的价款或实际收到的本息金额，借记“资金结存——货币资金”科目，按照取得债券时“投资支出”科目的发生额，贷记“其他结余”科目，按照其差额，贷记或借记本科目。

出售、转让以货币资金取得的长期股权投资的，其账务处理参照出售或到期收回债券投资。

（2）持有的短期投资以及分期付息、一次还本的长期债券投资收到利息时，按照实际收到的金额，借记“资金结存——货币资金”科目，贷记本科目。

（3）持有长期股权投资取得被投资单位分派的现金股利或利润时，按照实际收到的金额，借记“资金结存——货币资金”科目，贷记本科目。

（4）出售、转让以非货币性资产取得的长期股权投资时，按照实际取得的价款扣减支付的相关费用和应缴财政款后的余额（按照规定纳入单位预算管理的），借记“资金结存——货币资金”科目，贷记本科目。

（5）年末，将本科目本年发生额转入其他结余，借记或贷记本科目，贷记或借记“其他结余”科目。

例 4-20　某事业单位收到短期投资持有期间的利息 5 000 元，款项已存入银行。

财务会计分录：

借：银行存款　　5 000
　　贷：投资收益　　5 000
预算会计分录：
借：资金结存——货币资金　　5 000
　　贷：投资预算收益　　5 000

例4-21　某事业单位持有A公司7%的股份，无权决定A公司的财务和经营政策，也无权参与A公司的财务和经营政策决策，相应的长期股权投资采用成本法核算。某日，A公司宣告分派现金股利800 000元，该事业单位按持股比例可分享相应的股利56 000元，数日后，该事业单位收到A公司分派的现金股利56 000元，已存入银行。

① 确认可分享的股利时
财务会计分录：
借：应收股利　　56 000
　　贷：投资收益　　56 000
预算会计分录：无。
② 收到现金股利时
财务会计分录：
借：银行存款　　56 000
　　贷：应收股利　　56 000
预算会计分录：
借：资金结存——货币资金　　56 000
　　贷：投资预算收益　　56 000

例4-22　某事业单位于12月底结账，将本月的“投资收益”科目发生额56 000元结转，并结转“投资预算收益”科目贷方余额，期初余额764 000元，本月贷方发生额56 000元。

财务会计分录：
借：投资收益　　56 000
　　贷：本期盈余　　56 000
预算会计分录：
借：投资预算收益　　820 000
　　贷：其他结余　　820 000

在财务会计中确认“投资收益”时，如果款项已经收到并且该款项是纳入单位预算管理的，则同时进行预算会计的核算，在预算会计中确认相应的“投资预算收益”。

“投资收益”科目是期末结转，即每月将“投资收益”本期发生额结转至“本期盈余”科目；“投资预算收益”科目是年末结转，即年末将“投资预算收益”本年发生额结转至“其他结余”科目。

## 4.9 债务预算收入

为核算债务预算收入业务，事业单位应设置“债务预算收入”总账科目。本科目核算事业单位按照规定从银行和其他金融机构等借入的、纳入部门预算管理的、不以财政资金作为偿还来源的债务本金。本科目应当按照贷款单位、贷款种类、《政府收支分类科目》中“支出功能分类科目”的项级科目等进行明细核算。债务预算收入中如有专项资金收入，还应按照具体项目进行明细核算。年末结转后，本科目应无余额。

事业单位借入各项短期或长期借款时，按照实际借入的金额，借记“资金结存——货币资金”科目，贷记本科目。年末，将本科目本年发生额中的专项资金收入转入非财政拨款结转，借记本科目下各专项资金收入明细科目，贷记“非财政拨款结转——本年收支结转”科目；将本科目本年发生额中的非专项资金收入转入其他结余，借记本科目下各非专项资金收入明细科目，贷记“其他结余”科目。

例4-23　某事业单位经批准于3月1日向银行借入期限为6个月的借款500 000元，已存入银行，借款利率6%，到期通过银行存款还本付息。

① 借入款项时

财务会计分录：

| | | |
|---|---|---|
| 借：银行存款 | 500 000 | |
| 　　贷：短期借款 | | 500 000 |

预算会计分录：

| | | |
|---|---|---|
| 借：资金结存——货币资金 | 500 000 | |
| 　　贷：债务预算收入 | | 500 000 |

② 还本付息时

财务会计分录：

| | | |
|---|---|---|
| 借：短期借款 | 500 000 | |
| 　　其他费用 | 15 000 | |
| 　　贷：银行存款 | | 515 000 |

预算会计分录：

| | | |
|---|---|---|
| 借：债务还本支出 | 500 000 | |
| 　　其他支出 | 15 000 | |
| 　　贷：资金结存——货币资金 | | 515 000 |

③ 年末结转“债务预算收入”“债务还本支出”科目本年发生额时（假设该单位全年借款和还款仅有这一笔业务）

财务会计分录：无。

预算会计分录：

| | | |
|---|---|---|
| 借：债务预算收入 | 500 000 | |

贷：其他结余 500 000

借：其他结余 500 000

贷：债务还本支出 500 000

例4-24　某事业单位经批准于4月1日向银行借入期限为36个月的借款1 000 000元，已存入银行，借款利率6.96%，利息每月用银行存款支付，到期还本；该借款用于固定资产建设，该固定资产于30个月后完成。

① 借入款项时

财务会计分录：

借：银行存款 1 000 000

贷：长期借款 1 000 000

预算会计分录：

借：资金结存——货币资金 1 000 000

贷：债务预算收入 1 000 000

② 1到30个月，每月支付利息时

财务会计分录：

借：在建工程 5 800

贷：银行存款 5 800

预算会计分录：

借：其他支出 5 800

贷：资金结存——货币资金 5 800

③ 第31个月开始支付利息时

财务会计分录：

借：其他费用 5 800

贷：银行存款 5 800

预算会计分录：

借：其他支出 5 800

贷：资金结存——货币资金 5 800

④ 到期还本时

财务会计分录：

借：长期借款 1 000 000

贷：银行存款 1 000 000

预算会计分录：

借：债务还本支出 1 000 000

贷：资金结存——货币资金 1 000 000

# 4.10 捐赠收入、利息收入、租金收入、其他收入和其他预算收入

## 4.10.1 捐赠收入

为核算捐赠收入业务，单位应设置“捐赠收入”总账科目。本科目核算单位接受其他单位或者个人捐赠取得的收入。本科目应当按照捐赠资产的用途和捐赠单位等进行明细核算。期末结转后，本科目应无余额。

单位接受捐赠的货币资金，按照实际收到的金额，借记“银行存款”“库存现金”等科目，贷记本科目。接受捐赠的存货、固定资产等非现金资产，按照确定的成本，借记“库存物品”“固定资产”等科目，按照发生的相关税费、运输费等，贷记“银行存款”等科目，按照其差额，贷记本科目。接受捐赠的资产按照名义金额入账的，按照名义金额，借记“库存物品”“固定资产”等科目，贷记本科目；同时，按照发生的相关税费、运输费等，借记“其他费用”科目，贷记“银行存款”等科目。期末，将本科目本期发生额转入本期盈余，借记本科目，贷记“本期盈余”科目。

例4-25　12月2日，某事业单位接受捐赠一笔货币资金200 000元，款项已存入银行，按捐赠约定规定该捐赠款只能用于A项目。

财务会计分录：

| | | |
|---|---|---|
| 借：银行存款 | 200 000 | |
| 　　贷：捐赠收入——A项目 | | 200 000 |

预算会计分录：

| | | |
|---|---|---|
| 借：资金结存——货币资金 | 200 000 | |
| 　　贷：其他预算收入——捐赠预算收入——A项目 | | 200 000 |

例4-26　承例4-25，12月15日，该事业单位收到某企业捐赠的计算机20台，共计100 000元。计算机已验收并已投入使用。

财务会计分录：

| | | |
|---|---|---|
| 借：固定资产 | 100 000 | |
| 　　贷：捐赠收入——A项目 | | 100 000 |

预算会计分录：无。

例4-27　承例4-25、例4-26，该事业单位于12月底结账，将本月的“捐赠收入”科目本期发生额300 000元结转，并结转对应的“其他预算收入——捐赠预算收入”科目本年发生额，期初余额600 000元（其中专项资金500 000元），本月贷方发生额200 000元（专项资金）。

财务会计分录：

借：捐赠收入　　300 000
　贷：本期盈余　　300 000
预算会计分录：
借：其他预算收入——捐赠预算收入——专项资金　　700 000
　　　　　　　　　　　　　　　——非专项资金　　100 000
　贷：非财政拨款结转——本年收支结转　　700 000
　　　其他结余　　100 000

在财务会计中确认已经收到的“捐赠收入”（货币资金）时，如果该款项是纳入单位预算管理的，则同时进行预算会计的核算，在预算会计中确认相应的“其他预算收入——捐赠预算收入”。

“捐赠收入”科目是期末结转，即每月将“捐赠收入”本期发生额结转至“本期盈余”科目；对应的“其他预算收入——捐赠预算收入”科目是年末结转，即年末将“其他预算收入——捐赠预算收入”本年发生额中的专项资金收入结转至“非财政拨款结转——本年收支结转”科目，将“其他预算收入——捐赠预算收入”本年发生额中的非专项资金收入结转至“其他结余”科目。

### 4.10.2 利息收入

为核算利息收入业务，单位应设置“利息收入”总账科目。本科目核算单位取得的银行存款利息收入。期末结转后，本科目应无余额。

取得银行存款利息时，按照实际收到的金额，借记“银行存款”科目，贷记本科目。期末，将本科目本期发生额转入本期盈余，借记本科目，贷记“本期盈余”科目。

例4-28　12 月31 日，某事业单位收到银行通知，本期利息收入共计2 300 元，已存入银行账号。

财务会计分录：
借：银行存款　　2 300
　贷：利息收入　　2 300
预算会计分录：
借：资金结存——货币资金　　2 300
　贷：其他预算收入——利息预算收入　　2 300

例4-29　承例4-28，12 月31 日，该事业单位将本月的“利息收入”科目本期发生额2 300 元结转，并结转对应的“其他预算收入——利息预算收入”科目本年发生额，期初余额6 700 元。

财务会计分录：
借：利息收入　　2 300
　贷：本期盈余　　2 300
预算会计分录：

借：其他预算收入——利息预算收入　　9 000
　　贷：其他结余　　9 000

在财务会计中确认收到的“利息收入”时，同时进行预算会计的核算，在预算会计中确认相应的“其他预算收入——利息预算收入”。

“利息收入”科目是期末结转，即每月将“利息收入”本期发生额结转至“本期盈余”科目；对应的“其他预算收入——利息预算收入”科目是年末结转，即年末将“其他预算收入——利息预算收入”本年发生额结转至“其他结余”科目。

### 4.10.3 租金收入

为核算租金收入业务，单位应设置“租金收入”总账科目。本科目核算单位经批准利用国有资产出租取得并按照规定纳入本单位预算管理的租金收入。本科目应当按照出租国有资产类别和收入来源等进行明细核算。期末结转后，本科目应无余额。

国有资产出租收入，应当在租赁期内各个期间按照直线法予以确认。

采用预收租金方式的，预收租金时，按照收到的金额，借记“银行存款”等科目，贷记“预收账款”科目；分期确认租金收入时，按照各期租金金额，借记“预收账款”科目，贷记本科目。采用后付租金方式的，每期确认租金收入时，按照各期租金金额，借记“应收账款”科目，贷记本科目；收到租金时，按照实际收到的金额，借记“银行存款”等科目，贷记“应收账款”科目。采用分期收取租金方式的，每期收取租金时，按照租金金额，借记“银行存款”等科目，贷记本科目。

涉及增值税业务的，相关账务处理参见“应交增值税”科目内容。

期末，将本科目本期发生额转入本期盈余，借记本科目，贷记“本期盈余”科目。

例4-30　某事业单位经批准采用预收租金方式出租一项固定资产，预收1年的租金120 000元，已存入银行，每月确认租金收入10 000元（暂不考虑相关税费）。

① 预收租金时

财务会计分录：

借：银行存款　　120 000
　　贷：预收账款　　120 000

预算会计分录：

借：资金结存——货币资金　　120 000
　　贷：其他预算收入——租金预算收入　　120 000

② 每月确认租金收入时

财务会计分录：

借：预收账款　　10 000
　　贷：租金收入　　10 000

预算会计分录：无。



例4-31　某事业单位12月31日结转“租金收入”科目本月发生额10 000元，并结转对应的“其他预算收入——租金预算收入”科目本年发生额210 000元。

财务会计分录：

借：租金收入　　10 000

　　贷：本期盈余　　10 000

预算会计分录：

借：其他预算收入——租金预算收入　　210 000

　　贷：其他结余　　210 000

在财务会计中确认“租金收入”时，如果款项已经收到并且该款项是纳入单位预算管理的，则同时进行预算会计的核算，在预算会计中确认相应的“其他预算收入——租金预算收入”。

“租金收入”科目是期末结转，即每月将“租金收入”本期发生额结转至“本期盈余”科目；对应的“其他预算收入——租金预算收入”科目是年末结转，即年末将“其他预算收入——租金预算收入”本年发生额结转至“其他结余”科目。

## 4.10.4 其他收入

为核算其他收入业务，单位应设置“其他收入”总账科目。本科目核算单位取得的除财政拨款收入、事业收入、上级补助收入、附属单位上缴收入、经营收入、非同级财政拨款收入、投资收益、捐赠收入、利息收入、租金收入以外的各项收入，包括现金盘盈收入、按照规定纳入单位预算管理的科技成果转化收入、行政单位收回已核销的其他应收款、无法偿付的应付及预收款项、置换换出资产评估增值等。本科目应当按照其他收入的类别、来源等进行明细核算。期末结转后，本科目应无余额。

1. 现金盘盈收入

每日现金账款核对中发现的现金溢余，属于无法查明原因的部分，报经批准后，借记“待处理财产损溢”科目，贷记本科目。

2. 科技成果转化收入

单位科技成果转化所取得的收入，按照规定留归本单位的，按照所取得收入扣除相关费用之后的净收益，借记“银行存款”等科目，贷记本科目。

3. 收回已核销的其他应收款

行政单位已核销的其他应收款在以后期间收回的，按照实际收回的金额，借记“银行存款”等科目，贷记本科目。

4. 无法偿付的应付及预收款项

无法偿付或债权人豁免偿还的应付账款、预收账款、其他应付款及长期应付款，借记“应付账款”“预收账款”“其他应付款”“长期应付款”等科目，贷记本科目。

5. 置换换出资产评估增值

资产置换过程中，换出资产评估增值的，按照评估价值高于资产账面价值或账面余额的金额，借记有关科目，贷记本科目。具体账务处理参见“库存物品”等科目内容。

以未入账的无形资产取得的长期股权投资，按照评估价值加相关税费作为投资成本，借记“长期股权投资”科目，按照发生的相关税费，贷记“银行存款”“其他应交税费”等科目，按其差额，贷记本科目。

确认1至5以外的其他收入时，按照应收或实际收到的金额，借记“其他应收款”“银行存款”“库存现金”等科目，贷记本科目。涉及增值税业务的，相关账务处理参见“应交增值税”科目的内容。

期末，将本科目本期发生额转入本期盈余，借记本科目，贷记“本期盈余”科目。

例4-32　某事业单位经批准出售一项自主研发的无形资产，出售价为980 000元，暂不考虑相关税费，款项已存入银行，按照规定，该项无形资产的出售收入纳入本单位的预算管理。该项无形资产账面原价1 200 000，已计提摊销额300 000元。

财务会计分录：

| | | |
|---|---|---|
| 借：资产处置费用 | 900 000 | |
| 　　无形资产累计摊销 | 300 000 | |
| 　　贷：无形资产 | | 1 200 000 |
| 借：银行存款 | 980 000 | |
| 　　贷：其他收入 | | 980 000 |

预算会计分录：

| | | |
|---|---|---|
| 借：资金结存——货币资金 | 980 000 | |
| 　　贷：其他预算收入 | | 980 000 |

例4-33　某事业单位12月31日结转本月“其他收入”科目发生额980 000元，并结转相应的“其他预算收入”本年发生额5 000 000元（其中专项资金3 000 000元，其他为非专项资金）。

财务会计分录：

| | | |
|---|---|---|
| 借：其他收入 | 980 000 | |
| 　　贷：本期盈余 | | 980 000 |

预算会计分录：

| | | |
|---|---|---|
| 借：其他预算收入——专项资金 | 3 000 000 | |
| 　　　　　　　　——非专项资金 | 2 000 000 | |
| 　　贷：非财政拨款结转——本年收支结转 | | 3 000 000 |
| 　　　　其他结余 | | 2 000 000 |

在财务会计中确认“其他收入”时，如果款项已经收到并且该款项是纳入单位预算管理的，则同时进行预算会计的核算，在预算会计中确认相应的“其他预算收入”。

“其他收入”科目是期末结转，即每月将“其他收入”本期发生额结转至“本期盈余”科目；对应的“其他预算收入——其他收入”科目是年末结转，即年末将“其他预算收入——其他收入”本年发生额中的专项资金收入结转至“非财政拨款结转——本年收支结转”科目，将“其他预算收入——其他收入”本年发生额中的非专项资金收入结转至“其他结余”科目。

### 4.10.5 其他预算收入

为核算其他预算收入业务，单位应设置“其他预算收入”总账科目。本科目核算单位除财政拨款预算收入、事业预算收入、上级补助预算收入、附属单位上缴预算收入、经营预算收入、债务预算收入、非同级财政拨款预算收入、投资预算收益之外的纳入部门预算管理的现金流入，包括捐赠预算收入、利息预算收入、租金预算收入、现金盘盈收入等。本科目应当按照其他收入类别、《政府收支分类科目》中“支出功能分类科目”的项级科目等进行明细核算。其他预算收入中如有专项资金收入，还应按照具体项目进行明细核算。单位发生的捐赠预算收入、利息预算收入、租金预算收入金额较大或业务较多的，可单独设置“6603 捐赠预算收入”“6604 利息预算收入”“6605 租金预算收入”等科目。年末结转后，本科目应无余额。

单位接受捐赠现金资产、收到银行存款利息、收到资产承租人支付的租金时，按照实际收到的金额，借记“资金结存——货币资金”科目，贷记本科目。每日现金账款核对中如发现现金溢余，按照溢余的现金金额，借记“资金结存——货币资金”科目，贷记本科目。经核实，属于应支付给有关个人和单位的部分，按照实际支付的金额，借记本科目，贷记“资金结存——货币资金”科目。收到其他预算收入时，按照收到的金额，借记“资金结存——货币资金”科目，贷记本科目。

年末，将本科目本年发生额中的专项资金收入转入非财政拨款结转，借记本科目下各专项资金收入明细科目，贷记“非财政拨款结转——本年收支结转”科目；将本科目本年发生额中的非专项资金收入转入其他结余，借记本科目下各非专项资金收入明细科目，贷记“其他结余”科目。

例题参见例4-25，4-27，4-28，4-29，4-30，4-31，4-32，4-33。

## 本章习题

### 一、单项选择题

1. 事业单位收到单位零余额账户代理银行转来的财政授权支付到账通知书时，借记“零余额账户用款额度”科目，贷记（　　）。

A. “财政拨款收入”科目　　B. “非同级财政拨款收入”科目
C. “财政应返还额度”科目　　D. “财政授权支付额度”科目

2. 财政拨款收入是指行政事业单位从同级政府财政部门取得的各类（　　）。

A. 业务收入　　B. 返还收入
C. 财政拨款　　D. 预算外收入

3. 财政通过财政零余额账户为事业单位直接支付一款项，应列入（　　）。
A. 事业收入　　B. 经营收入
C. 财政拨款收入　　D. 非同级财政拨款收入
4. 下列不属于“其他收入”科目核算内容的是（　　）。
A. 无法查明原因的现金盘盈　　B. 长期债券投资的利息收入
C. 无法偿付的应付账款　　D. 置换换出的资产评估增值
5. 事业单位从财政专户返还的款项，应计入（　　）。
A. 其他收入　　B. 财政拨款收入　　C. 事业收入　　D. 上级补助收入
6. 事业单位短期投资持有期间取得的收益，应计入（　　）。
A. 事业收入　　B. 其他收入　　C. 投资收益　　D. 短期投资
7. 上级补助收入是指事业单位从上级单位取得的（　　）。
A. 财政预算资金　　B. 非财政补助资金
C. 返还款项　　D. 其他收入
8. 公立大学附属独立核算的校办工厂将纯收入的一部分上缴学校，应记作（　　）。
A. 经营收入　　B. 事业收入
C. 附属单位上缴收入　　D. 其他收入
9. 行政事业单位的共同收入类科目不包括（　　）。
A. 财政拨款收入　　B. 投资收益
C. 租金收入　　D. 其他收入
10. 下列不属于事业单位预算收入类科目的是（　　）。
A. 其他收入　　B. 投资预算收益
C. 经营预算收入　　D. 事业预算收入
11. “财政拨款预算收入”科目需按照《政府收支分类科目》中“支出功能分类”的（　　）科目进行明细核算。
A. 类级　　B. 款级　　C. 项级　　D. 目级
12. “财政拨款预算收入”年末应结转至（　　）科目。
A. 本期盈余　　B. 财政拨款结转
C. 非财政拨款结转　　D. 累计盈余
13. “非同级财政拨款预算收入”年末可将余额转入（　　）。
A. 本年盈余分配　　B. 其他结余
C. 财政拨款结转　　D. 经营结余
14. “事业预算收入”科目核算事业单位开展（　　）的现金流入。
A. 非独立核算经营活动　　B. 专业业务活动
C. 对外投资活动　　D. 贷款活动
15. 下列科目年末余额，应转入“经营结余”的是（　　）。
A. 经营收入　　B. 经营费用
C. 经营预算收入　　D. 投资预算收益

## 二、多项选择题

1. 下列属于行政事业单位“其他收入”科目核算内容的是（　　）。
   A. 外单位捐赠的货币资金　　B. 银行存款利息收入
   C. 无法查明原因的现金溢余　　D. 无偿调入的存货
   E. 无法偿付的应付账款
2. 行政事业单位的共同收入类科目包括（　　）。
   A. 财政拨款收入　　B. 上级补助收入
   C. 经营收入　　D. 其他收入
   E. 利息收入
3. 下列属于事业单位的收入类科目的是（　　）。
   A. 财政拨款收入　　B. 上级补助收入
   C. 附属单位上缴收入　　D. 经营收入
   E. 捐赠收入
4. 下列属于事业单位预算收入类科目的是（　　）。
   A. 财政拨款收入　　B. 其他预算收入
   C. 利息收入　　D. 事业预算收入
   E. 债务预算收入
5. 下列属于行政单位预算收入类科目的是（　　）。
   A. 投资预算收益　　B. 财政拨款预算收入
   C. 其他预算收入　　D. 非同级财政拨款收入
   E. 附属单位上缴预算收入
6. 财政授权支付方式下，行政事业单位收到下达的财政授权支付额度时，应贷记（　　）科目。
   A. 零余额账户用款额度　　B. 财政拨款收入
   C. 财政拨款预算收入　　D. 资金结存
   E. 银行存款

## 三、判断题

1. “财政拨款收入”科目年终转账后，一般无余额。（　　）
2. “其他收入”科目年终转账后，一般无余额。（　　）
3. 高等学校的学费收入属于经营收入。（　　）
4. “财政拨款预算收入”应按照“支出功能分类”的项级科目进行明细核算。（　　）
5. “财政拨款预算收入”可以设置“基本支出”和“项目支出”明细科目进行核算。（　　）
6. 年末，“非同级财政拨款预算收入”科目发生额中的专项资金收入应转入“非

财政拨款结转”科目。 ( )

7. 其他预算收入主要包括捐赠预算收入、利息预算收入、租金预算收入、现金盘盈收入等。 ( )

8. 单位发生的捐赠预算收入、租金预算收入金额较大的，可单独设置“捐赠预算收入”“租金预算收入”科目进行核算。 ( )

9. “事业预算收入”科目应按照“支出功能分类”的款级科目进行明细核算。 ( )

10. 年末，“经营预算收入”本年发生额应全部结转至“其他结余”科目。( )

## 四、填空题

1. 实行国库集中支付制度的事业单位，在____________下，收到财政部门委托财政零余额账户的代理银行转来的财政直接支付通知书时，确认财政拨款收入。

2. 事业收入是指事业单位开展____________及辅助活动所取得的收入。

3. 经营收入是指事业单位在专业业务活动及辅助活动之外开展____________经营活动取得的收入。

4. 附属单位上缴收入是指事业单位____________按规定标准或比例缴纳的各项收入。

5. 预算收入一般在____________时予以确认，以实际收到的金额计量。

6. “财政拨款预算收入”科目余额应在年末转入“____________”科目。

7. 年末，“非同级财政拨款预算收入”科目发生额中的非专项资金收入应转入“____________”科目。

8. “上级补助预算收入”科目核算事业单位从主管部门和上级单位取得的____________现金流入。

## 五、名词解释

1. 事业收入　　2. 附属单位上缴收入　　3. 其他预算收入

## 六、简答题

1. 什么是预算收入？请罗列出行政单位应设置的预算收入会计科目。

2. 简述其他预算收入的概念及主要包含的内容。

3. 简述上级补助预算收入的概念及期末结账处理。

## 七、业务题

编制会计分录：

1. 事业单位收到代理银行转来的本月授权支付额度到账通知书，本月财政授权支付额度 200 000 元。

2. 事业单位收到代理银行转来的财政直接支付入账通知书，通过财政零余额账户为本单位支付了专业活动部门业务经费 82 000 元。

3. 事业单位收到代理银行转来的财政直接支付入账通知书，财政零余额账户为该单位支付了应付给专业业务部门职工的基本工资 250 000 元。

4. 行政单位银行账户收到存款利息 3 000 元。

5. 事业单位接受外单位捐款 50 000 元，已存入银行账户。

6. 事业单位开展专业辅助活动取得收入 30 000 元，收进支票，该款项没有纳入财政专户管理。

7. 事业单位开展专业活动取得非应税收入 20 000 元，款项已存入银行，该款项采用财政专户返还方式管理。

8. 事业单位的单位零余额账户内收到财政专户返还的款项 10 000 元额度。

9. 事业单位收到通过银行转来的财政专户返还的收入 5 000 元。

10. 事业单位为增值税一般纳税人，开展非独立核算经营活动对外销售产品价款 10 000 元（不含税价），增值税税率 13%，价税尚未收到。

11. 事业单位开展非独立核算经营活动，取得收入 6 000 元，款项存入银行（不考虑增值税）。

12. 事业单位为增值税小规模纳税人，开展非独立核算经营活动，销售产品一批，售价为 40 000 元（不含税价），增值税税率 3%，已收到货款并存入银行。

13. 事业单位收到本年购入的 3 个月国债利息收入 60 000 元，款项已存入银行。

14. 事业单位收到附属独立核算的甲公司上缴利润 20 000 元，款项已存入银行。

15. 事业单位通过财政直接支付方式购买专业活动用固定资产一台，价款 100 000 元（不考虑增值税），固定资产无须安装，已交付使用。

# 第五章

5

# 费用及预算支出的核算

# 5.1 费用和预算支出的概述

在政府会计中，费用属于财务会计要素，预算支出属于预算会计要素。费用与预算支出在基本概念、具体种类、确认和计量方法方面有一定的联系，但也存在明显的区别。

## 5.1.1 费用

费用是指报告期内导致行政事业单位净资产减少的、含有服务潜力或者经济利益的经济资源的流出。行政事业单位的费用按照不同的资源耗费目的和内容包括业务活动费用、单位管理费用、经营费用、资产处置费用、上缴上级费用、对附属单位补助费用、所得税费用、其他费用。费用应当按照权责发生制基础进行确认和计量。

费用的确认应当同时满足以下条件：与费用相关的含有服务潜力或者经济利益的经济资源很可能流出行政事业单位；含有服务潜力或者经济利益的经济资源流出会导致行政事业单位资产减少或者负债增加；流出金额能够可靠地计量。

费用和收入两个财务会计要素建构起行政事业单位的收入费用表。

## 5.1.2 预算支出

预算支出是指行政事业单位在预算年度内依法发生并纳入预算管理的现金流出。行政事业单位的预算支出按照不同的资金用途分为行政支出、事业支出、经营支出、上缴上级支出、对附属单位补助支出、投资支出、债务还本支出、其他支出。预算支出一般在实际支付时予以确认，以实际支付的金额计量。

预算支出和预算收入两个预算会计要素建构起行政事业单位的预算收入支出表。

# 5.2 业务活动费用和行政支出与事业支出

## 5.2.1 业务活动费用

为核算业务活动费用业务，单位应设置“业务活动费用”总账科目。本科目核算单位为实现其职能目标，依法履职或开展专业业务活动及其辅助活动所发生的各项费用。本科目应当按照项目、服务或者业务类别、支付对象等进行明细核算。期末结转后，本科目应无余额。

为了满足成本核算需要，本科目下还可按照“工资福利费用”“商品和服务费用”“对个人和家庭的补助费用”“对企业补助费用”“固定资产折旧费”“无形资产摊销费”“公共基础设施折旧（摊销）费”“保障性住房折旧费”“计提专用基金”等成本项目设置明细科目，归集能够直接计入业务活动或采用一定方法计算后计入业务活动的费用。

1. 计提职工薪酬

为履职或开展业务活动人员计提的薪酬，按照计算确定的金额，借记本科目，贷记“应付职工薪酬”科目。

2. 附属外部人员劳务费

为履职或开展业务活动发生的外部人员劳务费，按照计算确定的金额，借记本科目，按照代扣代缴个人所得税的金额，贷记“其他应交税费——应交个人所得税”科目，按照扣税后应付或实际支付的金额，贷记“其他应付款”“财政拨款收入”“零余额账户用款额度”“银行存款”等科目。

3. 领用库存物品和动用发出政府储备物资

为履职或开展业务活动领用的库存物品，以及动用发出的相关政府储备物资，按照领用库存物品或发出相关政府储备物资的账面余额，借记本科目，贷记“库存物品”“政府储备物资”科目。

4. 计提固定资产、无形资产、公共基础设施和保障性住房的折旧、摊销

为履职或开展业务活动所使用的固定资产、无形资产以及为所控制的公共基础设施、保障性住房计提的折旧、摊销，按照计提金额，借记本科目，贷记“固定资产累计折旧”“无形资产累计摊销”“公共基础设施累计折旧（摊销）”“保障性住房累计折旧”科目。

5. 发生相关税费

为履职或开展业务活动发生的城市维护建设税、教育费附加、地方教育附加、车船税、房产税、城镇土地使用税等，按照计算确定应交纳的金额，借记本科目，贷记

"其他应交税费"等科目。

6. 发生其他各项费用

为履职或开展业务活动发生其他各项费用时，按照费用确认金额，借记本科目，贷记"财政拨款收入""零余额账户用款额度""银行存款""应付账款""其他应付款""其他应收款"等科目。

7. 提取专用基金

按照规定从收入中提取专用基金并计入费用的，一般按照预算会计下基于预算收入计算提取的金额，借记本科目，贷记"专用基金"科目。国家另有规定的，从其规定。

8. 发生当年购货退回等业务

发生当年购货退回等业务，对于已计入本年业务活动费用的，按照收回或应收的金额，借记"财政拨款收入""零余额账户用款额度""银行存款""其他应收款"等科目，贷记本科目。

9. 期末结账

期末，将本科目本期发生额转入本期盈余，借记"本期盈余"科目，贷记本科目。

例 5-1　某事业单位计提当月职工薪酬共计 818 640 元，其中包含了职工基本工资 607 680 元（应从职工基本工资中代扣社会保险费 93 600 元和住房公积金 46 080 元），国家统一规定的津贴补贴 62 640 元，单位应为职工缴纳的社会保险费 97 920 元和住房公积金 50 400 元。单位按照规定应从职工基本工资中代扣的职工个人所得税 11 232 元。

① 计提职工薪酬时

财务会计分录：

借：业务活动费用　　818 640

　　贷：应付职工薪酬——基本工资　　607 680

　　　　——国家统一规定的津贴补贴　　62 640

　　　　——社会保险费　　97 920

　　　　——住房公积金　　50 400

预算会计分录：无。

② 按规定从职工基本工资中代扣职工个人所得税时

财务会计分录：

借：应付职工薪酬——基本工资　　11 232

　　贷：其他应交税费——应交个人所得税　　11 232

预算会计分录：无。

③ 从应付职工薪酬中代扣社会保险费和住房公积金时

财务会计分录：

借：应付职工薪酬——基本工资　　139 680

　　贷：应付职工薪酬——社会保险费　　93 600

　　　　——住房公积金　　46 080

预算会计分录：无。

例 5-2 某行政单位计提当月职工薪酬共计 909 600 元，其中包含了职工基本工资 675 200 元（应从职工基本工资中代扣社会保险费 104 000 元和住房公积金 51 200 元），国家统一规定的津贴补贴 69 600 元，单位应为职工缴纳的社会保险费 108 800 元和住房公积金 56 000 元。单位按照规定应从职工基本工资中代扣的职工个人所得税 12 480 元。

① 计提职工薪酬时

财务会计分录：

| | | |
|---|---|---|
| 借：业务活动费用 | 909 600 | |
| 贷：应付职工薪酬——基本工资 | | 675 200 |
| ——国家统一规定的津贴补贴 | | 69 600 |
| ——社会保险费 | | 108 800 |
| ——住房公积金 | | 56 000 |

预算会计分录：无。

② 按规定从职工基本工资中代扣职工个人所得税时

财务会计分录：

| | | |
|---|---|---|
| 借：应付职工薪酬——基本工资 | 12 480 | |
| 贷：其他应交税费——应交个人所得税 | | 12 480 |

预算会计分录：无。

③ 从应付职工薪酬中代扣社会保险费和住房公积金时

财务会计分录：

| | | |
|---|---|---|
| 借：应付职工薪酬——基本工资 | 155 200 | |
| 贷：应付职工薪酬——社会保险费 | | 104 000 |
| ——住房公积金 | | 51 200 |

预算会计分录：无。

例 5-3 某事业单位为开展业务活动发生的外部人员劳务费共计 26 000 元，其中应代扣代缴个人所得税 780 元，扣税后应支付劳务费为 25 220 元。

财务会计分录：

| | | |
|---|---|---|
| 借：业务活动费用 | 26 000 | |
| 贷：其他应付款 | | 25 220 |
| 其他应交税费——应交个人所得税 | | 780 |

预算会计分录：无。

例 5-4 某行政单位为开展业务活动发生的外部人员劳务费共计 31 200 元，其中应代扣代缴个人所得税 936 元，扣税后应支付劳务费为 30 264 元。

财务会计分录：

| | | |
|---|---|---|
| 借：业务活动费用 | 31 200 | |
| 贷：其他应付款 | | 30 264 |
| 其他应交税费——应交个人所得税 | | 936 |

预算会计分录：无。

例 5-5 某事业单位为开展业务活动，领用一批库存物品，该批库存物品的账面余额为6 000元。

财务会计分录：

借：业务活动费用　　6 000

　　贷：库存物品　　6 000

预算会计分录：无。

例5-6　某行政单位为开展业务活动，领用一批库存物品，该批库存物品的账面余额为5 800元。

财务会计分录：

借：业务活动费用　　5 800

　　贷：库存物品　　5 800

预算会计分录：无。

例5-7　某事业单位为开展业务活动所使用的固定资产计提折旧350 000元。

财务会计分录：

借：业务活动费用　　350 000

　　贷：固定资产累计折旧　　350 000

预算会计分录：无。

例5-8　某行政单位为开展业务活动所使用的固定资产计提折旧420 000元。

财务会计分录：

借：业务活动费用　　420 000

　　贷：固定资产累计折旧　　420 000

预算会计分录：无。

例5-9　某事业单位为开展业务活动发生城市维护建设税1 400元、教育费附加600元，两项共计2 000元。

财务会计分录：

借：业务活动费用　　2 000

　　贷：其他应交税费——城市维护建设税　　1 400

　　　　　　　　　　——教育费附加　　600

预算会计分录：无。

例5-10　某行政单位为履职发生水费1 500元、电费13 500元，款项已通过财政直接支付方式支付。

财务会计分录：

借：业务活动费用　　15 000

　　贷：财政拨款收入　　15 000

预算会计分录：

借：行政支出　　15 000

　　贷：财政拨款预算收入　　15 000

例5-11　某事业单位为履职发生水费1 800元、电费15 200元，款项已通过财政授权支付方式支付。

财务会计分录：

借：业务活动费用　17 000

　　贷：零余额账户用款额度　17 000

预算会计分录：

借：事业支出　17 000

　　贷：资金结存——零余额账户用款额度　17 000

例 5-12　某事业单位按照规定从事业收入中提取专用基金 33 000 元，将提取的专用基金计入业务活动费用。

财务会计分录：

借：业务活动费用　33 000

　　贷：专用基金　33 000

预算会计分录：无。

例 5-13　某事业单位在之前支付业务活动费用时，计算有误，多支付了 15 000 元，要求对方单位退回多收到的款项，现在已收到代理银行通知，15 000 元已退回到单位零余额账户（属于当年度退回）。

财务会计分录：

借：零余额账户用款额度　15 000

　　贷：业务活动费用　15 000

预算会计分录：

借：资金结存——零余额账户用款额度　15 000

　　贷：事业支出　15 000

例 5-14　某行政单位月末结转“业务活动费用”科目本期发生额 1 157 000 元。

财务会计分录：

借：本期盈余　1 157 000

　　贷：业务活动费用　1 157 000

预算会计分录：无。

例 5-15　某事业单位月末结转“业务活动费用”科目本期发生额 1 182 000 元。

财务会计分录：

借：本期盈余　1 182 000

　　贷：业务活动费用　1 182 000

预算会计分录：无。

在财务会计中确认“业务活动费用”时，如果该费用已用现金①实际支付并且该现金是纳入单位预算管理的，则同时进行预算会计的核算，在预算会计中确认相应行政单位的“行政支出”或事业单位的“事业支出”；否则，只需要进行财务会计的核算。

① 此处的“现金”包括财政直接支付的款项、财政授权支付的款项、库存现金、银行存款、其他货币资金、财政应返还额度等。

“业务活动费用”科目是期末结转，即每月单位将“业务活动费用”本期发生额结转至“本期盈余”科目。

## 5.2.2 行政支出

为核算行政支出业务，行政单位应设置“行政支出”总账科目。本科目核算行政单位履行其职责实际发生的各项现金流出。本科目应当分别按照“财政拨款支出”“非财政专项资金支出”“其他资金支出”以及“基本支出”和“项目支出”等进行明细核算，并按照《政府收支分类科目》中“支出功能分类科目”的项级科目进行明细核算；“基本支出”和“项目支出”明细科目下应当按照《政府收支分类科目》中“部门预算支出经济分类科目”的款级科目进行明细核算，同时在“项目支出”明细科目下按照具体项目进行明细核算。有一般公共预算财政拨款、政府性基金预算财政拨款等两种或两种以上财政拨款的行政单位，还应当在“财政拨款支出”明细科目下按照财政拨款的种类进行明细核算。年末结转后，本科目应无余额。

对于预付款项，可通过在本科目下设置“待处理”明细科目进行核算，待确认具体支出项目后再转入本科目下相关明细科目。年末结账前，应将本科目“待处理”明细科目余额全部转入本科目下相关明细科目。

为全面反映行政单位各项资金的支出，便于分析和考核各项资金支出的实际发生情况及其效果，从而有针对性地加强和改善对各项资金支出的管理，行政单位有必要对行政支出按照一定的要求进行适当的分类。

**表 5-1 行政支出或事业支出明细科目表**

<table>
<tr><th>总账科目</th><th>二级明细科目（若有必要）</th><th>三级明细科目</th><th>四级明细科目</th><th>五级明细科目</th><th>六级明细科目</th><th>七级明细科目</th><th>八级明细科目</th></tr>
<tr><td rowspan="5">行政支出或事业支出</td><td>××（业务）支出</td><td rowspan="5">财政拨款支出</td><td rowspan="5">一般公共预算拨款支出</td><td rowspan="5">支出功能分类项级科目</td><td rowspan="2">基本支出</td><td>部门预算支出经济分类款级科目</td><td rowspan="2"></td></tr>
<tr><td>××（业务）支出</td><td>待处理</td></tr>
<tr><td rowspan="2">××（业务）支出</td><td rowspan="3">项目支出</td><td rowspan="2">××项目</td><td>部门预算支出经济分类款级科目</td></tr>
<tr><td>待处理</td></tr>
<tr><td>××（业务）支出</td><td>××项目</td><td>同上</td></tr>
</table>

续表

<table>
<tr><th>总账科目</th><th>二级明细科目（若有必要）</th><th>三级明细科目</th><th>四级明细科目</th><th>五级明细科目</th><th>六级明细科目</th><th>七级明细科目</th><th>八级明细科目</th></tr>
<tr><td rowspan="6">行政支出或事业支出</td><td>××（业务）支出</td><td>财政拨款支出</td><td>政府性基金预算拨款支出</td><td>支出功能分类项级科目</td><td>同上</td><td>同上</td><td>同上</td></tr>
<tr><td>××（业务）支出</td><td>非财政专项资金支出</td><td rowspan="5">支出功能分类项级科目</td><td rowspan="2">基本支出</td><td>部门预算支出经济分类款级科目</td><td rowspan="2" colspan="2"></td></tr>
<tr><td>××（业务）支出</td><td rowspan="4">其他资金支出</td><td>待处理</td></tr>
<tr><td>××（业务）支出</td><td rowspan="3">项目支出</td><td rowspan="2">××项目</td><td>部门预算支出经济分类款级科目</td><td rowspan="3"></td></tr>
<tr><td>××（业务）支出</td><td>待处理</td></tr>
<tr><td>××（业务）支出</td><td>××项目</td><td>同上</td></tr>
</table>

（1）支付单位职工薪酬。向单位职工个人支付薪酬时，按照实际支付的金额，借记本科目，贷记“财政拨款预算收入”“资金结存”科目。按照规定代扣代缴个人所得税以及代扣代缴或为职工缴纳职工社会保险费、住房公积金等时，按照实际缴纳的金额，借记本科目，贷记“财政拨款预算收入”“资金结存”科目。

（2）支付外部人员劳务费时，按照实际支付给外部人员个人的金额，借记本科目，贷记“财政拨款预算收入”“资金结存”科目。按照规定代扣代缴个人所得税时，按照实际缴纳的金额，借记本科目，贷记“财政拨款预算收入”“资金结存”科目。

（3）为购买存货、固定资产、无形资产等以及对在建工程支付相关款项时，按照实际支付的金额，借记本科目，贷记“财政拨款预算收入”“资金结存”科目。

（4）发生预付账款时，按照实际支付的金额，借记本科目，贷记“财政拨款预算收入”“资金结存”科目。对于暂付款项，在支付款项时可不做预算会计处理，待结算或报销时，按照结算或报销的金额，借记本科目，贷记“资金结存”科目。

（5）发生其他各项支出时，按照实际支付的金额，借记本科目，贷记“财政拨款预算收入”“资金结存”科目。

（6）因购货退回等发生款项退回，或者发生差错更正的，属于当年支出收回的，按照收回或更正金额，借记“财政拨款预算收入”“资金结存”科目，贷记本科目。

(7) 年末，将本科目本年发生额中的财政拨款支出转入财政拨款结转，借记“财政拨款结转——本年收支结转”科目，贷记本科目下各财政拨款支出明细科目；将本科目本年发生额中的非财政专项资金支出转入非财政拨款结转，借记“非财政拨款结转——本年收支结转”科目，贷记本科目下各非财政专项资金支出明细科目；将本科目本年发生额中的其他资金支出（非财政非专项资金支出）转入其他结余，借记“其他结余”科目，贷记本科目下其他资金支出明细科目。

例5-16 承例5-2，数日后，该行政单位通过财政直接支付方式向职工支付基本工资507 520元（675 200－104 000－51 200－12 480）和津贴补贴69 600元，并按规定向相关机构缴纳职工社会保险费212 800元和住房公积金107 200元，同时向税务部门缴纳个人所得税12 480元。

① 向职工支付基本工资和津贴补贴时

财务会计分录：

| | | |
|---|---|---|
| 借：应付职工薪酬——基本工资 | 507 520 | |
| ——国家统一规定的津贴补贴 | 69 600 | |
| 贷：财政拨款收入 | | 577 120 |

预算会计分录：

| | | |
|---|---|---|
| 借：行政支出 | 577 120 | |
| 贷：财政拨款预算收入 | | 577 120 |

② 向相关机构缴纳职工社会保险费和住房公积金时

财务会计分录：

| | | |
|---|---|---|
| 借：应付职工薪酬——社会保险费 | 212 800 | |
| ——住房公积金 | 107 200 | |
| 贷：财政拨款收入 | | 320 000 |

预算会计分录：

| | | |
|---|---|---|
| 借：行政支出 | 320 000 | |
| 贷：财政拨款预算收入 | | 320 000 |

③ 向税务部门缴纳个人所得税时

财务会计分录：

| | | |
|---|---|---|
| 借：其他应交税费——应交个人所得税 | 12 480 | |
| 贷：财政拨款收入 | | 12 480 |

预算会计分录：

| | | |
|---|---|---|
| 借：行政支出 | 12 480 | |
| 贷：财政拨款预算收入 | | 12 480 |

例5-17 承例5-4，该行政单位通过财政授权支付方式支付外部人员劳务费30 264元，并代缴个人所得税936元。

财务会计分录：

| | | |
|---|---|---|
| 借：其他应付款 | 30 264 | |
| 其他应交税费——应交个人所得税 | 936 | |

贷：零余额账户用款额度　　31 200

预算会计分录：

借：行政支出　　31 200

贷：资金结存——零余额账户用款额度　　31 200

例 5-18　某行政单位购买办公设备，含税价 30 000 元，款项已通过财政直接支付方式支付，办公设备已验收并交付使用。

财务会计分录：

借：固定资产　　30 000

贷：财政拨款收入　　30 000

预算会计分录：

借：行政支出　　30 000

贷：财政拨款预算收入　　30 000

例 5-19　某行政单位购买业务用设备一台，价款 200 000 元，按合同规定先预付 50 000 元，已通过财政直接支付方式预付 50 000 元。

财务会计分录：

借：预付账款　　50 000

贷：财政拨款收入　　50 000

预算会计分录：

借：行政支出　　50 000

贷：财政拨款预算收入　　50 000

例 5-20　某行政单位通过单位零余额账户支付物业费 60 000 元。

财务会计分录：

借：业务活动费用　　60 000

贷：零余额账户用款额度　　60 000

预算会计分录：

借：行政支出　　60 000

贷：资金结存——零余额账户用款额度　　60 000

例 5-21　某行政单位年末结转“行政支出”本年发生额 9 000 000 元（其中财政资金 8 000 000 元，其余为专项资金）。

财务会计分录：无。

预算会计分录：

借：财政拨款结转——本年收支结转　　8 000 000

贷：行政支出——财政拨款支出　　8 000 000

借：非财政拨款结转——本年收支结转　　1 000 000

贷：行政支出——非财政专项资金支出　　1 000 000

“行政支出”科目是年末结转，即年末行政单位将“行政支出”本年发生额中的财政拨款支出结转至“财政拨款结转——本年收支结转”科目，将“行政支出”本年发生额中的专项资金支出结转至“非财政拨款结转——本年收支结转”科目，将“行政支出”本年发生额中的其他资金支出转入“其他结余”科目。

### 5.2.3 事业支出

为核算事业支出业务，事业单位应设置“事业支出”总账科目。本科目核算事业单位开展专业业务活动及其辅助活动实际发生的各项现金流出。单位发生教育、科研、医疗、行政管理、后勤保障等活动的，可在本科目下设置相应的明细科目进行核算，或单设“7201 教育支出”“7202 科研支出”“7203 医疗支出”“7204 行政管理支出”“7205 后勤保障支出”等一级会计科目进行核算。本科目应当分别按照“财政拨款支出”“非财政专项资金支出”“其他资金支出”以及“基本支出”和“项目支出”等进行明细核算，并按照《政府收支分类科目》中“支出功能分类科目”的项级科目进行明细核算；“基本支出”和“项目支出”明细科目下应当按照《政府收支分类科目》中“部门预算支出经济分类科目”的款级科目进行明细核算，同时在“项目支出”明细科目下按照具体项目进行明细核算。有一般公共预算财政拨款、政府性基金预算财政拨款等两种或两种以上财政拨款的事业单位，还应当在“财政拨款支出”明细科目下按照财政拨款的种类进行明细核算。年末结转后，本科目应无余额。

对于预付款项，可通过在本科目下设置“待处理”明细科目进行明细核算，待确认具体支出项目后再转入本科目下相关明细科目。年末结账前，应将本科目“待处理”明细科目余额全部转入本科目下相关明细科目。

事业单位的专业业务活动在不同行业的事业单位中表现为不同的具体内容。例如，医疗卫生事业单位主要表现为医疗和科教事业活动，教育事业单位主要表现为教学和科研事业活动，科学事业单位主要表现为科研、科普和教学事业活动。

事业支出是事业单位统筹使用各项事业活动收入发生的支出。例如，高校的教育事业支出，其资金来源既有财政拨款收入，又有教育事业收入、上级补助收入、附属单位上缴收入等事业活动收入。事业支出既要反映相应种类专业业务活动的支出数额，又要区分使用的资金性质，如使用的是财政拨款资金还是非财政拨款资金，还需要反映部门预算的执行情况，如使用的是基本支出预算资金还是项目支出预算资金。事业支出是事业单位最主要的支出。

为全面反映事业单位各项事业支出的内容，便于分析和考核各项事业支出的实际发生情况及其效果，从而有针对性地加强和改善对事业支出的管理，事业单位有必要对事业支出按照一定的要求进行适当的分类。

“事业支出”科目的明细科目参见表5-1“行政支出或事业支出明细科目表”。

（1）支付单位职工（经营部门职工除外）薪酬。向单位职工个人支付薪酬时，按照实际支付的数额，借记本科目，贷记“财政拨款预算收入”“资金结存”科目。按照规定代扣代缴个人所得税以及代扣代缴或为职工缴纳职工社会保险费、住房公积金等时，按照实际缴纳的金额，借记本科目，贷记“财政拨款预算收入”“资金结存”科目。

（2）为专业业务活动及其辅助活动支付外部人员劳务费时，按照实际支付给外部人员个人的金额，借记本科目，贷记“财政拨款预算收入”“资金结存”科目。按照规定代扣代缴个人所得税时，按照实际缴纳的金额，借记本科目，贷记“财政拨款预算收入”“资金结存”科目。

（3）开展专业业务活动及其辅助活动过程中为购买存货、固定资产、无形资产等以及对在建工程支付相关款项时，按照实际支付的金额，借记本科目，贷记“财政拨款预算收入”“资金结存”科目。

（4）开展专业业务活动及其辅助活动过程中发生预付账款时，按照实际支付的金额，借记本科目，贷记“财政拨款预算收入”“资金结存”科目。对于暂付款项，在支付款项时可不做预算会计处理，待结算或报销时，按照结算或报销的金额，借记本科目，贷记“资金结存”科目。

（5）开展专业业务活动及其辅助活动过程中缴纳的相关税费以及发生的其他各项支出，按照实际支付的金额，借记本科目，贷记“财政拨款预算收入”“资金结存”科目。

（6）开展专业业务活动及其辅助活动过程中因购货退回等发生款项退回，或者发生差错更正，属于当年支出收回的，按照收回或更正金额，借记“财政拨款预算收入”“资金结存”科目，贷记本科目。

（7）年末，将本科目本年发生额中的财政拨款支出转入财政拨款结转，借记“财政拨款结转——本年收支结转”科目，贷记本科目下各财政拨款支出明细科目；将本科目本年发生额中的非财政专项资金支出转入非财政拨款结转，借记“非财政拨款结转——本年收支结转”科目，贷记本科目下各非财政专项资金支出明细科目；将本科目本年发生额中的其他资金支出（非财政非专项资金支出）转入其他结余，借记“其他结余”科目，贷记本科目下其他资金支出明细科目。

例 5-22　承例 5-1，数日后，该事业单位通过财政授权支付方式向职工支付基本工资 456 768 元（607 680 – 93 600 – 46 080 – 11 232）和津贴补贴 62 640 元，并按规定向相关机构缴纳职工社会保险费 191 520 元和住房公积金 96 480 元，同时向税务部门缴纳个人所得税 11 232 元。

① 向职工支付基本工资和津贴补贴时

财务会计分录：

| | | |
|---|---|---|
| 借：应付职工薪酬——基本工资 | 456 768 | |
| 　　　　　　——国家统一规定的津贴补贴 | 62 640 | |
| 　贷：零余额账户用款额度 | | 519 408 |

预算会计分录：

| | | |
|---|---|---|
| 借：事业支出 | 519 408 | |
| 　贷：资金结存——零余额账户用款额度 | | 519 408 |

② 向相关机构缴纳职工社会保险费和住房公积金时

财务会计分录：

| | | |
|---|---|---|
| 借：应付职工薪酬——社会保险费 | 191 520 | |

——住房公积金　　96 480

　　贷：零余额账户用款额度　　288 000

预算会计分录：

借：事业支出　　288 000

　　贷：资金结存——零余额账户用款额度　　288 000

③ 向税务部门缴纳个人所得税时

财务会计分录：

借：其他应交税费——应交个人所得税　　11 232

　　贷：零余额账户用款额度　　11 232

预算会计分录：

借：事业支出　　11 232

　　贷：资金结存——零余额账户用款额度　　11 232

例 5-23　承例 5-3，该事业单位通过银行存款支付外部人员劳务费 25 220 元，并代缴个人所得税 780 元。

财务会计分录：

借：其他应付款　　25 220

　　其他应交税费——应交个人所得税　　780

　　贷：银行存款　　26 000

预算会计分录：

借：事业支出　　26 000

　　贷：资金结存——货币资金　　26 000

例 5-24　某事业单位购买事业用材料，含税价 113 000 元，已通过单位零余额账户支付，材料已验收入库。

财务会计分录：

借：库存物品　　113 000

　　贷：零余额账户用款额度　　113 000

预算会计分录：

借：事业支出　　113 000

　　贷：资金结存——零余额账户用款额度　　113 000

例 5-25　某事业单位购买事业用固定资产一台，价款 300 000 元，按合同规定先预付 100 000 元，已通过财政直接支付方式预付 100 000 元。

财务会计分录：

借：预付账款　　100 000

　　贷：财政拨款收入　　100 000

预算会计分录：

借：事业支出　　100 000

　　贷：财政拨款预算收入　　100 000

例 5-26　某事业单位年末结转"事业支出"本年发生额 8 500 000 元（其中财政资

金7 000 000元，其余为专项资金）。

财务会计分录：无。

预算会计分录：

借：财政拨款结转——本年收支结转　　7 000 000

　　贷：事业支出——财政拨款支出　　7 000 000

借：非财政拨款结转——本年收支结转　　1 500 000

　　贷：事业支出——非财政专项资金支出　　1 500 000

“事业支出”科目是年末结转，即年末事业单位将“事业支出”本年发生额中的财政拨款支出结转至“财政拨款结转——本年收支结转”科目，将“事业支出”本年发生额中的专项资金支出结转至“非财政拨款结转——本年收支结转”科目，将“事业支出”本年发生额中的其他资金支出转入“其他结余”科目。

## 5.3 单位管理费用

为核算单位管理费用业务，事业单位应设置“单位管理费用”总账科目。本科目核算事业单位本级行政及后勤管理部门开展管理活动发生的各项费用，包括单位行政及后勤管理部门发生的人员经费、公用经费、资产折旧（摊销）等费用，以及由单位统一负担的离退休人员经费、工会经费、诉讼费、中介费等。本科目应当按照项目、费用类别、支付对象等进行明细核算。期末结转后，本科目应无余额。

为了满足成本核算需要，本科目下还可按照“工资福利费用”“商品和服务费用”“对个人和家庭的补助费用”“固定资产折旧费”“无形资产摊销费”等成本项目设置明细科目，归集能够直接计入单位管理活动或采用一定方法计算后计入单位管理活动的费用。

（1）为管理活动人员计提的薪酬，按照计算确定的金额，借记本科目，贷记“应付职工薪酬”科目。

（2）为开展管理活动发生的外部人员劳务费，按照计算确定的费用金额，借记本科目，按照代扣代缴个人所得税的金额，贷记“其他应交税费——应交个人所得税”科目，按照扣税后应付或实际支付的金额，贷记“其他应付款”“财政拨款收入”“零余额账户用款额度”“银行存款”等科目。

（3）开展管理活动内部领用库存物品，按照领用物品实际成本，借记本科目，贷记“库存物品”科目。

（4）为管理活动所使用固定资产、无形资产计提的折旧、摊销，按照应提折旧、摊销额，借记本科目，贷记“固定资产累计折旧”“无形资产累计摊销”科目。

（5）为开展管理活动发生的城市维护建设税、教育费附加、地方教育附加、车船税、房产税、城镇土地使用税等，按照计算确定应交纳的金额，借记本科目，贷记“其他应交税费”等科目。

（6）为开展管理活动发生的其他各项费用，按照费用确认金额，借记本科目，贷记“财政拨款收入”“零余额账户用款额度”“银行存款”“其他应付款”“其他应收款”等科目。

（7）发生当年购货退回等业务，对于已计入本年单位管理费用的，按照收回或应收的金额，借记“财政拨款收入”“零余额账户用款额度”“银行存款”“其他应收款”等科目，贷记本科目。

（8）期末，将本科目本期发生额转入本期盈余，借记“本期盈余”科目，贷记本科目。

例 5-27　某事业单位为管理人员计提当月职工薪酬 128 000 元。

财务会计分录：

借：单位管理费用　　128 000

　　贷：应付职工薪酬　　128 000

预算会计分录：无。

例 5-28　某事业单位为开展管理活动发生的外部人员劳务费共计 20 800 元，其中应代扣代缴个人所得税 620 元，扣税后应支付劳务费为 20 180 元。

财务会计分录：

借：单位管理费用　　20 800

　　贷：其他应付款　　20 180

　　　　其他应交税费——应交个人所得税　　620

预算会计分录：无。

例 5-29　某事业单位为开展管理活动领用一批库存物品，该批库存物品的实际成本为 6 000 元。

财务会计分录：

借：单位管理费用　　6 000

　　贷：库存物品　　6 000

预算会计分录：无。

例 5-30　某事业单位为管理活动中所使用的固定资产提取折旧 180 000 元。

财务会计分录：

借：单位管理费用　　180 000

　　贷：固定资产累计折旧　　180 000

预算会计分录：无。

例 5-31　某事业单位为开展管理活动发生城市维护建设税 1 260 元，教育费附加 540 元，两项共计 1 800 元。

财务会计分录：

借：单位管理费用　　1 800

贷：其他应交税费——城市维护建设税　　1 260
——教育费附加　　540

预算会计分录：无。

例 5-32　某事业单位管理部门人员王林发生差旅费 6 800 元（其先垫付），已到财务处报销，款项已通过银行存款打入其银行卡内。

财务会计分录：

借：单位管理费用　　6 800
贷：银行存款　　6 800

预算会计分录：

借：事业支出　　6 800
贷：资金结存——货币资金　　6 800

例 5-33　某事业单位因货物质量问题退回一批当年购入的材料 5 000 元，该批材料购入时已计入本年单位管理费用，货款已退入银行存款账户。

财务会计分录：

借：银行存款　　5 000
贷：单位管理费用　　5 000

预算会计分录：

借：资金结存——货币资金　　5 000
贷：事业支出　　5 000

例 5-34　某事业单位期末结转“单位管理费用”科目本期发生额 900 000 元。

财务会计分录：

借：本期盈余　　900 000
贷：单位管理费用　　900 000

预算会计分录：无。

在财务会计中确认“单位管理费用”时，如果该费用已用现金（概念同上）实际支付并且该现金是纳入单位预算管理的，则同时进行预算会计的核算，在预算会计中确认相应的“事业支出”；否则，只需要进行财务会计的核算。

“单位管理费用”科目是期末结转，即每月事业单位将“单位管理费用”本期发生额结转至“本期盈余”科目。

# 5.4 经营费用和经营支出

## 5.4.1 经营费用

事业单位的经营费用与经营收入相对应，属于财务会计的核算内容。

为核算经营费用业务，事业单位应设置“经营费用”总账科目。本科目核算事业单位在专业业务活动及其辅助活动之外开展非独立核算经营活动发生的各项费用。本科目应当按照经营活动类别、项目、支付对象等进行明细核算。期末结转后，本科目应无余额。

为了满足成本核算需要，本科目下还可按照“工资福利费用”“商品和服务费用”“对个人和家庭的补助费用”“固定资产折旧费”“无形资产摊销费”等成本项目设置明细科目，归集能够直接计入单位经营活动或采用一定方法计算后计入单位经营活动的费用。

事业单位应当正确区分在开展专业业务活动及其辅助活动中形成的业务活动费用、在开展单位管理活动中形成的单位管理费用以及在开展非独立核算经营活动中形成的经费费用。

(1) 为经营活动人员计提的薪酬，按照计算确定的金额，借记本科目，贷记“应付职工薪酬”科目。

(2) 开展经营活动领用或发出库存物品时，按照物品实际成本，借记本科目，贷记“库存物品”科目。

(3) 为经营活动所使用固定资产、无形资产计提的折旧、摊销，按照应提折旧、摊销额，借记本科目，贷记“固定资产累计折旧”“无形资产累计摊销”科目。

(4) 开展经营活动发生的城市维护建设税、教育费附加、地方教育附加、车船税、房产税、城镇土地使用税等，按照计算确定应交纳的金额，借记本科目，贷记“其他应交税费”等科目。

(5) 发生与经营活动相关的其他各项费用时，按照费用确认金额，借记本科目，贷记“银行存款”“其他应付款”“其他应收款”等科目。涉及增值税业务的，相关账务处理参见“应交增值税”科目。

(6) 发生当年购货退回等业务，对于已计入本年经营费用的，按照收回或应收的金额，借记“银行存款”“其他应收款”等科目，贷记本科目。

(7) 期末，将本科目本期发生额转入本期盈余，借记“本期盈余”科目，贷记本科目。

例 5-35　某事业单位为经营活动人员计提当月职工薪酬共计 52 000 元。



财务会计分录：

借：经营费用　　52 000
　　贷：应付职工薪酬　　52 000
预算会计分录：无。

例 5-36　某事业单位开展经营活动发出库存物品一批，其实际成本为 5 000 元。

财务会计分录：
借：经营费用　　5 000
　　贷：库存物品　　5 000
预算会计分录：无。

例 5-37　某事业单位为经营活动中使用的固定资产计提折旧 60 000 元。

财务会计分录：
借：经营费用　　60 000
　　贷：固定资产累计折旧　　60 000
预算会计分录：无。

例 5-38　某事业单位为开展经营活动发生城市维护建设税 1 512 元、教育费附加 648 元，两项共计 2 160 元。

财务会计分录：
借：经营费用　　2 160
　　贷：其他应交税费——城市维护建设税　　1 512
　　　　　　　　　——教育费附加　　648
预算会计分录：无。

例 5-39　某事业单位在开展经营活动过程中发生水费 1 200 元、电费 4 800 元，款项已通过银行存款支付。

财务会计分录：
借：经营费用　　6 000
　　贷：银行存款　　6 000
预算会计分录：
借：经营支出　　6 000
　　贷：资金结存——货币资金　　6 000

例 5-40　某事业单位月末结转“经营费用”科目本期发生额 125 160 元。

财务会计分录：
借：本期盈余　　125 160
　　贷：经营费用　　125 160
预算会计分录：无。

在财务会计中确认“经营费用”时，如果该费用已用现金（概念同上）实际支付并且该现金是纳入单位预算管理的，则同时进行预算会计的核算，在预算会计中确认相应的“经营支出”；否则，只需要进行财务会计的核算。

“经营费用”科目是期末结转，即每月事业单位将“经营费用”本期发生额结转至“本期盈余”科目。

## 5.4.2 经营支出

事业单位的经营支出与经营预算收入相对应，属于预算会计中的核算内容；经营费用与经营收入相对应，属于财务会计中的核算内容。事业单位的经营预算收入减去经营支出后的差额为经营结余。

为核算经营支出业务，事业单位应设置“经营支出”总账科目。本科目核算事业单位在专业业务活动及其辅助活动之外开展非独立核算经营活动实际发生的各项现金流出。本科目应当按照经营活动类别、项目、《政府收支分类科目》中“支出功能分类科目”的项级科目和“部门预算支出经济分类科目”的款级科目等进行明细核算。对于预付款项，可通过在本科目下设置“待处理”明细科目进行明细核算，待确认具体支出项目后再转入本科目下相关明细科目。年末结账前，应将本科目“待处理”明细科目余额全部转入本科目下相关明细科目。年末结转后，本科目应无余额。

（1）支付经营部门职工薪酬，向职工个人支付薪酬时，按照实际的金额，借记本科目，贷记“资金结存”科目。按照规定代扣代缴个人所得税以及代扣代缴或为职工缴纳职工社会保险费、住房公积金时，按照实际缴纳的金额，借记本科目，贷记“资金结存”科目。

（2）为经营活动支付外部人员劳务费时，按照实际支付给外部人员个人的金额，借记本科目，贷记“资金结存”科目。按照规定代扣代缴个人所得税时，按照实际缴纳的金额，借记本科目，贷记“资金结存”科目。

（3）开展经营活动过程中为购买存货、固定资产、无形资产等以及为在建工程支付相关款项时，按照实际支付的金额，借记本科目，贷记“资金结存”科目。

（4）开展经营活动过程中发生预付账款时，按照实际支付的金额，借记本科目，贷记“资金结存”科目。对于暂付款项，在支付款项时可不做预算会计处理，待结算或报销时，按照结算或报销的金额，借记本科目，贷记“资金结存”科目。

（5）因开展经营活动缴纳的相关税费以及发生的其他各项支出，按照实际支付的金额，借记本科目，贷记“资金结存”科目。

（6）开展经营活动中因购货退回等发生款项退回，或者发生差错更正，属于当年支出收回的，按照收回或更正金额，借记“资金结存”科目，贷记本科目。

（7）年末，将本科目本年发生额转入经营结余，借记“经营结余”科目，贷记本科目。

例 5-41　承例 5-35，该事业单位数日后通过银行存款发放经营人员薪酬 52 000 元。

财务会计分录：

| | | |
|---|---|---|
| 借：应付职工薪酬 | 52 000 | |
| 　　贷：银行存款 | | 52 000 |

预算会计分录：

| | | |
|---|---|---|
| 借：经营支出 | 52 000 | |

贷：资金结存——货币资金　　52 000

例5-42　某事业单位用银行存款购入经营用材料13 000元（该事业单位经营活动属于小规模纳税人），材料已验收入库。

财务会计分录：

借：库存物品　　13 000

　　贷：银行存款　　13 000

预算会计分录：

借：经营支出　　13 000

　　贷：资金结存——货币资金　　13 000

例5-43　某事业单位在经营活动中需要购入一台设备，价款共计100 000元，按照合同规定先预付20 000元订金，已用银行存款支付。

财务会计分录：

借：预付账款　　20 000

　　贷：银行存款　　20 000

预算会计分录：

借：经营支出　　20 000

　　贷：资金结存——货币资金　　20 000

例5-44　承例5-38，数日后，该事业单位用银行存款支付经营活动中发生的城市维护建设税1 512元、教育费附加648元，两项共计2 160元。

财务会计分录：

借：其他应交税费——城市维护建设税　　1 512

　　　　　　　　——教育费附加　　648

　　贷：银行存款　　2 160

预算会计分录：

借：经营支出　　2 160

　　贷：资金结存——货币资金　　2 160

例5-45　承例5-42，该事业单位当年购入的经营用材料因质量问题，现全部退货，货款已到银行存款账户。

财务会计分录：

借：银行存款　　13 000

　　贷：库存物品　　13 000

预算会计分录：

借：资金结存——货币资金　　13 000

　　贷：经营支出　　13 000

例5-46　某事业单位年末结转“经营支出”科目本年发生额580 000元。

财务会计分录：无。

预算会计分录：

借：经营结余　　580 000

贷：经营支出　　　　580 000

经营费用是事业单位在专业业务活动及其辅助活动之外开展非独立核算经营活动发生的各项费用；经营支出是事业单位在专业业务活动及其辅助活动之外开展非独立核算经营活动实际发生的各项现金流出。前者用权责发生制核算，后者用收付实现制核算。

“经营支出”科目是年末结转，即年末事业单位将“经营支出”本年发生额结转至“经营结余”科目。

## 5.5　资产处置费用

为核算资产处置费用业务，单位应设置“资产处置费用”总账科目。本科目核算单位经批准处置资产时发生的费用，包括转销的被处置资产价值，以及在处置过程中发生的相关费用或者处置收入小于相关费用形成的净支出。资产处置的形式按照规定包括无偿调拨、出售、出让、转让、置换、对外捐赠、报废、毁损以及货币性资产损失核销等。

单位在资产清查中查明的资产盘亏、毁损以及资产报废等，应当先通过“待处理财产损溢”科目进行核算，再将处理资产价值和处理净支出计入本科目。

短期投资、长期股权投资、长期债券投资的处置，按照相关资产科目的规定进行账务处理。

本科目应当按照处置资产的类别、资产处置的形式等进行明细核算。期末结转后，本科目应无余额。

1. 不通过“待处理财产损溢”科目核算的资产处置

（1）按照规定报经批准处置资产时，按照处置资产的账面价值，借记本科目［处置固定资产、无形资产、公共基础设施、保障性住房的，还应借记“固定资产累计折旧”“无形资产累计摊销”“公共基础设施累计折旧（摊销）”“保障性住房累计折旧”科目］，按照处置资产的账面余额，贷记“库存物品”“固定资产”“无形资产”“公共基础设施”“政府储备物资”“文物文化资产”“保障性住房”“其他应收款”“在建工程”等科目。

（2）处置资产过程中仅发生相关费用的，按照实际发生金额，借记本科目，贷记“银行存款”“库存现金”等科目。

（3）处置资产过程中取得收入的，按照取得的价款，借记“库存现金”“银行存款”等科目，按照处置资产过程中发生的相关费用，贷记“银行存款”“库存现金”等科目，按照其差额，借记本科目或贷记“应缴财政款”等科目。

涉及增值税业务的，相关账务处理参见“应交增值税”科目内容。

2. 通过“待处理财产损溢”科目核算的资产处置

（1）单位账款核对中发现的现金短缺，属于无法查明原因的，报经批准核销时，借记本科目，贷记“待处理财产损溢”科目。

（2）单位资产清查过程中盘亏或者毁损、报废的存货、固定资产、无形资产、公共基础设施、政府储备物资、文物文化资产、保障性住房等，报经批准处理时，按照处理资产价值，借记本科目，贷记“待处理财产损溢——待处理财产价值”科目。处理收支结清时，处理过程中所取得收入小于所发生相关费用的，按照相关费用减去处理收入后的净支出，借记本科目，贷记“待处理财产损溢——处理净收入”科目。

3. 期末结账

期末，将本科目本期发生额转入本期盈余，借记“本期盈余”科目，贷记本科目。

例 5-47　某事业单位经批准置换一项固定资产，该项固定资产账面余额 80 000 元，已提折旧 20 000 元，评估价 59 000 元，用银行存款支付补价 30 000 元，新设备已验收并交付使用。

财务会计分录：

| | | |
|---|---|---|
| 借：固定资产 | 89 000 | |
| 　　资产处置费用 | 1 000 | |
| 　　固定资产累计折旧 | 20 000 | |
| 　　贷：固定资产 | | 80 000 |
| 　　　　银行存款 | | 30 000 |

预算会计分录：

| | | |
|---|---|---|
| 借：其他支出 | 30 000 | |
| 　　贷：资金结存——货币资金 | | 30 000 |

例 5-48　某事业单位对外捐赠一批价值 30 000 元的图书，用现金支付运费 100 元。

财务会计分录：

| | | |
|---|---|---|
| 借：资产处置费用 | 30 100 | |
| 　　贷：固定资产 | | 30 000 |
| 　　　　库存现金 | | 100 |

预算会计分录：

| | | |
|---|---|---|
| 借：其他支出 | 100 | |
| 　　贷：资金结存——货币资金 | | 100 |

例 5-49　某行政单位盘亏一项固定资产，该固定资产的账面余额 200 000 元，已提折旧 150 000 元；经批准现核销。

① 盘亏时

财务会计分录：

| | | |
|---|---|---|
| 借：待处理财产损溢 | 50 000 | |
| 　　固定资产累计折旧 | 150 000 | |
| 　　贷：固定资产 | | 200 000 |

预算会计分录：无。

② 批准核销时

财务会计分录：

借：资产处置费用　　50 000

　贷：待处理财产损溢　　50 000

预算会计分录：无。

例5-50　某事业单位月末结转“资产处置费用”科目本期发生额560 000元。

财务会计分录：

借：本期盈余　　560 000

　贷：资产处置费用　　560 000

预算会计分录：无。

在财务会计中确认“资产处置费用”时，如果在处置过程中发生了实际的现金（概念同上）支付并且该现金是纳入单位预算管理的，则同时进行预算会计的核算，在预算会计中确认“其他支出”；否则，只需要进行财务会计的核算。

“资产处置费用”科目是期末结转，即每月单位将“资产处置费用”本期发生额结转至“本期盈余”科目。

## 5.6　上缴上级费用和上缴上级支出

### 5.6.1　上缴上级费用

为核算上缴上级费用业务，事业单位应设置“上缴上级费用”总账科目。本科目核算事业单位按照财政部门和主管部门的规定上缴上级单位款项发生的费用。本科目应当按照收缴款项单位、缴款项目等进行明细核算。期末结转后，本科目应无余额。

事业单位发生上缴上级支出的，按照实际上缴的金额或者按照规定计算出应当上缴上级单位的金额，借记本科目，贷记“银行存款”“其他应付款”等科目。期末，将本科目本期发生额转入本期盈余，借记“本期盈余”科目，贷记本科目。

### 5.6.2　上缴上级支出

为核算上缴上级支出业务，事业单位应设置“上缴上级支出”总账科目。本科目核算事业单位按照财政部门和主管部门的规定上缴上级单位款项发生的现金流出。本科目应当按照收缴款项单位、缴款项目、《政府收支分类科目》中“支出功能分类科目”的项级科目和“部门预算支出经济分类科目”的款级科目等进行明细核算。年末结转后，本科目应无余额。

按照规定将款项上缴上级单位的，按照实际上缴的金额，借记本科目，贷记“资金结存”科目。年末，将本科目本年发生额转入其他结余，借记“其他结余”科目，贷记本科目。

例 5-51　某事业单位按规定向上级单位上缴款项 70 000 元，该款项已通过银行存款支付。

财务会计分录：

借：上缴上级费用　　70 000

　　贷：银行存款　　70 000

预算会计分录：

借：上缴上级支出　　70 000

　　贷：资金结存——货币资金　　70 000

例 5-52　某事业单位月末结转“上缴上级费用”科目本期发生额 70 000 元。

借：本期盈余　　70 000

　　贷：上缴上级费用　　70 000

预算会计分录：无。

例 5-53　某事业单位年末结转“上缴上级支出”科目本年发生额 900 000 元。

财务会计分录：无。

预算会计分录：

借：其他结余　　900 000

　　贷：上缴上级支出　　900 000

在财务会计中确认“上缴上级费用”时，如果该费用已用现金（概念同上）实际支付并且该现金是纳入单位预算管理的，则同时进行预算会计的核算，在预算会计中确认相应的“上缴上级支出”；否则，只需要进行财务会计的核算。

“上缴上级费用”科目是期末结转，即每月事业单位将“上缴上级费用”本期发生额结转至“本期盈余”科目。“上缴上级支出”科目是年末结转，即年末事业单位将“上缴上级支出”本年发生额结转至“其他结余”科目。

# 5.7 对附属单位补助费用和对附属单位补助支出

## 5.7.1 对附属单位补助费用

为核算对附属单位补助费用业务，事业单位应设置“对附属单位补助费用”总账科目。本科目核算事业单位用财政拨款收入之外的收入对附属单位补助发生的费用。本科目应当按照接受补助单位、补助项目等进行明细核算。期末结转后，本科目应无余额。

事业单位发生对附属单位补助支出的，按照实际补助的金额或者按照规定计算出应当对附属单位补助的金额，借记本科目，贷记“银行存款”“其他应付款”等科目。期末，将本科目本期发生额转入本期盈余，借记“本期盈余”科目，贷记本科目。

## 5.7.2 对附属单位补助支出

为核算对附属单位补助支出业务，事业单位应设置“对附属单位补助支出”总账科目。本科目核算事业单位用财政拨款预算收入之外的收入对附属单位补助发生的现金流出。本科目应当按照接受补助单位、补助项目、《政府收支分类科目》中“支出功能分类科目”的项级科目和“部门预算支出经济分类科目”的款级科目等进行明细核算。年末结转后，本科目应无余额。

事业单位发生对附属单位补助支出的，按照实际补助的金额，借记本科目，贷记“资金结存”科目。年末，将本科目本年发生额转入其他结余，借记“其他结余”科目，贷记本科目。

例5-54　某事业单位按规定对下级单位进行补助，共计60 000元，该款项已通过银行存款支付。

财务会计分录：

借：对附属单位补助费用　　60 000

　　贷：银行存款　　60 000

预算会计分录：

借：对附属单位补助支出　　60 000

　　贷：资金结存——货币资金　　60 000

例5-55　某事业单位月末结转“对附属单位补助费用”科目本期发生额60 000元。

借：本期盈余　　60 000

贷：对附属单位补助费用　　60 000

预算会计分录：无。

例 5-56　某事业单位年末结转“对附属单位补助支出”科目本年发生额 800 000 元。

财务会计分录：无。

预算会计分录：

借：其他结余　　800 000

贷：对附属单位补助支出　　800 000

在财务会计中确认“对附属单位补助费用”时，如果该费用已用现金（概念同上）实际支付并且该现金是纳入单位预算管理的，则同时进行预算会计的核算，在预算会计中确认相应的“对附属单位补助支出”；否则，只需要进行财务会计的核算。

“对附属单位补助费用”科目是期末结转，即每月事业单位将“对附属单位补助费用”本期发生额结转至“本期盈余”科目。“对附属单位补助支出”科目是年末结转，即年末事业单位将“对附属单位补助支出”本年发生额结转至“其他结余”科目。

## 5.8　所得税费用

为核算所得税费用业务，事业单位应设置“所得税费用”总账科目。本科目核算有企业所得税缴纳义务的事业单位按规定缴纳企业所得税所形成的费用。期末结转后，本科目应无余额。

事业单位发生企业所得税纳税义务的，按照税法规定计算的应交税金数额，借记本科目，贷记“其他应交税费——单位应交所得税”科目。实际缴纳时，按照缴纳金额，借记“其他应交税费——单位应交所得税”科目，贷记“银行存款”科目。期末，将本科目本期发生额转入本期盈余，借记“本期盈余”科目，贷记本科目。

例 5-57　某事业单位发生企业所得税纳税义务，按照相关规定计算出单位应交所得税 5 600 元。

财务会计分录：

借：所得税费用　　5 600

贷：其他应交税费——单位应交所得税　　5 600

预算会计分录：无。

例 5-58　承例 5-57，该事业单位期末结转“所得税费用”本期发生额 5 600 元。

财务会计分录：

借：本期盈余　　5 600

贷：所得税费用　　5 600

预算会计分录：无。

例5-59　承例5-57，该事业单位下月初用银行存款缴纳所得税5 600元。

财务会计分录：

借：其他应交税费——单位应交所得税　　5 600

　　贷：银行存款　　5 600

预算会计分录：

借：非财政拨款结余——累计结余　　5 600

　　贷：资金结存——货币资金　　5 600

## 5.9　投资支出

为核算投资支出业务，事业单位应设置“投资支出”总账科目。本科目核算事业单位以货币资金对外投资发生的现金流出。本科目应当按照投资类型、投资对象、《政府收支分类科目》中“支出功能分类科目”的项级科目和“部门预算支出经济分类科目”的款级科目等进行明细核算。年末结转后，本科目应无余额。

（1）以货币资金对外投资时，按照投资金额和所支付的相关税费金额的合计数，借记本科目，贷记“资金结存”科目。

（2）出售、对外转让或到期收回本年度以货币资金取得的对外投资的，如果按规定将投资收益纳入单位预算的，按照实际收到的金额，借记“资金结存”科目，按照取得投资时“投资支出”科目的发生额，贷记本科目，按照其差额，贷记或借记“投资预算收益”科目；如果按规定将投资收益上缴财政的，按照取得投资时“投资支出”科目的发生额，借记“资金结存”科目，贷记本科目。

出售、对外转让或到期收回以前年度以货币资金取得的对外投资的，如果按规定将投资收益纳入单位预算的，按照实际收到的金额，借记“资金结存”科目，按照取得投资时“投资支出”科目的发生额，贷记“其他结余”科目，按照其差额，贷记或借记“投资预算收益”科目；如果按规定将投资收益上缴财政的，按照取得投资时“投资支出”科目的发生额，借记“资金结存”科目，贷记“其他结余”科目。

（3）年末，将本科目本年发生额转入其他结余，借记“其他结余”科目，贷记本科目。

例题参见例2-17、例2-18、例2-48、例2-52。

# 5.10 债务还本支出

为核算债务还本支出业务，事业单位应设置“债务还本支出”总账科目。本科目核算事业单位偿还自身承担的纳入预算管理的从金融机构举借的债务本金的现金流出。本科目应当按照贷款单位、贷款种类、《政府收支分类科目》中“支出功能分类科目”的项级科目和“部门预算支出经济分类科目”的款级科目等进行明细核算。年末结转后，本科目应无余额。

事业单位偿还各项短期或长期借款时，按照偿还的借款本金，借记本科目，贷记“资金结存”科目。年末，将本科目本年发生额转入其他结余，借记“其他结余”科目，贷记本科目。

例题参见例4-23、例4-24。

# 5.11 其他费用和其他支出

## 5.11.1 其他费用

为核算其他费用业务，单位应设置“其他费用”总账科目。本科目核算单位发生的除业务活动费用、单位管理费用、经营费用、资产处置费用、上缴上级费用、附属单位补助费用、所得税费用以外的各项费用，包括利息费用、坏账损失、罚没支出、现金资产捐赠支出以及相关税费、运输费等。本科目应当按照其他费用的类别等进行明细核算。单位发生的利息费用较多的，可以单独设置“5701　利息费用”科目。期末结转后，本科目应无余额。

（1）利息费用，按期计算确认借款利息费用时，按照计算确定的金额，借记“在建工程”科目或本科目，贷记“应付利息”“长期借款——应计利息”科目。

（2）坏账损失，年末，事业单位按照规定对收回后不需上缴财政的应收账款和其他应收款计提坏账准备时，按照计提金额，借记本科目，贷记“坏账准备”科目；冲减多提的坏账准备时，按照冲减金额，借记“坏账准备”科目，贷记本科目。

（3）罚没支出，单位发生罚没支出的，按照实际缴纳或应当缴纳的金额，借记本科目，贷记“银行存款”“库存现金”“其他应付款”等科目。

（4）现金资产捐赠，单位对外捐赠现金资产的，按照实际捐赠的金额，借记本科目，贷记“银行存款”“库存现金”等科目。

（5）其他相关费用，单位接受捐赠（或无偿调入）以名义金额计量的存货、固定资产、无形资产，以及成本无法可靠取得的公共基础设施、文物文化资产等发生的相关税费、运输费等，按照实际支付的金额，借记本科目，贷记“财政拨款收入”“零余额账户用款额度”“银行存款”“库存现金”等科目。

单位发生的与受托代理资产相关的税费、运输费、保管费等，按照实际支付或应付的金额，借记本科目，贷记“零余额账户用款额度”“银行存款”“库存现金”“其他应付款”等科目。

（6）期末，将本科目本期发生额转入本期盈余，借记“本期盈余”科目，贷记本科目。

例 5-60　某事业单位经批准后向银行借入 12 个月的借款 800 000 元，已存入银行，利率 6%，每月用银行存款支付利息，到期还本。

① 借入款项时

财务会计分录：

| | | |
|---|---|---|
| 借：银行存款 | 800 000 | |
| 　　贷：短期借款 | | 800 000 |

预算会计分录：

| | | |
|---|---|---|
| 借：资金结存——货币资金 | 800 000 | |
| 　　贷：债务预算收入 | | 800 000 |

② 每月支付利息时

财务会计分录：

| | | |
|---|---|---|
| 借：其他费用 | 4 000 | |
| 　　贷：银行存款 | | 4 000 |

预算会计分录：

| | | |
|---|---|---|
| 借：其他支出 | 4 000 | |
| 　　贷：资金结存——货币资金 | | 4 000 |

③ 到期还本时

财务会计分录：

| | | |
|---|---|---|
| 借：短期借款 | 800 000 | |
| 　　贷：银行存款 | | 800 000 |

预算会计分录：

| | | |
|---|---|---|
| 借：债务还本支出 | 800 000 | |
| 　　贷：资金结存——货币资金 | | 800 000 |

例 5-61　某事业单位年末按规定对不上缴财政的应收账款计提坏账准备 3 000 元（“坏账准备”科目期初余额为零）。

财务会计分录：

| | | |
|---|---|---|
| 借：其他费用 | 3 000 | |
| 　　贷：坏账准备 | | 3 000 |

预算会计分录：无。

例5-62　某事业单位对外捐赠现金60 000元，款项已通过银行存款支付。

财务会计分录：

借：其他费用　　60 000

　　贷：银行存款　　60 000

预算会计分录：

借：其他支出　　60 000

　　贷：资金结存——货币资金　　60 000

例5-63　参见例2-76。

例5-64　某事业单位于12月31日结转"其他费用"科目本期发生额20 000元，并结转"其他支出"科目本年发生额250 000元（全部为其他资金支出）。

财务会计分录：

借：本期盈余　　20 000

　　贷：其他费用　　20 000

预算会计分录：

借：其他结余　　250 000

　　贷：其他支出　　250 000

在财务会计中确认"其他费用"时，如果该费用已用现金（概念同上）实际支付并且该现金是纳入单位预算管理的，则同时进行预算会计的核算，在预算会计中确认相应的"其他支出"；否则，只需要进行财务会计的核算。

"其他费用"科目是期末结转，即每月单位将"其他费用"本期发生额结转至"本期盈余"科目。"其他支出"科目是年末结转，即年末单位将"其他支出"本年发生额根据资金性质分别结转至"财政拨款结转——本年收支结转"科目、"非财政拨款结转——本年收支结转"科目和"其他结余"科目。

## 5.11.2　其他支出

为核算其他支出业务，单位应设置"其他支出"总账科目。本科目核算单位除行政支出、事业支出、经营支出、上缴上级支出、对附属单位补助支出、投资支出、债务还本支出以外的各项现金流出，包括利息支出、对外捐赠现金支出、现金盘亏损失、接受捐赠（调入）和对外捐赠（调出）非现金资产发生的税费支出、资产置换过程中发生的相关税费支出、罚没支出等。本科目应当按照其他支出的类别，以及"财政拨款支出""非财政专项资金支出"和"其他资金支出"，《政府收支分类科目》中"支出功能分类科目"的项级科目和"部门预算支出经济分类科目"的款级科目等进行明细核算。其他支出中如有专项资金支出，还应按照具体项目进行明细核算。有一般公共预算财政拨款、政府性基金预算财政拨款等两种或两种以上财政拨款的事业单位，还应当在"财政拨款支出"明细科目下按照财政拨款的种类进行明细核算。单位发生利息支出、捐赠支出等其他支出金额较大或业务较多的，可单独设置“利息支出”“捐赠支出”等科目。年末结转后，本科目应无余额。

（1）利息支出。支付银行借款利息时，按照实际支付金额，借记本科目，贷记“资金结存”科目。

（2）对外捐赠现金资产。对外捐赠现金资产时，按照捐赠金额，借记本科目，贷记“资金结存——货币资金”科目。

（3）现金盘亏损失。每日现金账款核对中如发现现金短缺，按照短缺的现金金额，借记本科目，贷记“资金结存——货币资金”科目。经核实，属于应当由有关人员赔偿的，按照收到的赔偿金额，借记“资金结存——货币资金”科目，贷记本科目。

（4）接受捐赠（无偿调入）和对外捐赠（无偿调出）非现金资产发生的税费支出。接受捐赠（无偿调入）非现金资产发生的归属于捐入方（调入方）的相关税费、运输费等，以及对外捐赠（无偿调出）非现金资产发生的归属于捐出方（调出方）的相关税费、运输费等，按照实际支付金额，借记本科目，贷记“资金结存”科目。

（5）资产置换过程中发生的相关税费支出。资产置换过程中发生的相关税费，按照实际支付金额，借记本科目，贷记“资金结存”科目。

（6）其他支出。发生罚没等其他支出时，按照实际支出金额，借记本科目，贷记“资金结存”科目。

（7）年末，将本科目本年发生额中的财政拨款支出转入财政拨款结转，借记“财政拨款结转——本年收支结转”科目，贷记本科目下各财政拨款支出明细科目；将本科目本年发生额中的非财政专项资金支出转入非财政拨款结转，借记“非财政拨款结转——本年收支结转”科目，贷记本科目下各非财政专项资金支出明细科目；将本科目本年发生额中的其他资金支出（非财政非专项资金支出）转入其他结余，借记“其他结余”科目，贷记本科目下各其他资金支出明细科目。

参见例5-60、例5-61、例5-62、例5-63、例5-64等例题。

## 本章习题

### 一、单项选择题

1. 下列不属于行政单位费用类科目的是（　　）。

A. 单位管理费用　　B. 资产处置费用

C. 其他费用　　D. 业务活动费用

2. 下列不属于事业单位费用类科目的是（　　）。

A. 单位管理费用　　B. 资产处置费用

C. 其他支出　　D. 上缴上级费用

3. 行政单位随买随用的零星办公用品可直接列为（　　）。

A. 固定资产　　B. 库存物品

C. 业务活动费用　　D. 单位管理费用

4. 行政事业单位盘亏的专业活动用固定资产，报经批准后，应转入（　　）科目。

A. 其他费用　　B. 资产处置费用

C. 其他支出　　D. 业务活动费用

5. 事业单位对外捐赠存货时，应按照其账面价值，借记（　　）科目。

A. 待处理财产损溢　　B. 其他费用

C. 库存物品　　D. 资产处置费用

6. 下列不属于行政事业单位“其他费用”科目核算内容的是（　　）。

A. 利息费用　　B. 罚没支出

C. 现金资产捐赠支出　　D. 非现金资产捐赠支出

7. 事业单位为本级行政部门管理人员计提工资薪酬时，应借记（　　）科目。

A. 管理费用　　B. 事业支出

C. 单位管理费用　　D. 业务活动费用

8. 下列不属于事业单位预算支出科目的是（　　）。

A. 事业支出　　B. 经营支出　　C. 其他支出　　D. 行政支出

9. 下列属于行政单位预算支出科目的是（　　）。

A. 经营支出　　B. 其他支出

C. 投资支出　　D. 债务还本支出

10. 下列会计科目中需按规定设置“财政拨款支出”“非财政专项资金支出”和“其他资金支出”明细科目进行核算的是（　　）。

A. 经营支出　　B. 投资支出

C. 其他支出　　D. 上缴上级支出

11. 下列科目期末余额，应转入“经营结余”的是（　　）。

A. 经营支出　　B. 所得税费用　　C. 经营收入　　D. 经营费用

12. 事业单位为核算开展专业业务活动及其辅助活动实际发生的各项现金流出，应设置（　　）科目。

A. 经营支出　　B. 经营费用　　C. 事业支出　　D. 行政支出

13. 年末，“上缴上级支出”科目余额应转入（　　）。

A. 财政拨款结转　　B. 非财政拨款结转

C. 其他结余　　D. 经营结余

14. “投资支出”科目核算（　　）。

A. 事业单位对外投资的现金流出

B. 事业单位以货币资金对外投资的现金流出

C. 行政单位对外投资的现金流出

D. 行政单位以货币资金对外投资的现金流出

15. “债务还本支出”年末余额应转入（　　）。

A. 其他结余　　B. 专用结余

C. 财政拨款结转　　D. 经营结余

## 二、多项选择题

1. 下列不属于行政单位费用类科目的是（　　）。

A. 上缴上级费用　　B. 资产处置费用

C. 其他费用　　D. 业务活动费用

E. 单位管理费用

2. 下列属于事业单位费用类科目的是（　　）。

A. 所得税费用　　B. 对附属单位补助费用

C. 经营费用　　D. 事业支出

E. 上缴上级支出

3. 下列属于事业单位“其他费用”科目核算内容的是（　　）。

A. 短期借款应付利息 2 000 元

B. 罚款支出 5 000 元

C. 对外捐赠现金 10 000 元

D. 对外捐赠固定资产账面价值 50 000 元

E. 不需上缴财政的应收账款计提坏账准备 6 000 元

4. 事业单位为本单位职工计提应发工资薪酬时，可能借记（　　）科目。

A. 管理费用　　B. 事业支出

C. 经营费用　　D. 单位管理费用

E. 业务活动费用

5. 下列属于行政单位预算支出科目的是（　　）。

A. 行政支出　　B. 事业支出　　C. 经营支出　　D. 其他支出

E. 上缴上级支出

6. 下列属于事业单位预算支出科目的是（　　）。

A. 其他费用　　B. 投资支出

C. 对附属单位补助费用　　D. 上缴上级支出

E. 经营支出

7. 下列关于行政支出说法正确的是（　　）。

A. 它是行政单位履行职责发生的现金流出

B. 应设置“基本支出”“项目支出”科目进行明细核算

C. 应按照“支出功能分类”的项级科目进行明细核算

D. 科目年末结转后无余额

E. “基本支出”明细科目下应按照“支出经济分类”的款级科目进行明细核算

8. 下列关于事业支出说法正确的是（　　）。

A. 它是事业单位开展各项业务活动发生的现金流出

B. 应设置“基本支出”“项目支出”科目进行明细核算

C. 应按照“支出功能分类”的项级科目进行明细核算

D. 科目年末结转后无余额

E. 它是事业单位专有的预算支出科目

9. 下列会计科目中需按规定设置“财政拨款支出”“非财政专项资金支出”和“其他资金支出”明细科目进行核算的是（　　）。

A. 行政支出　　B. 经营支出　　C. 其他支出　　D. 投资支出

E. 事业支出

## 三、判断题

1. 业务活动费用是指行政事业单位为实现其职能目标，依法履职或开展经营活动及其辅助活动所发生的各项费用。（　　）

2. 不是所有的资产处置都需通过“待处理财产损溢”科目过渡。（　　）

3. 期末，行政事业单位应将“其他费用”科目的借方余额转入“累计盈余”贷方。（　　）

4. 期末，行政事业单位应将“资产处置费用”科目的余额转入“本期盈余”科目。（　　）

5.“其他费用”科目期末结转后，应无余额。（　　）

6. 年终，事业单位应将经营费用的借方余额全数转入“经营结余”科目。（　　）

7. 单位管理费用是指行政单位本级行政及后勤管理部门开展管理活动发生的各项费用。（　　）

8. 事业单位的项目支出是指事业单位为完成特定工作任务和事业发展目标，在基本支出之外所发生的支出。（　　）

9. 事业费用是指事业单位开展专业业务活动及其辅助活动实际发生的各项现金流出。（　　）

10. 对附属单位补助费用是指事业单位用财政拨款预算收入之外的收入对附属单位补助发生的现金流出。（　　）

## 四、填空题

1. ____________是指行政事业单位为实现其职能目标，依法履职或开展专业业务活动及其辅助活动所发生的各项费用。

2. 期末，行政事业单位应将“资产处置费用”的科目余额转入“____________”科目。

3. 单位管理费用是指事业单位本级行政及后勤管理部门开展____________发生的

各项费用。

4. 对附属单位补助费用是指事业单位用____________的收入对附属单位补助发生的费用。

5. 行政事业单位的基本支出是指单位为了保障其正常运转、完成____________而发生的人员支出和公用支出。

6. ____________是指行政单位履行其职责实际发生的各项现金流出。

7. ____________是指事业单位开展专业业务活动及其辅助活动实际发生的各项现金流出。

8. 投资支出是指事业单位以____________对外投资发生的现金流出。

## 五、名词解释

1. 业务活动费用　2. 单位管理费用　3. 行政支出　4. 事业支出
5. 经营支出

## 六、简答题

1. 请罗列至少六个事业单位的预算支出科目。
2. 简述行政支出的概念及明细科目设置情况。
3. 简述按资金类型分类，行政支出可分为哪些支出，并对各类支出进行解释。
4. 简述按资金类型分类，事业支出可分为哪些支出，并对各类支出进行解释。

## 七、业务题

编制会计分录：

1. 行政单位通过单位零余额账户支付本月业务活动水电费5 000元。
2. 事业单位计提本月应付给专业业务职工工资500 000元。
3. 事业单位以现金500元购买零星办公用品，直接交给专业业务部门使用。
4. 事业单位为开展专业业务活动，领用一批甲材料，价款6 000元。
5. 事业单位收到财政国库支付执行机构委托代理银行转来的财政直接支付入账通知书，通过财政零余额账户为该单位支付了专业活动业务部门人员的基本工资58 000元。
6. （1）事业单位开展非独立核算经营活动，自行加工生产A产品，领用甲材料一批，价值50 000元；用银行存款支付生产人员工资6 000元；用现金支付生产车间发生的水电费300元。

（2）A产品全部完工验收入库。

（3）将所有上述A产品出售，价款80 000元（不含税价），增值税税率3%，价税尚未收到。

7. 事业单位开展非独立核算经营活动，销售货物一批，价款 9 000 元（不含税价），增值税税率 13%，所售货物成本为 7 000 元，价税已收到并存入银行。

8. 年末，行政单位“行政支出”科目余额为借方 450 000 元，其中财政拨款支出 400 000 元，非财政专项资金支出 30 000 元，其余为非财政非专项资金支出，进行年末结账处理。

9. 行政单位当日盘点现金时，发现现金短缺 100 元，无法查明原因，报经批准予以核销。

10. 事业单位为小规模纳税人，为经营活动购入一批原材料，价款 50 000 元，增值税税率 13%，价税均通过银行账户支付，材料已验收入库。

# 第六章

# 净资产的核算

6

## 6.1 净资产的概述

净资产是行政事业单位资产减去负债后的余额，它属于财务会计要素。行政事业单位的净资产核算业务可以分为三类。

（1）盈余结转业务。行政事业单位每期期末需要将收入和费用结转，计算本期盈余；事业单位年末时还应将当年形成的盈余进行分配，将确定的限定性资金金额转入专用基金，未限定的部分增加历年的累计盈余。

（2）净资产调整业务。行政事业单位在会计期间发生一些直接引起净资产变动的资产或负债变化，直接调整净资产。包括两类业务，一类是影响只限于当期，通过直接调整净资产进行记录的业务，例如，无偿调拨净资产，以及由于行政事业单位以前年度错误调整导致的对过去业务形成的净资产的更正；另一类是涉及长期资产，影响持续整个资产持有期间的净资产变化，例如，长期股权投资使用权益法核算时由于其他投资者对被投资企业溢价追加投资而产生的权益法调整。这两类业务都在增减资产的同时增减单位的净资产。

（3）计提、使用专用基金业务。专用基金表现为对净资产用途的限定。事业单位根据相关规定，对部分盈余进行盈余分配形成专用基金，或者按照其他计提方式提取限定用途的资金，增加了事业单位的专用基金；事业单位使用专用基金时，在减少专用基金的同时也减少相应的货币资产。

行政事业单位核算净资产业务的科目包括以下三类：

（1）反映盈余结转业务的两个科目：“本期盈余”科目、“本年盈余分配”科目。

（2）反映净资产调整业务的三个科目：“以前年度盈余调整”科目、“无偿调拨净资产”科目、“权益法调整”科目。

（3）反映历年累计的两个科目：“累计盈余”科目、“专用基金”科目。

在所有这些净资产科目中，对事业单位而言，如果所有业务都发生，只有“累计盈余”科目、“专用基金”科目、“权益法调整”科目三个科目（行政单位只有“累计盈余”一个科目）在年末转账和结账后有余额，其他科目都是本年度的过渡性科目。

有些行业的事业单位对净资产的管理强调按照不同业务内容区分净资产的业务内容，这类事业单位应该在相应的净资产科目下设置满足管理需要的明细科目，方便不同业务的收支转账和盈余管理。例如，医院根据自身管理需要，需要在“累计盈余”科目下设置“医疗盈余”“科教盈余”等明细科目，为此，影响“累计盈余”科目的“本期盈余”科目和相关的收入、支出总账科目也需要设置对应的明细科目。

# 6.2 本期盈余

为核算本期盈余业务，单位应设置“本期盈余”总账科目。本科目核算单位本期各项收入、费用相抵后的余额。

（1）期末，将各类收入科目的本期发生额转入本期盈余，借记“财政拨款收入”“事业收入”“上级补助收入”“附属单位上缴收入”“经营收入”“非同级财政拨款收入”“投资收益”“捐赠收入”“利息收入”“租金收入”“其他收入”科目，贷记本科目；将各类费用科目本期发生额转入本期盈余，借记本科目，贷记“业务活动费用”“单位管理费用”“经营费用”“所得税费用”“资产处置费用”“上缴上级费用”“对附属单位补助费用”“其他费用”科目。

（2）年末，完成上述结转后，将本科目余额转入“本年盈余分配”科目，借记或贷记本科目，贷记或借记“本年盈余分配”科目。

本科目期末如为贷方余额，反映单位自年初至当期期末累计实现的盈余；如为借方余额，反映单位自年初至当期期末累计发生的亏损。年末结账后，本科目应无余额。

例6-1　某事业单位12月各类收入、费用科目的本期发生额如表6-1所示。结转各类收入、费用科目本期发生额后，结转“本期盈余”科目本年发生额（该科目12月的期初数为贷方750 000元）。

**表6-1　某事业单位12月各类收入、费用科目的本期发生额**　　单位：元

| 收入和费用科目 | 本期贷方发生额 | 本期借方发生额 |
|---|---|---|
| 财政拨款收入 | 534 000 | |
| 事业收入 | 433 500 | |
| 非同级财政拨款收入 | 46 750 | |
| 上级补助收入 | 18 750 | |
| 附属单位上缴收入 | 5 400 | |
| 经营收入 | 82 500 | |
| 投资收益 | 34 500 | |
| 捐赠收入 | 117 000 | |
| 利息收入 | 4 200 | |
| 租金收入 | 14 250 | |
| 其他收入 | 9 150 | |
| 业务活动费用 | | 1 002 000 |

续表

| 收入和费用科目 | 本期贷方发生额 | 本期借方发生额 |
|---|---|---|
| 单位管理费用 | | 217 500 |
| 上缴上级费用 | | 5 450 |
| 对附属单位补助费用 | | 3 000 |
| 经营费用 | | 3 600 |
| 资产处置费用 | | 13 200 |
| 所得税费用 | | 300 |
| 其他费用 | | 4 950 |
| 合计 | 1 300 000 | 1 250 000 |

① 结转各类收入类科目本期发生额时

财务会计分录：

借：财政拨款收入　　534 000
　　事业收入　　433 500
　　非同级财政拨款收入　　46 750
　　上级补助收入　　18 750
　　附属单位上缴收入　　5 400
　　经营收入　　82 500
　　投资收益　　34 500
　　捐赠收入　　117 000
　　利息收入　　4 200
　　租金收入　　14 250
　　其他收入　　9 150
　　贷：本期盈余　　1 300 000

预算会计分录：无。

② 结转各类费用类科目本期发生额时

财务会计分录：

借：本期盈余　　1 250 000
　　贷：业务活动费用　　1 002 000
　　　　单位管理费用　　217 500
　　　　上缴上级费用　　5 450
　　　　对附属单位补助费用　　3 000
　　　　经营费用　　3 600
　　　　资产处置费用　　13 200

　　所得税费用　　300
　　其他费用　　4 950

预算会计分录：无。

③ 年末将“本期盈余”科目贷方余额转至“本年盈余分配”科目时

财务会计分录：

借：本期盈余　　800 000
　　贷：本年盈余分配　　800 000

预算会计分录：无。

每月末将各类收入、费用科目的本期发生额结转至“本期盈余”科目，年末将“本期盈余”科目的余额转入“本年盈余分配”科目。

## 6.3 本年盈余分配

为核算本年盈余分配业务，单位应设置“本年盈余分配”总账科目。本科目核算单位本年度盈余分配的情况和结果。

(1) 年末，将“本期盈余”科目余额转入本科目，借记或贷记“本期盈余”科目，贷记或借记本科目。

(2) 年末，根据有关规定从本年度非财政拨款结余或经营结余中提取专用基金的，按照预算会计下计算的提取金额，借记本科目，贷记“专用基金”科目。

(3) 年末，按照规定完成上述 (1)(2) 处理后，将本科目余额转入累计盈余，借记或贷记本科目，贷记或借记“累计盈余”科目。

年末结账后，本科目应无余额。

例6-2　承例6-1，该事业单位年末结转“本期盈余”科目的本年余额；从非财政拨款结余中提取专用基金 70 000 元；年末结转“本年盈余分配”科目的余额。

① 年末结转“本期盈余”科目的本年余额时

财务会计分录：

借：本期盈余　　800 000
　　贷：本年盈余分配　　800 000

预算会计分录：无。

② 提取专用基金时

财务会计分录：

借：本年盈余分配　　70 000
　　贷：专用基金——职工福利基金　　70 000

预算会计分录：

借：非财政拨款结余分配　　70 000
　　贷：专用结余　　70 000
③ 年末结转“本年盈余分配”科目的贷方余额时
财务会计分录：
借：本年盈余分配　　730 000
　　贷：累计盈余　　730 000
预算会计分录：无。

## 6.4 专用基金

为核算专用基金业务，事业单位应设置“专用基金”总账科目。本科目核算事业单位按照规定提取或设置的具有专门用途的净资产，主要包括职工福利基金、科技成果转化基金等。本科目应当按照专用基金的类别进行明细核算。本科目期末贷方余额，反映事业单位累计提取或设置的尚未使用的专用基金。

（1）年末，根据有关规定从本年度非财政拨款结余或经营结余中提取专用基金的，按照预算会计下计算的提取金额，借记“本年盈余分配”科目，贷记本科目。

（2）根据有关规定从收入中提取专用基金并计入费用的，一般按照预算会计下基于预算收入计算提取的金额，借记“业务活动费用”等科目，贷记本科目。国家另有规定的，从其规定。

（3）根据有关规定设置的其他专用基金，按照实际收到的基金金额，借记“银行存款”等科目，贷记本科目。

（4）按照规定使用提取的专用基金时，借记本科目，贷记“银行存款”等科目。

（5）使用提取的专用基金购置固定资产、无形资产的，按照固定资产、无形资产成本金额，借记“固定资产”“无形资产”科目，贷记“银行存款”等科目；同时，按照专用基金使用金额，借记本科目，贷记“累计盈余”科目。

例 6-3　从非财政拨款结余中提取专用基金的例题参见例 6-2。

例 6-4　某科学事业单位从事业收入中提取科技成果转化基金 300 000 元。
财务会计分录：
借：业务活动费用　　300 000
　　贷：专用基金——科技成果转化基金　　300 000
预算会计分录：无。

例 6-5　某医院从医疗收入中提取医疗风险基金 100 000 元。
财务会计分录：
借：业务活动费用　　100 000

贷：专用基金——医疗风险基金 100 000

预算会计分录：无。

例 6-6 某事业单位用从结余中提取的职工福利基金 20 000 元购买专门用于职工浴室的设备，设备已验收入库，款项已通过银行存款支付。

财务会计分录：

借：固定资产 20 000

贷：银行存款 20 000

借：专用基金——职工福利基金 20 000

贷：累计盈余 20 000

预算会计分录：

借：专用结余 20 000

贷：资金结存——货币资金 20 000

例 6-7 某高校收到校友捐赠的优秀学生奖学金，本金 20 000 000 元，已存入银行，要求留本使用。

财务会计分录：

借：银行存款 20 000 000

贷：专用基金——优秀学生奖学金——留本基金——本金 20 000 000

预算会计分录：无。

例 6-8 某事业单位用从结余中提取的职工福利基金 6 000 元购买专门用于职工运动会的奖品，款项已通过银行存款支付。

财务会计分录：

借：专用基金——职工福利基金 6 000

贷：银行存款 6 000

预算会计分录：

借：专用结余 6 000

贷：资金结存——货币资金 6 000

例 6-9 某科学事业单位用从事业收入中提取的科技成果转化基金 20 000 元奖励科技成果转化项目组人员，已用银行存款支付。

财务会计分录：

借：专用基金——科技成果转化基金 20 000

贷：银行存款 20 000

预算会计分录：

借：事业支出 20 000

贷：资金结存——货币资金 20 000

除了从非财政拨款结余中提取职工福利基金外，目前相关的财务制度规定，不同行业的事业单位可以根据业务情况提取或设置其他专用基金。例如，科研事业单位财务制度设置了科技成果转化基金，即单位可以从事业收入中提取以及在经营收支结余中提取转入用于科技成果转化的资金。高校财务制度设置了学生奖励基金，是指根据国家有关规定，按照事业收入的一定比例提取，专门用于学费减免、勤工助学、校内奖助学金、特殊困难补助等方面的资金。中小学校财务制度设置了奖助学基金，是指接受社会捐赠和按照规定从事业收入中提取转入，专门用于奖励、资助学生的资金。医院财务制度设置了医疗风险基金，是指从医疗收入中提取的专门用于支付医院购买医疗风险保险或实际发生医疗事故赔偿的资金。在事业单位的专用基金中，各项基金的提取比例和管理办法，国家有统一规定的，从其规定；没有统一规定的，由主管部门会同同级财政部门确定。

## 6.5　权益法调整

为核算权益法调整业务，事业单位应设置“权益法调整”总账科目。本科目核算事业单位持有的长期股权投资采用权益法核算时，按照被投资单位除净损益和利润分配以外的所有者权益变动份额，调整长期股权投资账面余额而计入净资产的金额。本科目应当按照被投资单位进行明细核算。

年末，按照被投资单位除净损益和利润分配以外的所有者权益变动应享有（或应分担）的份额，借记或贷记“长期股权投资——其他权益变动”科目，贷记或借记本科目。

采用权益法核算的长期股权投资，因被投资单位除净损益和利润分配以外的所有者权益变动而将应享有（或应分担）的份额计入单位净资产的，处置该项投资时，按照原计入净资产的相应部分金额，借记或贷记本科目，贷记或借记“投资收益”科目。

本科目期末余额，反映事业单位在被投资单位除净损益和利润分配以外的所有者权益变动中累积享有（或分担）的份额。

例6-10　某事业单位持有A公司60%的股份，有权决定A公司的财务和经营政策，相应的长期股权投资采用权益法核算。年末，A公司发生除净利润和利润分配以外的所有者权益变动增加数为50 000元。

财务会计分录：

借：长期股权投资——其他权益变动　　30 000

　　贷：权益法调整　　30 000

预算会计分录：无。

例6-11　某事业单位持有B公司40%的股份，有权决定B公司的财务和经营政策，相应的长期股权投资采用权益法核算。该股权当初用银行存款购得。某日，该事业单位经批准转让持有的B公司的全部40%的股份，获得转让收入810 000元，款项已存入银行。股份转让日，该事业单位采用权益法核算的相应长期股权投资的成本为765 000元，损益调整借方余额为31 500元，其他权益变动借方余额为9 000元，转让收益为4 500元。

① 转让股份时

财务会计分录：

借：银行存款　　810 000

　　贷：长期股权投资——成本　　765 000

　　　　　　　　　　——损益调整　　31500

　　　　　　　　　　——其他权益变动　　9 000

　　　　投资收益　　4 500

预算会计分录：

借：资金结存——货币资金　　810 000

　　贷：其他结余　　765 000

　　　　投资预算收益　　45 000

② 转出权益法调整时

借：权益法调整　　9 000

　　贷：投资收益　　9 000

## 6.6　无偿调拨净资产

为核算无偿调拨净资产业务，单位应设置“无偿调拨净资产”总账科目。本科目核算单位无偿调入或调出非现金资产所引起的净资产变动金额。年末结账后，本科目应无余额。

（1）按照规定取得无偿调入的存货、长期股权投资、固定资产、无形资产、公共基础设施、政府储备物资、文物文化资产、保障性住房等时，按照确定的成本，借记“库存物品”“长期股权投资”“固定资产”“无形资产”“公共基础设施”“政府储备物资”“文物文化资产”“保障性住房”等科目，按照调入过程中发生的归属于调入方的相关费用，贷记“零余额账户用款额度”“银行存款”等科目，按照其差额，贷记本科目。

（2）按照规定经批准无偿调出存货、长期股权投资、固定资产、无形资产、公共基础设施、政府储备物资、文物文化资产、保障性住房等时，按照调出资产的账面余额或账面价值，借记本科目，按照固定资产累计折旧、无形资产累计摊销、公共基础设施累计折旧或摊销、保障性住房累计折旧的金额，借记“固定资产累计折旧”“无形资产累计摊销”“公共基础设施累计折旧（摊销）”“保障性住房累计折旧”科目，按照调出资产的账面余额，贷记“库存物品”“长期股权投资”“固定资产”“无形资产”“公共基础设施”“政府储备物资”“文物文化资产”“保障性住房”等科目；同时，按照调出过程中发生的归属于调出方的相关费用，借记“资产处置费用”科目，贷记“零余额账户用款额度”“银行存款”等科目。

（3）年末，将本科目余额转入累计盈余，借记或贷记本科目，贷记或借记“累计盈余”科目。

例6-12 某行政单位接上级通知，无偿调入一项固定资产，该项固定资产的（调出方）账面余额为300 000元，已提折旧100 000元，无偿调入过程中发生运费500元，由调入方用银行存款支付。

财务会计分录：

| | | |
|---|---|---|
| 借：固定资产 | 300 500 | |
| 贷：银行存款 | | 500 |
| 无偿调拨净资产 | | 300 000 |

预算会计分录：

| | | |
|---|---|---|
| 借：其他支出 | 500 | |
| 贷：资金结存——货币资金 | | 500 |

例6-13 某事业单位接上级通知，无偿调出一批材料，该批材料的账面余额150 000元，无偿调出过程中发生运费1 000元，由调出方用银行存款支付。

财务会计分录：

| | | |
|---|---|---|
| 借：无偿调拨净资产 | 150 000 | |
| 贷：库存物品 | | 150 000 |
| 借：资产处置费用 | 1 000 | |
| 贷：银行存款 | | 1000 |

预算会计分录：

| | | |
|---|---|---|
| 借：其他支出 | 1 000 | |
| 贷：资金结存——货币资金 | | 1 000 |

例6-14 年末，某行政单位“无偿调拨净资产”科目贷方余额500 000元，将其结转。

财务会计分录：

| | | |
|---|---|---|
| 借：无偿调拨净资产 | 500 000 | |
| 贷：累计盈余 | | 500 000 |

预算会计分录：无。

例6-15 年末，某事业单位“无偿调拨净资产”科目借方余额700 000元，将其结转。

财务会计分录：

| | | |
|---|---|---|
| 借：累计盈余 | 700 000 | |
| 贷：无偿调拨净资产 | | 700 000 |

预算会计分录：无。

# 6.7 以前年度盈余调整

为核算以前年度盈余调整业务，单位应设置“以前年度盈余调整”总账科目。本科目核算单位本年度发生的调整以前年度盈余的事项，包括本年度发生的重要前期差错更正涉及调整以前年度盈余的事项。本科目结转后应无余额。

（1）调整增加以前年度收入时，按照调整增加的金额，借记有关科目，贷记本科目。调整减少的，做相反会计分录。

（2）调整增加以前年度费用时，按照调整增加的金额，借记本科目，贷记有关科目。调整减少的，做相反会计分录。

（3）盘盈的各种非流动资产，报经批准后处理时，借记“待处理财产损溢”科目，贷记本科目。

（4）经上述调整后，应将本科目的余额转入累计盈余，借记或贷记“累计盈余”科目，贷记或借记本科目。

例6-16 某事业单位本年度发现有一项固定资产上年度没有计提折旧，由此造成上一年度少计相应的业务活动费用28 000元，本年度发现后，作为前期差错进行更正。

① 调整增加以前年度费用时

借：以前年度盈余调整　　28 000

　　贷：固定资产累计折旧　　28 000

② 经上述调整后，应将“以前年度盈余调整”科目的余额转入累计盈余

借：累计盈余　　28 000

　　贷：以前年度盈余调整　　28 000

由于以前年度的业务活动费用已经在以前年度转入累计盈余，因此，调整以前年度的业务活动时，不能直接使用“业务活动费用”科目进行核算，应当通过“以前年度盈余调整”科目进行核算。

例6-17 某行政单位盘盈一项固定资产，确定的成本为50 000元。经核实，该项固定资产属于以前年度确定，取得时未入账。按规定报经批准后，作为前期差错进行更正。

① 盘盈固定资产时

借：固定资产　　50 000

　　贷：待处理财产损溢　　50 000

② 报经批准后处理

借：待处理财产损溢　　50 000

　　贷：以前年度盈余调整　　50 000

③ 经上述调整后，应将“以前年度盈余调整”科目的余额转入累计盈余

借：以前年度盈余调整　　50 000

贷：累计盈余　　50 000

按照《政府会计制度》的规定，如果盘盈的非流动资产属于本年度取得的，应当按照当年新取得相关资产进行会计处理，不能按照前期差错更正进行会计处理，即相应业务不通过“以前年度盈余调整”科目进行会计核算，不直接调整累计盈余的数额。

## 6.8　累计盈余

为核算累计盈余业务，单位应设置“累计盈余”总账科目。本科目核算单位历年实现的盈余扣除盈余分配后滚存的金额，以及因无偿调入调出资产产生的净资产变动额。按照规定上缴、缴回、单位间调剂结转结余资金产生的净资产变动额，以及对以前年度盈余的调整金额，也通过本科目核算。

（1）年末，将“本年盈余分配”科目的余额转入累计盈余，借记或贷记“本年盈余分配”科目，贷记或借记本科目。

（2）年末，将“无偿调拨净资产”科目的余额转入累计盈余，借记或贷记“无偿调拨净资产”科目，贷记或借记本科目。

（3）按照规定上缴财政拨款结转结余、缴回非财政拨款结转资金、向其他单位调出财政拨款结转资金时，按照实际上缴、缴回、调出金额，借记本科目，贷记“财政应返还额度”“零余额账户用款额度”“银行存款”等科目。按照规定从其他单位调入财政拨款结转资金时，按照实际调入金额，借记“零余额账户用款额度”“银行存款”等科目，贷记本科目。

（4）将“以前年度盈余调整”科目的余额转入本科目，借记或贷记“以前年度盈余调整”科目，贷记或借记本科目。

（5）按照规定使用专用基金购置固定资产、无形资产的，按照固定资产、无形资产成本金额，借记“固定资产”“无形资产”科目，贷记“银行存款”等科目；同时，按照专用基金使用金额，借记“专用基金”科目，贷记本科目。

本科目期末余额，反映单位未分配盈余（或未弥补亏损）的累计数以及截至上年末无偿调拨净资产变动的累计数。本科目年末余额，反映单位未分配盈余（或未弥补亏损）以及无偿调拨净资产变动的累计数。

例6-18　承例6-2，某事业单位年末将“本年盈余分配”科目的贷方余额730 000元转入“累计盈余”科目。

财务会计分录：

借：本年盈余分配　　730 000

贷：累计盈余　　730 000

预算会计分录：无。

例6-19　承例6-15，年末，某事业单位“无偿调拨净资产”科目借方余额700 000元，将其结转。

财务会计分录：

借：累计盈余　　700 000

　　贷：无偿调拨净资产　　700 000

预算会计分录：无。

例6-20　某事业单位按照规定上缴财政拨款结余资金200 000元，已通过单位零余额账户上缴。

财务会计分录：

借：累计盈余　　200 000

　　贷：零余额账户用款额度　　200 000

预算会计分录：

借：财政拨款结余　　200 000

　　贷：资金结存——零余额账户用款额度　　200 000

例6-21　承例6-16，某事业单位将“以前年度盈余调整”科目的借方余额28 000元转入“累计盈余”科目。

借：累计盈余　　28 000

　　贷：以前年度盈余调整　　28 000

例6-22　承例6-6，某事业单位用从结余中提取的职工福利基金20 000元购买专门用于职工浴室的设备，设备已验收入库，款项已通过银行存款支付。

财务会计分录：

借：固定资产　　20 000

　　贷：银行存款　　20 000

借：专用基金——职工福利基金　　20 000

　　贷：累计盈余　　20 000

预算会计分录：

借：专用结余　　20 000

　　贷：资金结存——货币资金　　20 000

在财务会计中，期末，单位将各收入类科目、费用类科目的本期发生额转入“本期盈余”科目，年末事业单位将“本期盈余”科目的余额转入“本年盈余分配”科目，根据相关规定分配后，将“本年盈余分配”科目的余额转入“累计盈余”科目；由于行政单位不能对盈余进行分配，因此行政单位年末可以将“本期盈余”科目的余额直接转入“累计盈余”科目。收入费用的差额最终形成行政事业单位累计盈余的一种来源。

行政事业单位按规定取得无偿调入存货、固定资产、无形资产、公共基础设施等资产时，无偿调拨净资产就会增加；按规定经过批准后，无偿调出存货、固定资产、无形资产、公共基础设施等资产时，无偿调拨净资产就会减少。按规定，年末将“无偿调拨净资产”科目的余额转入累计盈余，形成行政事业单位累计盈余的一个组成部分。

财政部门对于行政事业单位的财政拨款结转结余资金可以根据需要采用归集调入、归集上缴、归集调出、单位内部调剂使用等办法进行管理。其中，归集上缴、归集调出以及归集调入的业务都会影响行政事业单位的净资产数额；单位内部调剂使用不影响净资产数额。缴回非财政拨款结转资金的情况与上缴财政拨款结转结余资金的情况类似。

如果本年度发生重要前期差错更正的事项，就需要调整以前年度的盈余。以前年度盈余调整的业务包括调整增加或减少以前年度的收入、调整增加或减少以前年度的费用等。

事业单位根据有关规定使用专用基金购买固定资产、无形资产时，将专用基金转至累计盈余。专用基金和累计盈余都属于单位的净资产，将专用基金转至累计盈余，只影响净资产的构成，不影响净资产的总额。事实上，事业单位按规定使用专用基金购买固定资产或无形资产时，只是完成了专用基金的专门用途规定，净资产的总额没有发生变化。

# 本章习题

## 一、单项选择题

1. 下列不属于行政事业单位净资产的是（　　）。
   A. 累计盈余　　B. 本期盈余
   C. 专用基金　　D. 待处理财产损溢
2. 下列行政事业单位净资产类科目中，年末肯定无余额的是（　　）。
   A. 本年盈余分配　　B. 累计盈余
   C. 专用基金　　D. 权益法调整
3. 单位本期盈余如为借方余额，反映（　　）。
   A. 当期实现的盈余　　B. 自年初至当期期末累计实现的盈余
   C. 当期发生的亏损　　D. 自年初至当期期末累计发生的亏损
4. 年末结账时，事业单位应将“本期盈余”科目余额转入（　　）科目。
   A. 累计盈余　　B. 本年利润
   C. 本年盈余分配　　D. 资金结存
5. 期末，下列各项中不可能转入“本期盈余”科目的是（　　）。
   A. 事业收入　B. 事业支出　C. 其他收入　D. 业务活动费用
6. 下列关于“本年盈余分配”科目，说法不正确的是（　　）。
   A. 体现了行政事业单位本年度预算结余分配的情况

B. 年末应将余额转入“累计盈余”科目
C. 年末结账后应无余额
D. 年末从本科目中提取专用基金

7. 年末，下列科目余额不可能转入“累计盈余”科目的是（　　）。
A. 本年盈余分配　　B. 权益法调整
C. 无偿调拨净资产　　D. 本期盈余

8. 事业单位“累计盈余”11 月期末贷方余额，反映单位累计的未分配盈余以及（　　）。
A. 截至上年末无偿调拨净资产变动的累计数
B. 截至 11 月末无偿调拨净资产变动的累计数
C. 累计的未弥补亏损
D. 本年度前 11 个月无偿调拨净资产变动的累计数

9. 行政事业单位无偿调入的固定资产，应按照（　　）。
A. 固定资产的评估价值加上相关税费、运输费等入账
B. 固定资产调出方的账面价值加上相关税费、运输费等入账
C. 调入固定资产的市场价格加上相关税费、运输费等入账
D. 固定资产调出方的账面余额加上相关税费、运输费等入账

10. 下列资产盘盈在报经批准后，应计入“以前年度盈余调整”科目的是（　　）。
A. 库存现金　　B. 库存物品　　C. 固定资产　　D. 应收账款

## 二、多项选择题

1. 下列属于行政事业单位净资产类科目的是（　　）。
A. 本期盈余　　B. 本年盈余分配
C. 无偿调拨净资产　　D. 专用结余
E. 财政拨款结转

2. 下列行政事业单位净资产类科目中，年末肯定无余额的是（　　）。
A. 累计盈余　　B. 无偿调拨净资产
C. 权益法调整　　D. 本年盈余分配
E. 本期盈余

3. 期末，下列各项中不可能转入“本期盈余”科目的是（　　）。
A. 事业收入　　B. 事业支出
C. 事业预算收入　　D. 业务活动费用
E. 经营支出

4. 下列关于“本年盈余分配”科目，说法正确的是（　　）。
A. 体现了事业单位本年度盈余分配的情况
B. 只有在年末才用到本科目

C. 年末结账后应无余额
D. 年末将本科目余额转入“非财政拨款结余分配”科目
E. 年末可能从本科目中提取专用基金

6. 下列科目余额不可能转入“累计盈余”科目的是（ ）。
A. “专用基金”贷方余额 B. “本期盈余”贷方余额
C. “以前年度盈余调整”贷方余额 D. “无偿调拨净资产”借方余额
E. “权益法调整”借方余额

## 三、判断题

1. 行政事业单位净资产是指行政事业单位资产扣除负债后的余额。（ ）
2. 本期盈余是指行政事业单位本期各项收入、费用相抵后的余额。（ ）
3. “本期盈余”期末余额在借方，反映单位当期发生的亏损。（ ）
4. 本年盈余分配是指事业单位本年度盈余分配的情况和结果，该科目年末结账后，应无余额。（ ）
5. 本期盈余是指行政事业单位历年实现的盈余扣除盈余分配后滚存的金额，以及因无偿调入调出资产产生的净资产变动额。（ ）
6. 专用基金是指行政事业单位按照规定提取或者设置的有专门用途的资金。（ ）
7. 事业单位提取专用基金时，通常按照预算会计下相关科目计算得出应提取金额。（ ）
8. 无偿调拨净资产是指行政事业单位无偿调入或调出非现金资产所引起的净资产变动金额。（ ）

## 四、填空题

1. 行政事业单位净资产是指行政事业单位资产扣除________后的余额。
2. 本期盈余是指行政事业单位本期各项________相抵后的余额。
3. “本期盈余”期末余额在________，反映单位自年初至当期期末累计实现的盈余。
4. 累计盈余是指行政事业单位历年实现的盈余扣除________后滚存的金额，以及因无偿调入调出资产产生的净资产变动额。
5. 专用基金是指________按照规定提取或者设置的有专门用途的资金。
6. ________是指行政事业单位无偿调入或调出非现金资产所引起的净资产变动金额。

## 五、名词解释

1. 本期盈余　　2. 累计盈余　　3. 专用基金　　4. 无偿调拨净资产

## 六、业务题

编制会计分录：

1. 事业单位12月1日本期盈余为贷方余额10 000元，12月31日各项收入费用科目余额如下：

（1）贷方余额：财政拨款收入20 000元，事业收入7 000元，上级补助收入5 000元，附属单位上缴收入8 000元，经营收入10 000元，投资收益2 000元，其他收入3 000元。

（2）借方余额：业务活动费用10 000元，单位管理费用8 000元，经营费用6 000元，资产处置费用5 000元，所得税费用1 000元，其他费用5 000元。

（3）年末结转本期盈余。

2. 行政单位12月1日本期盈余为贷方余额8 000元，12月31日各项收入费用科目余额如下：

（1）贷方余额：财政拨款收入12 000元，非同级财政拨款收入14 000元，其他收入4 000元。

（2）借方余额：业务活动费用17 000元，资产处置费用2 000元，其他费用1 000元。

（3）年末结转本期盈余。

3. 事业单位12月31日相关净资产科目贷方余额如下，请做年末相关结转处理：

本年盈余分配20 000元，无偿调拨净资产140 000元，以前年度盈余调整60 000元（经批准可在年末结转），权益法调整8 000元。

4. 事业单位12月31日本期盈余科目贷方余额为50 000元，按预算会计下非财政拨款结余的金额计算提取职工福利基金10 000元，年末结转本年盈余分配科目余额。

5. 事业单位使用从非财政拨款结余中提取的职工福利基金购置一台无须安装的通用设备，价款100 000元（不考虑增值税），价款已通过银行账户支付。

# 第七章

7

# 预算结余的核算

## 7.1 预算结余的概述

我国《政府会计准则——基本准则》规定，政府预算会计要素包括预算收入、预算支出与预算结余三个要素。预算结余是指政府会计主体预算年度内预算收入扣除预算支出后的资金余额，以及历年滚存的资金余额。因此，预算结余要素实际上包括两个内容，即反映期间属性的当期预算结余，以及反映某一时点预算资金来源状况的历年滚存的预算结余。历年滚存预算结余与预算收支要素的属性并不相同，它们之间不存在直接的平衡关系。历年滚存预算结余由历年的当期预算结余累计形成。

预算收入 − 预算支出 = 当期预算结余　　（1）

在新制度的预算结余中存在一个“资金结存”科目，它实际上是一个类似财务会计资产要素中的内容（因此，在下面的预算结余分类中没有将它包含在内），反映的是行政事业单位某一时点的预算资金占用情况；而滚存预算结余类似财务会计净资产要素中的内容，反映的是行政事业单位某一时点的预算资金来源情况。两者均反映某一时点的状况，因此，它们存在以下相等关系：

资金结存 = 历年滚存预算结余　　（2）

资金结存在一个会计期间的变化主要是由预算资金的收支变动引起的，因此，资金结存与预算收入和预算支出存在如下关系：

资金结存当期变动数 = 预算收入 − 预算支出 +
历年滚存预算结余除当期预算收支变化外的其他变动　（3）

由于行政事业单位的预算资金面临着不同的管理要求，例如，对资金来源的管理、外部对资金用途的限定、单位内部对部分结余资金用途的限定等，因此，行政事业单位对预算结余需要进行不同的分类。

1. 按照资金限定性和业务完成情况分类

行政事业单位的预算结余可以按照资金限定支持的相关业务是否完成分为结余和结转。

（1）结转。它是指当年预算已执行但尚未完成，或者因故未执行，下年度需要按照原用途继续使用的预算结余资金，包括财政拨款结转、非财政拨款结转。

财政拨款结转，是指行政事业单位当年预算已执行但尚未完成，或因故未执行，下年度需要按照原用途继续使用的同级财政拨款滚存资金。它包括基本支出结转和项目支出结转。

非财政拨款结转，即指单位在事业预算收入、非同级财政拨款预算收入、上级补助预算收入、债务预算收入、其他预算收入等方面，会有一些被出资者限定了用途，即形成了专项资金，如果行政事业单位当期未完成相应限定的业务，这些被限定用途的资金就会形成当期的预算收支差额，下年度需要继续按照原用途使用。

（2）结余。它是指当年预算工作目标已完成，或因故终止，不再用于限定项目的预算资金。这些资金根据管理要求，可在单位内部、部门内部调剂或交回出资者，或者留给单位使用。这类不再用于出资者限定项目的结余包括财政拨款结余、非财政拨款结余、经营结余、专项结余和其他结余。

财政拨款结余是指项目支出预算工作目标已完成，或由于受政策变化、计划调整等因素影响工作终止，当年剩余的同级财政拨款资金。能称为财政拨款结余的只有同级财政拨款项目支出结余资金。

除财政拨款结余外，其余的结余都属于非同级财政拨款资金的结余，包括非财政拨款结余、经营结余、专项结余和其他结余。

非财政拨款结余是历年累积滚存的无限定用途的非同级财政拨款资金，它由各种未受到用途限制的非同级财政拨款资金预算收支相抵后转入累积形成。

经营结余是事业单位当年经营预算收支的差额弥补以前年度亏损后的余额。

专项结余是事业单位按照限定从非财政拨款结余中提取的具有专门用途的资金，它的专门用途不是由资金提供方限定形成，而是由事业单位按照规定对本来无限定的非财政拨款结余进行限定形成的。

其他结余是未被限定用途的非同级财政拨款资金当期预算收支的差额。

2. 按照资金来源分类

行政事业单位的预算结余可以按照资金来源分为财政拨款结转结余和非财政拨款结转结余。

财政拨款结转结余是同级财政资金拨款收支形成的结余，包括财政拨款结转、财政拨款结余。

非财政拨款结转结余是非同级财政资金预算收支形成的结余，包括非财政拨款结转、非财政拨款结余、经营结余、专项结余和其他结余。

**表 7-1　预算结余类总账科目及明细科目表**

<table>
<tr><th>总账科目</th><th>二级明细科目</th><th>三级明细科目</th><th>四级明细科目</th><th>五级明细科目</th><th>六级明细科目</th></tr>
<tr><td rowspan="3">资金结存</td><td>零余额账户用款额度</td><td></td><td></td><td></td><td></td></tr>
<tr><td>货币资金</td><td></td><td></td><td></td><td></td></tr>
<tr><td>财政应返还额度</td><td></td><td></td><td></td><td></td></tr>
<tr><td rowspan="4">财政拨款结转</td><td rowspan="3">一般公共预算财政拨款</td><td rowspan="4">年初余额调整<br>归集调入<br>归集调出<br>归集上缴<br>单位内部调剂<br>本年收支结转<br>累计结转</td><td rowspan="4">支出功能分类</td><td rowspan="2">基本支出结转</td><td>人员经费</td></tr>
<tr><td>日常公用经费</td></tr>
<tr><td>项目支出结转</td><td>××项目</td></tr>
<tr><td>政府性基金预算财政拨款</td><td>××项目</td><td></td></tr>
</table>

续表

| 总账科目 | 二级明细科目 | 三级明细科目 | 四级明细科目 | 五级明细科目 | 六级明细科目 |
|---|---|---|---|---|---|
| 财政拨款结余 | 一般公共预算财政拨款 | 年初余额调整<br>归集上缴<br>内部调剂<br>结转转入<br>累计结转 | 支出功能分类 | 同上 | |
| | 政府性基金预算财政拨款 | | | | |
| 非财政拨款结转 | 年初余额调整<br>缴回资金<br>项目间接费用或管理费用<br>本年收支结转<br>累计结转 | ××项目 | | | |
| 非财政拨款结余 | 年初余额调整<br>项目间接费用或管理费用<br>结转转入<br>累计结余 | | | | |
| 经营结余 | 经营活动类别 | | | | |
| 专项结余 | 用途类别 | | | | |
| 其他结余 | | | | | |
| 非财政拨款结余分配 | | | | | |

## 7.2 资金结存

为核算资金结存业务，单位应设置“资金结存”总账科目。本科目核算单位纳入部门预算管理的资金的流入、流出、调整和滚存等情况。本科目年末借方余额，反映单位预算资金的累计滚存情况。

1. “资金结存”科目下设的明细科目

(1) “零余额账户用款额度”：本明细科目核算实行国库集中支付的单位根据财政部门批复的用款计划收到和支用的零余额账户用款额度。年末结账后，本明细科目应无余额。

(2) “货币资金”：本明细科目核算单位以库存现金、银行存款、其他货币资金形态存在的资金。本明细科目年末借方余额，反映单位尚未使用的货币资金。

(3) “财政应返还额度”：本明细科目核算实行国库集中支付的单位可以使用的以

前年度财政直接支付资金额度和财政应返还的财政授权支付资金额度。本明细科目下可设置“财政直接支付”“财政授权支付”两个明细科目进行明细核算。本明细科目年末借方余额，反映单位应收财政返还的资金额度。

2. 收到财政授权支付额度和其他方式下取得预算收入

（1）财政授权支付方式下，单位根据代理银行转来的财政授权支付额度到账通知书，按照通知书中的授权支付额度，借记本科目（零余额账户用款额度），贷记“财政拨款预算收入”科目。

（2）以国库集中支付以外的其他支付方式取得预算收入时，按照实际收到的金额，借记本科目（货币资金），贷记“财政拨款预算收入”“事业预算收入”“经营预算收入”等科目。

3. 发生预算支出和从单位零余额账户中提取现金

（1）财政授权支付方式下，发生相关支出时，按照实际支付的金额，借记“行政支出”“事业支出”等科目，贷记本科目（零余额账户用款额度）。

（2）从零余额账户提取现金时，借记本科目（货币资金），贷记本科目（零余额账户用款额度）。退回现金时，做相反会计分录。

（3）使用以前年度财政直接支付额度发生支出时，按照实际支付金额，借记“行政支出”“事业支出”等科目，贷记本科目（财政应返还额度）。

（4）国库集中支付以外的其他支付方式下发生相关支出时，按照实际支付的金额，借记“事业支出”“经营支出”等科目，贷记本科目（货币资金）。

4. 上缴、注销、调入和缴回结转结余资金

（1）按照规定上缴财政拨款结转结余资金或注销财政拨款结转结余资金额度的，按照实际上缴资金数额或注销的资金额度数额，借记“财政拨款结转——归集上缴”或“财政拨款结余——归集上缴”科目，贷记本科目（财政应返还额度、零余额账户用款额度、货币资金）。

（2）按规定向原资金拨入单位缴回非财政拨款结转资金的，按照实际缴回资金数额，借记“非财政拨款结转——缴回资金”科目，贷记本科目（货币资金）。

（3）收到从其他单位调入的财政拨款结转资金的，按照实际调入资金数额，借记本科目（财政应返还额度、零余额账户用款额度、货币资金），贷记“财政拨款结转——归集调入”科目。

5. 按照规定使用专用基金

按照规定使用专用基金时，按照实际支付金额，借记“专用结余”科目（从非财政拨款结余中提取的专用基金）或“事业支出”等科目（从预算收入中计提的专用基金），贷记本科目（货币资金）。

6. 因购货退回、发生差错更正等退回国库直接支付、授权支付款项，或者收回货币资金

因购货退回、发生差错更正等退回国库直接支付、授权支付款项，或者收回货币资金的，属于本年度支付的，借记“财政拨款预算收入”科目或本科目（零余额账户用款额度、货币资金），贷记相关支出科目；属于以前年度支付的，借记本科目（财政

应返还额度、零余额账户用款额度、货币资金)，贷记“财政拨款结转”“财政拨款结余”“非财政拨款结转”“非财政拨款结余”科目。

7. 缴纳企业所得税

有企业所得税缴纳义务的事业单位缴纳所得税时，按照实际缴纳金额，借记“非财政拨款结余——累计结余”科目，贷记本科目（货币资金）。

8. 年末确认财政直接支付应返还额度

年末，根据本年度财政直接支付预算指标数与当年财政直接支付实际支出数的差额，借记本科目（财政应返还额度)，贷记“财政拨款预算收入”科目。

9. 年末注销财政授权支付额度和确认财政授权支付应返还额度

年末，单位依据代理银行提供的对账单做注销额度的相关账务处理，借记本科目（财政应返还额度)，贷记本科目（零余额账户用款额度)；本年度财政授权支付预算指标数大于零余额账户用款额度下达数的，根据未下达的用款额度，借记本科目（财政应返还额度)，贷记“财政拨款预算收入”科目。

下年初，单位依据代理银行提供的额度恢复到账通知书做恢复额度的相关账务处理，借记本科目（零余额账户用款额度)，贷记本科目（财政应返还额度)。单位收到财政部门批复的上年末未下达零余额账户用款额度的，借记本科目（零余额账户用款额度)，贷记本科目（财政应返还额度)。

例 7-1　某事业单位收到代理银行“财政授权支付额度到账通知书”，列明本月授权支付额度为 150 000 元。

财务会计分录：

| | | |
|---|---|---|
| 借：零余额账户用款额度 | 150 000 | |
| 　　贷：财政拨款收入 | | 150 000 |

预算会计分录：

| | | |
|---|---|---|
| 借：资金结存——零余额账户用款额度 | 150 000 | |
| 　　贷：财政拨款预算收入 | | 150 000 |

例 7-2　某事业单位尚未实行国库集中支付方式，收到财政部门拨来的本月经费 80 000 元，已存入银行。

| | | |
|---|---|---|
| 借：银行存款 | 80 000 | |
| 　　贷：财政拨款收入 | | 80 000 |

预算会计分录：

| | | |
|---|---|---|
| 借：资金结存——货币资金 | 80 000 | |
| 　　贷：财政拨款预算收入 | | 80 000 |

由于资金结存不是财务会计的核算内容，而是预算会计的核算内容，因此，资金结存与预算收入和预算支出直接相关，不与收入和费用相关。

例 7-3　某事业单位通过单位零余额账户支付本单位的水费 1 000 元。

财务会计分录：

| | | |
|---|---|---|
| 借：业务活动费用 | 1 000 | |
| 　　贷：零余额账户用款额度 | | 1 000 |

预算会计分录：

借：事业支出 1 000

贷：资金结存——零余额账户用款额度 1 000

例 7-4 某行政单位通过单位零余额账户支付购买一台设备的价款 7 000 元，设备已验收交付使用。

财务会计分录：

借：固定资产 7 000

贷：零余额账户用款额度 7 000

预算会计分录：

借：行政支出 7 000

贷：资金结存——零余额账户用款额度 7 000

例 7-5 某行政单位从单位零余额账户中提取现金 5 000 元。

财务会计分录：

借：库存现金 5 000

贷：零余额账户用款额度 5 000

预算会计分录：

借：资金结存——货币资金 5 000

贷：资金结存——零余额账户用款额度 5 000

例 7-6 某行政单位使用以前年度财政直接支付额度支付业务活动费用 18 000 元。

财务会计分录：

借：业务活动费用 18 000

贷：财政应返还额度 18 000

预算会计分录：

借：行政支出 18 000

贷：资金结存——财政应返还额度 18 000

例 7-7 某行政单位按照规定上缴财政拨款结转资金 50 000 元，已通过单位零余额账户上缴。

财务会计分录：

借：累计盈余 50 000

贷：零余额账户用款额度 50 000

预算会计分录：

借：财政拨款结转——归集上缴 50 000

贷：资金结存——零余额账户用款额度 50 000

例 7-8 某事业单位接本级财政通知，从其他单位调入财政拨款结转资金 100 000 元，已收到单位零余额账户代理银行额度到账通知。

财务会计分录：

借：零余额账户用款额度 100 000

贷：累计盈余 100 000

预算会计分录：

借：资金结存——零余额账户用款额度　　100 000

　贷：财政拨款结转——归集调入　　100 000

例 7-9　某事业单位使用从收入中提取的专用基金购买一项用于专业业务活动的固定资产，款项合计 9 000 元，已经通过银行存款支付，固定资产已验收并交付使用。

财务会计分录：

借：固定资产　　9 000

　贷：银行存款　　9 000

借：专用基金　　9 000

　贷：累计盈余　　9 000

预算会计分录：

借：事业支出　　9 000

　贷：资金结存——货币资金　　9 000

例 7-10　承例 2-41，该事业单位因质量问题，退回该批当年采购的甲材料，当时已记入“库存物品”科目 11 500 元，货款已退回到单位零余额账户。

财务会计分录：

借：零余额账户用款额度　　11 500

　贷：库存物品——甲材料　　11 500

预算会计分录：

借：资金结存——零余额账户用款额度　　11 500

　贷：事业支出　　11 500

例 7-11　某事业单位已实行国库集中支付制度，年度终了，通过对账确认本年度财政直接支付预算指标数为 8 000 000 元，当年直接支付实际支出数为 7 900 000 元，年末注销未使用的财政直接支付额度 100 000 元。

财务会计分录：

借：财政应返还额度——财政直接支付　　100 000

　贷：财政拨款收入　　100 000

预算会计分录：

借：资金结存——财政应返还额度　　100 000

　贷：财政拨款预算收入　　100 000

例 7-12　某事业单位已实行国库集中支付制度，确定的财政授权支付预算数为 1 000 000 元。年度终了，通过对账确认已下达本年度财政授权支付额度为 970 000 元，当年实际支出数为 950 000 元，需要注销未下达的财政授权支付额度 30 000 元和未使用的授权支付额度 20 000 元。

财务会计分录：

借：财政应返还额度——财政授权支付　　50 000

　贷：财政拨款收入　　30 000

　　　零余额账户用款额度　　20 000

预算会计分录：

借：资金结存——财政应返还额度　　50 000

　　贷：财政拨款预算收入　　30 000

　　　　资金结存——零余额账户用款额度　　20 000

例 7-13　承例 7-11，下年初，该事业单位收到“财政直接支付额度恢复通知书”，恢复上年末注销的财政直接支付额度 100 000 元。

恢复的财政直接支付额度 100 000 元并没有实际支付，因此，不进行会计记录。

例 7-14　承例 7-12，下年初，该事业单位收到“财政授权支付额度恢复通知书”，恢复上年末注销的财政授权支付额度 50 000 元，并且已下达到单位零余额账户。

财务会计分录：

借：零余额账户用款额度　　50 000

　　贷：财政应返还额度——财政授权支付　　50 000

预算会计分录：

借：资金结存——零余额账户用款额度　　50 000

　　贷：资金结存——财政应返还额度　　50 000

例 7-15　承例 7-13，该事业单位向财政部门提出申请，要求用恢复的上年度直接支付额度支付一项业务费 30 000 元，已获批准，款项已通过财政零余额账户支付。

财务会计分录：

借：业务活动费用　　30 000

　　贷：财政应返还额度　　30 000

预算会计分录：

借：事业支出　　30 000

　　贷：资金结存——财政应返还额度　　30 000

例 7-16　承例 7-14，该事业单位使用恢复的上年度财政授权支付额度支付一笔业务培训费 40 000 元，款项已采用授权支付方式通过单位零余额账户支付。

财务会计分录：

借：业务活动费用　　40 000

　　贷：零余额账户用款额度　　40 000

预算会计分录：

借：事业支出　　40 000

　　贷：资金结存——零余额账户用款额度　　40 000

例 7-17　某事业单位有企业所得税纳税义务，通过银行存款缴纳企业所得税 7 800 元。

财务会计分录：

借：其他应交税费——单位应交所得税　　7 800

　　贷：银行存款　　7 800

预算会计分录：

借：非财政拨款结余——累计结余　　7 800

贷：资金结存——货币资金　　7 800

事业单位经营活动缴纳的单位所得税，理论上属于支出，但是在当前制度下将其归在结余分配中进行核算，因此，事业单位缴纳单位所得税时不作为事业支出或经营支出的增加处理，而是作为非财政拨款结余的减少处理。

## 7.3　财政拨款结转

为核算财政拨款结转业务，单位应设置“财政拨款结转”总账科目。本科目核算单位取得的同级财政拨款结转资金的调整、结转和滚存情况。

1. “财政拨款结转”科目下设的明细科目

（1）与会计差错更正、以前年度支出收回相关的明细科目“年初余额调整”：本明细科目核算因发生会计差错更正、以前年度支出收回等原因，需要调整财政拨款结转的金额。年末结账后，本明细科目应无余额。

（2）与财政拨款调拨业务相关的明细科目。

①“归集调入”：本明细科目核算按照规定从其他单位调入财政拨款结转资金时，实际调增的额度数额或调入的资金数额。年末结账后，本明细科目应无余额。

②“归集调出”：本明细科目核算按照规定向其他单位调出财政拨款结转资金时，实际调减的额度数额或调出的资金数额。年末结账后，本明细科目应无余额。

③“归集上缴”：本明细科目核算按照规定上缴财政拨款结转资金时，实际核销的额度数额或上缴的资金数额。年末结账后，本明细科目应无余额。

④“单位内部调剂”：本明细科目核算经财政部门批准对财政拨款结余资金改变用途，调整用于本单位其他未完成项目等的调整金额。年末结账后，本明细科目应无余额。

（3）与年末财政拨款结转业务相关的明细科目。

①“本年收支结转”：本明细科目核算单位本年度财政拨款收支相抵后的余额。年末结账后，本明细科目应无余额。

②“累计结转”：本明细科目核算单位滚存的财政拨款结转资金。本明细科目年末贷方余额，反映单位财政拨款滚存的结转资金数额。本科目还应当设置“基本支出结转”“项目支出结转”两个明细科目，并在“基本支出结转”明细科目下按照“人员经费”“日常公用经费”进行明细核算，在“项目支出结转”明细科目下按照具体项目进行明细核算；同时，本科目还应按照《政府收支分类科目》中“支出功能分类科目”的相关科目进行明细核算。

有一般公共预算财政拨款、政府性基金预算财政拨款等两种或两种以上财政拨款的，还应当在本科目下按照财政拨款的种类进行明细核算。

“财政拨款结转”科目下设的明细科目可参见表7-1。

2. 会计差错更正、以前年度支出收回

（1）因发生会计差错更正退回以前年度国库直接支付、授权支付款项或财政性货币资金，或者因发生会计差错更正增加以前年度国库直接支付、授权支付支出或财政性货币资金支出，属于以前年度财政拨款结转资金的，借记或贷记“资金结存——财政应返还额度、零余额账户用款额度、货币资金”科目，贷记或借记本科目（年初余额调整）。

（2）因购货退回、预付款项收回等发生以前年度支出又收回国库直接支付、授权支付款项或收回财政性货币资金，属于以前年度财政拨款结转资金的，借记“资金结存——财政应返还额度、零余额账户用款额度、货币资金”科目，贷记本科目（年初余额调整）。

3. 财政拨款结转结余资金调整

（1）按照规定从其他单位调入财政拨款结转资金的，按照实际调增的额度数额或调入的资金数额，借记“资金结存——财政应返还额度、零余额账户用款额度、货币资金”科目，贷记本科目（归集调入）。

（2）按照规定向其他单位调出财政拨款结转资金的，按照实际调减的额度数额或调出的资金数额，借记本科目（归集调出），贷记“资金结存——财政应返还额度、零余额账户用款额度、货币资金”科目。

（3）按照规定上缴财政拨款结转资金或注销财政拨款结转资金额度的，按照实际上缴资金数额或注销的资金额度数额，借记本科目（归集上缴），贷记“资金结存——财政应返还额度、零余额账户用款额度、货币资金”科目。

（4）经财政部门批准对财政拨款结余资金改变用途，调整用于本单位基本支出或其他未完成项目支出的，按照批准调剂的金额，借记“财政拨款结余——单位内部调剂”科目，贷记本科目（单位内部调剂）。

4. 年末确定财政拨款累计结转

（1）年末，将财政拨款预算收入本年发生额转入本科目，借记“财政拨款预算收入”科目，贷记本科目（本年收支结转）；将各项支出中财政拨款支出本年发生额转入本科目，借记本科目（本年收支结转），贷记各项支出（财政拨款支出）科目。

（2）年末冲销有关明细科目余额。将本科目（本年收支结转、年初余额调整、归集调入、归集调出、归集上缴、单位内部调剂）余额转入本科目（累计结转）。结转后，本科目除“累计结转”明细科目外，其他明细科目应无余额。

（3）年末完成上述结转后，应当对财政拨款结转各明细项目执行情况进行分析，按照有关规定将符合财政拨款结余性质的项目余额转入财政拨款结余，借记本科目（累计结转），贷记“财政拨款结余——结转转入”科目。

“财政拨款结转”科目年末贷方余额，反映单位滚存的财政拨款结转资金数额。

例7-18　某事业单位上年度发生一项业务活动费用5 000元，款项已通过单位零余额账户支付，入账时误记为500元，少记了上年度的业务活动费用和事业支出各4 500元。本年度发现该项错误，现予以更正。

财务会计分录：

借：以前年度盈余调整　　4 500

　　贷：零余额账户用款额度　　4 500

预算会计分录：

借：财政拨款结转——年初余额调整　　4 500

　　贷：资金结存——零余额账户用款额度　　4 500

例 7-19　某事业单位上年度因订购货物发生预付款项 8 000 元，款项已通过单位零余额账户支付，由于订购的货物未按时收到，该事业单位于本年度收回了上年度已预付的全部预付款 8 000 元，款项已转入单位零余额账户，该资金属于以前年度财政拨款结转资金。

财务会计分录：

借：零余额账户用款额度　　8 000

　　贷：预付账款　　8 000

预算会计分录：

借：资金结存——零余额账户用款额度　　8 000

　　贷：财政拨款结转——年初余额调整　　8 000

例 7-20　某事业单位按照规定上缴财政拨款结转资金 43 500 元，已通过单位零余额账户上缴。

财务会计分录：

借：累计盈余　　43 500

　　贷：零余额账户用款额度　　43 500

预算会计分录：

借：财政拨款结转——归集上缴　　43 500

　　贷：资金结存——零余额账户用款额度　　43 500

例 7-21　某事业单位经财政部门批准对财政拨款结余资金调整用途，用于本单位其他未完成项目，批准的调剂金额为 60 000 元。

财务会计分录：无。

预算会计分录：

借：财政拨款结余——单位内部调剂　　60 000

　　贷：财政拨款结转——单位内部调剂　　60 000

例 7-22　某事业单位年末"财政拨款预算收入"科目本年贷方余额 912 000 元，"事业支出——财政拨款支出"科目本年借方余额 896 000 元，"其他支出——财政拨款支出"科目本年借方余额 6 000 元，将这些科目予以结转。

财务会计分录：无。

预算会计分录：

借：财政拨款预算收入　　912 000

　　贷：财政拨款结转——本年收支结转　　912 000

借：财政拨款结转——本年收支结转　　902 000

贷：事业支出——财政拨款支出　　896 000
　　其他支出——财政拨款支出　　6 000

例 7-23　某事业单位年末“财政拨款结转”科目相关明细科目余额表如表 7-2 所示，结转“财政拨款结转”科目相关明细科目。

表 7-2　“财政拨款结转”科目相关明细科目余额表

| “财政拨款结转”科目相关明细科目 | 借方余额 | 贷方余额 |
|---|---|---|
| 年初余额调整 | | 3 500 |
| 归集上缴 | 43 500 | |
| 单位内部调剂 | | 60 000 |
| 本年收支结转 | | 10 000 |
| 合计 | 43 500 | 73 500 |

财务会计分录：无。

预算会计分录：

借：财政拨款结转——年初余额调整　　3 500
　　　　　　　　——单位内部调剂　　60 000
　　　　　　　　——本年收支结转　　10 000
　贷：财政拨款结转——累计结转　　73 500
借：财政拨款结转——累计结转　　43 500
　贷：财政拨款结转——归集上缴　　43 500

例 7-24　某事业单位“财政拨款结转——累计结转”科目贷方余额 30 000 元。经对各明细项目执行情况进行分析，其中，按照有关规定符合财政拨款结余性质的项目余额为 12 000 元，将其转入“财政拨款结余”科目。

财务会计分录：无。

预算会计分录：

借：财政拨款结转——累计结转　　12 000
　贷：财政拨款结余——结转转入　　12 000

年末，“财政拨款结转”科目在冲销有关明细科目余额后，除了“累计结转”明细科目外，其他明细科目无余额。

财政拨款结转的余额应当由行政事业单位按原用途规定继续使用，而财政拨款结余的余额则可以由财政部门统筹安排使用；行政事业单位的基本支出结转应当由行政事业单位按原用途规定继续使用，因此，基本支出结转的余额不能转入财政拨款结余，财政拨款结余仅包括项目支出结余。

## 7.4 财政拨款结余

为核算财政拨款结余业务，单位应设置“财政拨款结余”总账科目。本科目核算单位取得的同级财政拨款项目支出结余资金的调整、结转和滚存情况。

1.“财政拨款结余”科目下设的明细科目

（1）与会计差错更正、以前年度支出收回相关的明细科目“年初余额调整”：本明细科目核算因发生会计差错更正、以前年度支出收回等原因，需要调整财政拨款结余的金额。年末结账后，本明细科目应无余额。

（2）与财政拨款结余资金调整业务相关的明细科目。

①“归集上缴”：本明细科目核算按照规定上缴财政拨款结余资金时，实际核销的额度数额或上缴的资金数额。年末结账后，本明细科目应无余额。

②“单位内部调剂”：本明细科目核算经财政部门批准对财政拨款结余资金改变用途，调整用于本单位其他未完成项目等的调整金额。年末结账后，本明细科目应无余额。

（3）与年末财政拨款结余业务相关的明细科目。

①“结转转入”：本明细科目核算单位按照规定转入财政拨款结余的财政拨款结转资金。年末结账后，本明细科目应无余额。

②“累计结余”：本明细科目核算单位滚存的财政拨款结余资金。本明细科目年末贷方余额，反映单位财政拨款滚存的结余资金数额。

本科目还应当按照具体项目、《政府收支分类科目》中“支出功能分类科目”的相关科目等进行明细核算。

有一般公共预算财政拨款、政府性基金预算财政拨款等两种或两种以上财政拨款的，还应当在本科目下按照财政拨款的种类进行明细核算。

“财政拨款结余”科目下设的明细科目可参见表7-1。

2. 会计差错更正、以前年度支出收回

（1）因发生会计差错更正退回以前年度国库直接支付、授权支付款项或财政性货币资金，或者因发生会计差错更正增加以前年度国库直接支付、授权支付支出或财政性货币资金支出，属于以前年度财政拨款结余资金的，借记或贷记“资金结存——财政应返还额度、零余额账户用款额度、货币资金”科目，贷记或借记本科目（年初余额调整）。

（2）因购货退回、预付款项收回等发生以前年度支出又收回国库直接支付、授权支付款项或收回财政性货币资金，属于以前年度财政拨款结余资金的，借记“资金结存——财政应返还额度、零余额账户用款额度、货币资金”科目，贷记本科目（年初余额调整）。

3. 财政拨款结余资金调整

（1）经财政部门批准对财政拨款结余资金改变用途，调整用于本单位基本支出或其他未完成项目支出的，按照批准调剂的金额，借记本科目（单位内部调剂），贷记“财政拨款结转——单位内部调剂”科目。

（2）按照规定上缴财政拨款结余资金或注销财政拨款结余资金额度的，按照实际上缴资金数额或注销的资金额度数额，借记本科目（归集上缴），贷记“资金结存——财政应返还额度、零余额账户用款额度、货币资金”科目。

4. 年末确定财政拨款累计结转

（1）年末，对财政拨款结转各明细项目执行情况进行分析，按照有关规定将符合财政拨款结余性质的项目余额转入财政拨款结余，借记“财政拨款结转——累计结转”科目，贷记本科目（结转转入）。

（2）年末冲销有关明细科目余额。将本科目（年初余额调整、归集上缴、单位内部调剂、结转转入）余额转入本科目（累计结余）。结转后，本科目除“累计结余”明细科目外，其他明细科目应无余额。

“财政拨款结余”科目年末贷方余额，反映单位滚存的财政拨款结余资金数额。

例 7-25　承例 7-24，该事业单位年末按照有关规定将符合财政拨款结余性质的项目余额 12 000 元从“财政拨款结转——累计结转”科目转入“财政拨款结余”科目。

财务会计分录：无。

预算会计分录：

借：财政拨款结转——累计结转　　12 000

　　贷：财政拨款结余——结转转入　　12 000

例 7-26　该事业单位“财政拨款结余”明细科目的余额如表 7-3 所示，结转“财政拨款结余”科目相关明细科目。

**表 7-3　“财政拨款结余”科目相关明细科目余额表**

| “财政拨款结余”科目相关明细科目 | 借方余额 | 贷方余额 |
|---|---|---|
| 年初余额调整 | | 68 000 |
| 结转转入 | | 12 000 |
| 归集上缴 | 10 000 | |
| 单位内部调剂 | 60 000 | |
| 合　计 | 70 000 | 80 000 |

财务会计分录：无。

预算会计分录：

借：财政拨款结余——年初余额调整　　68 000

　　　　　　　　——结转转入　　12 000

贷：财政拨款结余——累计结余 80 000

借：财政拨款结余——累计结余 70 000

贷：财政拨款结余——归集上缴 10 000

——单位内部调剂 60 000

年末，“财政拨款结余”科目在冲销有关明细科目余额后，除了“累计结余”明细科目外，其他明细科目无余额。

## 7.5 非财政拨款结转

为核算非财政拨款结转业务，单位应设置“非财政拨款结转”总账科目。本科目核算单位除财政拨款收支、经营收支以外各非同级财政拨款专项资金的调整、结转和滚存情况。

1.“非财政拨款结转”科目下设的明细科目

（1）“年初余额调整”：本明细科目核算因发生会计差错更正、以前年度支出收回等原因，需要调整非财政拨款结转的资金。年末结账后，本明细科目应无余额。

（2）“缴回资金”：本明细科目核算按照规定缴回非财政拨款结转资金时，实际缴回的资金数额。年末结账后，本明细科目应无余额。

（3）“项目间接费用或管理费”：本明细科目核算单位取得的科研项目预算收入中，按照规定计提项目间接费用或管理费的数额。年末结账后，本明细科目应无余额。

（4）“本年收支结转”：本明细科目核算单位本年度非同级财政拨款专项收支相抵后的余额。年末结账后，本明细科目应无余额。

（5）“累计结转”：本明细科目核算单位滚存的非同级财政拨款专项结转资金。本明细科目年末贷方余额，反映单位非同级财政拨款滚存的专项结转资金数额。

“非财政拨款结转”科目还应当按照具体项目、《政府收支分类科目》中“支出功能分类科目”的相关科目进行明细核算。

“非财政拨款结转”科目下设的明细科目可参见表7-1。

2. 从科研项目预算收入中提取项目管理费或间接费

按照规定从科研项目预算收入中提取项目管理费或间接费时，按照提取金额，借记本科目（项目间接费用或管理费），贷记“非财政拨款结余——项目间接费用或管理费”科目。

3. 会计差错更正和以前年度支出收回

因会计差错更正收到或支出非同级财政拨款货币资金，属于非财政拨款结转资金的，按照收到或支出的金额，借记或贷记“资金结存——货币资金”科目，贷记或借记本科目（年初余额调整）。

因收回以前年度支出等收到非同级财政拨款货币资金，属于非财政拨款结转资金的，按照收到的金额，借记“资金结存——货币资金”科目，贷记本科目（年初余额调整）。

4. 缴回非财政拨款结转资金

按照规定缴回非财政拨款结转资金的，按照实际缴回资金数额，借记本科目（缴回资金），贷记“资金结存——货币资金”科目。

5. 本年非财政拨款专项资金预算收支结转

年末，将事业预算收入、上级补助预算收入、附属单位上缴预算收入、非同级财政拨款预算收入、债务预算收入、其他预算收入本年发生额中的专项资金收入转入本科目，借记“事业预算收入”“上级补助预算收入”“附属单位上缴预算收入”“非同级财政拨款预算收入”“债务预算收入”“其他预算收入”科目下各专项资金收入明细科目，贷记本科目（本年收支结转）；将行政支出、事业支出、其他支出本年发生额中的非财政拨款专项资金支出转入本科目，借记本科目（本年收支结转），贷记“行政支出”“事业支出”“其他支出”科目下各非财政拨款专项资金支出明细科目。

6. 年末冲销有关明细科目余额

年末，将本科目（年初余额调整、项目间接费用或管理费、缴回资金、本年收支结转）余额转入本科目（累计结转）。结转后，本科目除“累计结转”明细科目外，其他明细科目应无余额。

7. 非财政拨款专项剩余资金按规定转入非财政拨款结余

年末完成上述结转后，应当对非财政拨款专项结转资金各项目情况进行分析，将留归本单位使用的非财政拨款专项（项目已完成）剩余资金转入非财政拨款结余，借记本科目（累计结转），贷记“非财政拨款结余——结转转入”科目。

本科目年末贷方余额，反映单位滚存的非同级财政拨款专项结转资金数额。

例 7-27　某事业单位收到一科研项目资金 1 000 000 元，按照相关规定，提取 5% 的管理费。

财务会计分录：

借：单位管理费用　　50 000

　　贷：预提费用——项目间接费用或管理费　　50 000

预算会计分录：

借：非财政拨款结转——项目间接费用或管理费　　50 000

　　贷：非财政拨款结余——项目间接费用或管理费　　50 000

例 7-28　某事业单位有一项非财政拨款的专项资金上年度开始使用，该专项项目还没有完成，本年发现该项目上年度有一项支出计算错误，应该退回，款项 10 000 元已退回到银行存款，按照相关规定该款项留给本单位。

财务会计分录：

借：银行存款　　10 000

　　贷：以前年度盈余调整　　10 000

预算会计分录：

借：资金结存——货币资金　10 000

　贷：非财政拨款结转——年初余额调整　10 000

例 7-29　某事业单位已完成某个专项工程，按规定缴回非财政拨款专项资金 80 000 元，已用银行存款支付。

财务会计分录：

借：累计盈余　80 000

　贷：银行存款　80 000

预算会计分录：

借：非财政拨款结转——缴回资金　80 000

　贷：资金结存——货币资金　80 000

例 7-30　年末，某事业单位有关非财政拨款专项资金预算收入和非财政拨款专项资金支出科目的本年发生额如表 7-4 所示，结转这些收支科目。

**表 7-4　非财政拨款专项资金预算收支科目本年发生额表**

| 非财政拨款专项资金预算收支科目 | 本年贷方发生额 | 本年借方发生额 |
|---|---|---|
| 事业预算收入——专项资金收入 | 216 000 | |
| 上级补助预算收入——专项资金收入 | 280 000 | |
| 附属单位上缴预算收入——专项资金收入 | 21 000 | |
| 债务预算收入——专项资金收入 | 180 000 | |
| 非同级财政拨款预算收入——专项资金收入 | 390 000 | |
| 其他预算收入——专项资金收入 | 41 000 | |
| 事业支出——非财政专项资金支出 | | 1 018 000 |
| 其他支出——非财政专项资金支出 | | 40 000 |
| 合　计 | 1 128 000 | 1 058 000 |

财务会计分录：无。

预算会计分录：

借：事业预算收入——专项资金收入　216 000

　上级补助预算收入——专项资金收入　280 000

　附属单位上缴预算收入——专项资金收入　21 000

　债务预算收入——专项资金收入　180 000

　非同级财政拨款预算收入——专项资金收入　390 000

　其他预算收入——专项资金收入　41 000

　贷：非财政拨款结转——本年收支结转　1 128 000

借：非财政拨款结转——本年收支结转　　1 058 000
　　贷：事业支出——非财政专项资金支出　　1 018 000
　　　　其他支出——非财政专项资金支出　　40 000

例 7-31　年末，某事业单位非财政拨款结转相关明细科目的余额如表 7-5 所示，结转这些明细科目。

表 7-5　“非财政拨款结转”科目相关明细科目余额表

| “非财政拨款结转”科目相关明细科目 | 借方余额 | 贷方余额 |
|---|---|---|
| 年初余额调整 | | 10 000 |
| 缴回资金 | 80 000 | |
| 项目间接费用和管理费 | 50 000 | |
| 本年收支结转 | | 700 000 |
| 合　计 | 130 000 | 710 000 |

财务会计分录：无。

预算会计分录：

借：非财政拨款结转——年初余额调整　　10 000
　　　　　　　　　——本年收支结转　　700 000
　　贷：非财政拨款结转——累计结转　　710 000
借：非财政拨款结转——累计结转　　130 000
　　贷：非财政拨款结转——缴回资金　　80 000
　　　　　　　　　　　——项目间接费用和管理费　　50 000

例 7-32　年末，某事业单位“非财政拨款结转——累计结转”580 000 元余额中，经对各专项项目情况进行分析，其中应留归本单位使用的非财政拨款专项剩余资金数额为 80 000 元（该项目已完成），将其转入“非财政拨款结余”科目。

财务会计分录：无。

预算会计分录：

借：非财政拨款结转——累计结转　　80 000
　　贷：非财政拨款结余——结转转入　　80 000

年末，“非财政拨款结转”科目在冲销有关明细科目余额后，除了“累计结转”明细科目外，其他明细科目无余额。

## 7.6 经营结余

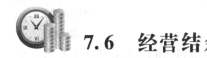

为核算经营结余业务，事业单位应设置“经营结余”总账科目。本科目核算事业单位本年度经营活动收支相抵后余额弥补以前年度经营亏损后的余额。本科目可以按照经营活动类别进行明细核算。年末结账后，本科目一般无余额；如为借方余额，反映事业单位累计发生的经营亏损。

年末，将经营预算收入本年发生额转入本科目，借记“经营预算收入”科目，贷记本科目；将经营支出本年发生额转入本科目，借记本科目，贷记“经营支出”科目。年末，完成上述结转后，如本科目为贷方余额，将本科目贷方余额转入“非财政拨款结余分配”科目，借记本科目，贷记“非财政拨款结余分配”科目；如本科目为借方余额，则为经营亏损，不予结转。

例 7-33　年末，某事业单位结转“经营预算收入”科目本年贷方发生额 560 000 元，“经营支出”科目本年借方发生额 350 000 元；完成上述结转后将“经营结余”科目的贷方余额转入“非财政拨款结余分配”科目。

财务会计分录：无。

预算会计分录：

| | | |
|---|---|---|
| 借：经营预算收入 | 560 000 | |
| 　　贷：经营结余 | | 560 000 |
| 借：经营结余 | 350 000 | |
| 　　贷：经营支出 | | 350 000 |
| 借：经营结余 | 210 000 | |
| 　　贷：非财政拨款结余分配 | | 210 000 |

由于事业单位的“经营预算收入”和“经营支出”科目都是按收付实现制核算的，因此，“经营结余”科目反映的利润或亏损数额也是按收付实现制核算的结果。

## 7.7 其他结余

为核算其他结余业务，单位应设置“其他结余”总账科目。本科目核算单位本年度除财政拨款收支、非同级财政专项资金收支和经营收支以外各项收支相抵后的余额。年末结账后，本科目应无余额。

1. 本年非财政拨款非专项资金预算收支结转

年末，将事业预算收入、上级补助预算收入、附属单位上缴预算收入、非同级财政拨款预算收入、债务预算收入、其他预算收入本年发生额中的非专项资金收入以及投资预算收益本年发生额转入本科目，借记“事业预算收入”“上级补助预算收入”“附属单位上缴预算收入”“非同级财政拨款预算收入”“债务预算收入”“其他预算收入”科目下各非专项资金收入明细科目和“投资预算收益”科目，贷记本科目（“投资预算收益”科目本年发生额为借方净额时，借记本科目，贷记“投资预算收益”科目）；将行政支出、事业支出、其他支出本年发生额中的非同级财政、非专项资金支出，以及上缴上级支出、对附属单位补助支出、投资支出、债务还本支出本年发生额转入本科目，借记本科目，贷记“行政支出”“事业支出”“其他支出”科目下各非同级财政、非专项资金支出明细科目和“上缴上级支出”“对附属单位补助支出”“投资支出”“债务还本支出”科目。

2. 年末结转到非财政拨款结余或非财政拨款结余分配

年末，完成上述结转后，行政单位将本科目余额转入“非财政拨款结余——累计结余”科目；事业单位将本科目余额转入“非财政拨款结余分配”科目。当本科目为贷方余额时，借记本科目，贷记“非财政拨款结余——累计结余”或“非财政拨款结余分配”科目；当本科目为借方余额时，借记“非财政拨款结余——累计结余”或“非财政拨款结余分配”科目，贷记本科目。

例 7-34　年末，某事业单位有关非财政拨款非专项资金（即其他资金）预算收支科目本年发生额如表 7-6 所示，结转这些科目，完成上述结转后，将“其他结余”科目的余额转入“非财政拨款结余分配”科目。

**表 7-6　非财政拨款非专项资金预算收支科目表**

| 非财政拨款非专项资金预算收支科目 | 本年贷方发生额 | 本年借方发生额 |
|---|---|---|
| 事业预算收入——非专项资金收入 | 358 000 | |
| 上级补助预算收入——非专项资金收入 | 232 000 | |
| 附属单位上缴预算收入——非专项资金收入 | 28 800 | |
| 债务预算收入——非专项资金收入 | 200 000 | |
| 非同级财政拨款预算收入——非专项资金收入 | 100 000 | |
| 其他预算收入——非专项资金收入 | 49 200 | |
| 投资预算收益 | 18 000 | |
| 事业支出——其他资金支出 | | 380 800 |
| 其他支出——其他资金支出 | | 12 200 |
| 上缴上级支出 | | 120 000 |
| 对附属单位补助支出 | | 24 000 |

续表

| 非财政拨款非专项资金预算收支科目 | 本年贷方发生额 | 本年借方发生额 |
|---|---|---|
| 债务还本支出 | | 200 000 |
| 投资支出 | | 189 000 |
| 合　计 | 986 000 | 926 000 |

财务会计分录：无。

预算会计分录：

借：事业预算收入——非专项资金收入　358 000
　　上级补助预算收入——非专项资金收入　232 000
　　附属单位上缴预算收入——非专项资金收入　28 800
　　债务预算收入——非专项资金收入　200 000
　　非同级财政拨款预算收入——非专项资金收入　100 000
　　其他预算收入——非专项资金收入　49 200
　　投资预算收益　18 000
　　贷：其他结余　986 000

借：其他结余　926 000
　　贷：事业支出——其他资金支出　380 800
　　　　其他支出——其他资金支出　12 200
　　　　上缴上级支出　120 000
　　　　对附属单位补助支出　24 000
　　　　债务还本支出　200 000
　　　　投资支出　189 000

借：其他结余　60 000
　　贷：非财政拨款结余分配　60 000

例 7-35　年末，某行政单位有关非财政拨款非专项资金预算收支科目本年发生额如表 7-7 所示。结转这些科目，完成上述结转后，将“其他结余”科目的余额转入“非财政拨款结余”科目。

**表 7-7　非财政拨款非专项资金预算收支科目表**

| 非财政拨款非专项资金预算收支科目 | 本年贷方发生额 | 本年借方发生额 |
|---|---|---|
| 非同级财政拨款预算收入——非专项资金收入 | 150 000 | |
| 其他预算收入——非专项资金收入 | 52 000 | |

续表

| 非财政拨款非专项资金预算收支科目 | 本年贷方发生额 | 本年借方发生额 |
|---|---|---|
| 行政支出——其他资金支出 | | 120 000 |
| 其他支出——其他资金支出 | | 32 000 |
| 合　计 | 202 000 | 152 000 |

财务会计分录：无。

预算会计分录：

借：非同级财政拨款预算收入——非专项资金收入　　150 000
　　其他预算收入——非专项资金收入　　52 000
　　贷：其他结余　　202 000
借：其他结余　　152 000
　　贷：行政支出——其他资金支出　　120 000
　　　　其他支出——其他资金支出　　32 000
借：其他结余　　50 000
　　贷：非财政拨款结余——累计结余　　50 000

在行政单位会计中，由非财政拨款非专项资金（即其他资金）预算收支形成的其他结余不进行分配，因此，“其他结余”科目余额不转入“非财政拨款结余分配”科目，而是直接转入“非财政拨款结余”科目。

行政事业单位的非财政拨款专项资金结余（指专项已经完成，并按照相关规定剩余资金可以留归本单位时）也不进行分配，因此，“非财政拨款结转”科目余额也不转入“非财政拨款结余分配”科目，而是直接转入“非财政拨款结余”科目。

## 7.8 非财政拨款结余分配

为核算非财政拨款结余分配业务，事业单位应设置“非财政拨款结余分配”总账科目。本科目核算事业单位本年度非财政拨款结余分配的情况和结果。年末结账后，本科目应无余额。

年末，将“其他结余”科目余额转入本科目，当“其他结余”科目为贷方余额时，借记“其他结余”科目，贷记本科目；当“其他结余”科目为借方余额时，借记本科目，贷记“其他结余”科目。

年末，将“经营结余”科目贷方余额转入本科目，借记“经营结余”科目，贷记本科目。

根据有关规定提取专用基金的，按照提取的金额，借记本科目，贷记“专用结余”科目。

年末，按照规定完成上述处理后，将本科目余额转入非财政拨款结余。当本科目为借方余额时，借记“非财政拨款结余——累计结余”科目，贷记本科目；当本科目为贷方余额时，借记本科目，贷记“非财政拨款结余——累计结余”科目。

例 7-36　承例 7-33 和例 7-34，该事业单位年末“经营结余”贷方余额 210 000 元，“其他结余”贷方余额 60 000 元。根据有关规定，该事业单位可以提取职工福利基金 108 000 元。

① 结转“经营结余”贷方余额和“其他结余”贷方余额

财务会计分录：无。

预算会计分录：

| | | |
|---|---|---|
| 借：经营结余 | 210 000 | |
| 　　贷：非财政拨款结余分配 | | 210 000 |
| 借：其他结余 | 60 000 | |
| 　　贷：非财政拨款结余分配 | | 60 000 |

② 提取职工福利基金

财务会计分录：

| | | |
|---|---|---|
| 借：本年盈余分配 | 108 000 | |
| 　　贷：专用基金——职工福利基金 | | 108 000 |

预算会计分录：

| | | |
|---|---|---|
| 借：非财政拨款结余分配 | 108 000 | |
| 　　贷：专用结余 | | 108 000 |

③ 将“非财政拨款结余分配”科目余额转入“非财政拨款结余”科目

财务会计分录：无。

预算会计分录：

| | | |
|---|---|---|
| 借：非财政拨款结余分配 | 162 000 | |
| 　　贷：非财政拨款结余——累计结余 | | 162 000 |

经过年末结账，该事业单位的“经营结余”“其他结余”“非财政拨款结余分配”科目均无余额，相应数额分别转入“非财政拨款结余”和“专用结余”科目，其中，非财政拨款结余应当安排用于开展专业业务活动及其辅助活动，专用结余安排用于职工福利等专门用途。

# 7.9 专用结余

为核算专用结余业务，事业单位应设置“专用结余”总账科目。本科目核算事业单位按照规定从非财政拨款结余中提取的具有专门用途的资金的变动和滚存情况。本科目应当按照专用结余的类别进行明细核算。本科目年末贷方余额，反映事业单位从非同级财政拨款结余中提取的专用基金的累计滚存数额。

根据有关规定从本年度非财政拨款结余或经营结余中提取基金的，按照提取金额，借记“非财政拨款结余分配”科目，贷记本科目。根据规定使用从非财政拨款结余或经营结余中提取的专用基金时，按照使用金额，借记本科目，贷记“资金结存——货币资金”科目。

例7-37　专用结余的提取，参见例7-36。

例7-38　承例7-36，该事业单位使用从非财政拨款结余（包括其他结余和经营结余）中提取的专用基金8 000元，已通过银行存款支付，本次使用的专用基金属于费用性支出，不是购买固定资产或无形资产。

财务会计分录：

| | | |
|---|---|---|
| 借：专用基金 | 8 000 | |
| 　　贷：银行存款 | | 8 000 |

预算会计分录：

| | | |
|---|---|---|
| 借：专用结余 | 8 000 | |
| 　　贷：资金结存——货币资金 | | 8 000 |

例7-39　承例7-36，该事业单位使用从非财政拨款结余（包括其他结余和经营结余）中提取的专用基金20 000元购买一项固定资产，已通过银行存款支付，固定资产已验收并交付使用。

财务会计分录：

| | | |
|---|---|---|
| 借：固定资产 | 20 000 | |
| 　　贷：银行存款 | | 20 000 |
| 借：专用基金 | 20 000 | |
| 　　贷：累计盈余 | | 20 000 |

预算会计分录：

| | | |
|---|---|---|
| 借：专用结余 | 20 000 | |
| 　　贷：资金结存——货币资金 | | 20 000 |

事业单位根据有关规定从本年度非财政拨款结余（包括其他结余和经营结余）中提取专用基金时，在财务会计中，直接增加专用基金；在预算会计中，直接增加专用结余。事业单位根据规定使用从本年度非财政拨款结余（包括其他结余和经营结余）

中提取的专用基金时，在财务会计中，直接减少专用基金；在预算会计中，直接减少专用结余。事业单位不单独核算专用基金收入和专用基金支出。事业单位根据有关规定从收入中提取专用基金及其使用专用基金的业务，只涉及专用基金的核算，不涉及专用结余的核算。行政单位没有专用基金和专用结余的业务。

## 7.10 非财政拨款结余

为核算非财政拨款结余业务，单位应设置“非财政拨款结余”总账科目。本科目核算单位历年滚存的非限定用途的非同级财政拨款结余资金，主要为非财政拨款结余扣除结余分配后滚存的金额。

1. “非财政拨款结余”科目下设的明细科目

（1）“年初余额调整”：本明细科目核算因发生会计差错更正、以前年度支出收回等原因，需要调整非财政拨款结余的资金。年末结账后，本明细科目应无余额。

（2）“项目间接费用或管理费”：本明细科目核算单位取得的科研项目预算收入中，按照规定计提的项目间接费用或管理费数额。年末结账后，本明细科目应无余额。

（3）“结转转入”：本明细科目核算按照规定留归单位使用，由单位统筹调配，纳入单位非财政拨款结余的非同级财政拨款专项剩余资金。年末结账后，本明细科目应无余额。

（4）“累计结余”：本明细科目核算单位历年滚存的非同级财政拨款、非专项结余资金。本明细科目年末贷方余额，反映单位非同级财政拨款滚存的非专项结余资金数额。

本科目还应当按照《政府收支分类科目》中“支出功能分类科目”的相关科目进行明细核算。

“非财政拨款结余”科目下设的明细科目可参见表7-1。

“非财政拨款结余”科目年末贷方余额，反映单位非同级财政拨款结余资金的累计滚存数额。

2. 从科研项目预算收入中提取项目管理费或间接费

按照规定从科研项目预算收入中提取项目管理费或间接费时，借记“非财政拨款结转——项目间接费用或管理费”科目，贷记本科目（项目间接费用或管理费）。

3. 缴纳企业所得税

有企业所得税缴纳义务的事业单位实际缴纳企业所得税时，按照缴纳金额，借记本科目（累计结余），贷记“资金结存——货币资金”科目。

4. 会计差错更正或以前年度支出收回

因会计差错更正收到或支出非同级财政拨款货币资金，属于非财政拨款结余资金的，按照收到或支出的金额，借记或贷记“资金结存——货币资金”科目，贷记或借记本科目（年初余额调整）。

因收回以前年度支出等收到非同级财政拨款货币资金，属于非财政拨款结余资金的，按照收到的金额，借记“资金结存——货币资金”科目，贷记本科目（年初余额调整）。

在预算会计中，因发生会计差错更正需要调整有关结转结余资金数额的，应当区分情况分别通过“财政拨款结转”“财政拨款结余”“非财政拨款结转”和“非财政拨款结余”科目的“年初余额调整”明细科目核算。在预算会计中，对资金的性质区分得比较详细，需要区分财政资金和非财政资金，还要区分结转资金和结余资金。在财务会计中，本年度发生的重要前期差错更正涉及调整以前年度盈余的，通过“以前年度盈余调整”科目核算。

5. 非财政拨款专项剩余资金按规定转入非财政拨款结余

年末，将留归本单位使用的非财政拨款专项（项目已完成）剩余资金转入本科目，借记“非财政拨款结转——累计结转”科目，贷记本科目（结转转入）。

只有“财政拨款结转”和“非财政拨款结转”科目设置“本年收支结转”明细科目，“财政拨款结余”和“非财政拨款结余”科目不设置“本年收支结转”明细科目。即本年预算收支首先转入相关结转科目，经分析后，对于符合结余条件的部分再转入结余科目，因此，“财政拨款结余”和“非财政拨款结余”科目都设置了“结转转入”明细科目。

年末，“财政拨款结转”“财政拨款结余”“非财政拨款结转”“非财政拨款结余”科目在冲销有关明细科目余额后，除了“累计结转”或“累计结余”明细科目外，其他明细科目无余额。

6. 冲销有关明细科目余额

年末冲销有关明细科目余额。将本科目（年初余额调整、项目间接费用或管理费、结转转入）余额转入本科目（累计结余）。结转后，本科目除“累计结余”明细科目外，其他明细科目应无余额。

7. 非财政拨款结余分配或其他结余余额转入非财政拨款结余

年末，事业单位将“非财政拨款结余分配”科目余额转入非财政拨款结余。“非财政拨款结余分配”科目为借方余额的，借记本科目（累计结余），贷记“非财政拨款结余分配”科目；“非财政拨款结余分配”科目为贷方余额的，借记“非财政拨款结余分配”科目，贷记本科目（累计结余）。

年末，行政单位将“其他结余”科目余额转入非财政拨款结余。“其他结余”科目为借方余额的，借记本科目（累计结余），贷记“其他结余”科目；“其他结余”科目为贷方余额的，借记“其他结余”科目，贷记本科目（累计结余）。

年末，行政事业单位将预算收入中的非同级财政、非专项资金收入以及预算支出中的非同级财政、非专项资金支出转入“其他结余”科目，然后，行政单位将“其他结余”科目余额直接转入“非财政拨款结余——累计结余”科目；事业单位将“其他结余”科目余额转入“非财政拨款结余分配”科目，再按照有关规定对非财政拨款结余资金进行分配（目前制度下，主要是提取职工福利基金）后，将“非财政拨款结余分配”科目余额转入“非财政拨款结余——累计结余”科目，形成事业单位非财政拨款累计结余的一种来源。非财政拨款累计结余的另一种来源是留归本单位使用的非财政拨款专项（项目已经完成）剩余资金。

例 7-40　承例 7-32，年末，该事业单位应留归本单位使用的非财政拨款专项剩余资金数额为 80 000 元（该项目已完成），将其转入“非财政拨款结余”科目。

财务会计分录：无。

预算会计分录：

借：非财政拨款结转——累计结转　　80 000

　　贷：非财政拨款结余——结转转入　　80 000

例 7-41　承例 7-27，该事业单位收到一科研项目资金，按照相关规定，提取管理费 50 000 元。

财务会计分录：

借：单位管理费用　　50 000

　　贷：预提费用——项目间接费用或管理费　　50 000

预算会计分录：

借：非财政拨款结转——项目间接费用或管理费　　50 000

　　贷：非财政拨款结余——项目间接费用或管理费　　50 000

例 7-42　某事业单位有一项非财政拨款的专项资金上年度已完成（剩余资金 30 000 元已留归本单位），本年发现该项目上年度有一项支出计算错误，应该再支付 10 000 元，款项已通过银行存款支付。

财务会计分录：

借：以前年度盈余调整　　10 000

　　贷：银行存款　　10 000

预算会计分录：

借：非财政拨款结余——年初余额调整　　10 000

　　贷：资金结存——货币资金　　10 000

例 7-43　某事业单位“非财政拨款结余”科目相关明细科目的余额如表 7-8 所示，冲销这些明细科目余额。

**表 7-8　非财政拨款结余相关明细科目余额表**

| 非财政拨款结余相关明细科目 | 贷方余额 | 借方余额 |
|---|---|---|
| 结转转入 | 80 000 | |
| 项目间接费用或管理费 | 50 000 | |
| 年初余额调整 | | 10 000 |
| 合　计 | 130 000 | 10 000 |

财务会计分录：无。

预算会计分录：

借：非财政拨款结余——结转转入　　80 000

　　　　　　　　——项目间接费用或管理费　　50 000

　　贷：非财政拨款结余——累计结余　　130 000

借：非财政拨款结余——累计结余　　10 000

　　贷：非财政拨款结余——年初余额调整　　10 000

例 7-44　某事业单位年末“经营结余”贷方余额 220 000 元，“其他结余”贷方余额 80 000 元。根据有关规定，该事业单位可以提取职工福利基金 120 000 元，现将提取职工福利基金后的余额转入“非财政拨款结余”科目。

财务会计分录：无。

预算会计分录：

借：非财政拨款结余分配　　180 000

　　贷：非财政拨款结余——累计结余　　180 000

例 7-45　承例 5-57，该事业单位用银行存款缴纳所得税 5 600 元。

财务会计分录：

借：其他应交税费——单位应交所得税　　5 600

　　贷：银行存款　　5 600

预算会计分录：

借：非财政拨款结余——累计结余　　5 600

　　贷：资金结存——货币资金　　5 600

例 7-46　某行政单位年末“其他结余”科目贷方余额为 157 000 元，将其转入非财政拨款结余。

财务会计分录：无。

预算会计分录：

借：其他结余　　157 000

　　贷：非财政拨款结余——累计结余　　157 000

# 本章习题

## 一、单项选择题

1. “资金结存”科目的明细科目不包括（　　）。

A. 银行存款　　B. 货币资金

C. 零余额账户用款额度　　D. 财政应返还额度

2. 年末，应转入“财政拨款结转”科目的是（　　）。
A. 财政拨款收入　　B. 财政拨款预算收入
C. 财政拨款支出　　D. 事业预算收入
3. 下列科目余额年末可能转入“非财政拨款结转”科目的是（　　）。
A. 财政拨款预算收入　　B. 经营支出
C. 事业预算收入　　D. 其他收入
4. 年末，事业单位中可能转入“非财政拨款结转”的科目是（　　）。
A. 行政支出　B. 事业支出　C. 事业收入　D. 经营支出
5. 下列不应在年末转入“非财政拨款结余”的是（　　）。
A. “非财政拨款结余分配”科目余额
B. “其他结余”科目余额
C. “经营结余”科目余额
D. “非财政拨款结转”科目余额中留归本单位使用的已完成项目剩余资金
6. 年末，应将科目余额转入“其他结余”的是（　　）。
A. 事业预算收入　　B. 事业收入
C. 投资收益　　D. 财政拨款预算收入
7. 年末，行政单位中可能将科目余额转入“其他结余”的是（　　）。
A. 其他支出　B. 经营支出　C. 投资支出　D. 投资预算收益
8. 事业单位经营预算收支本年发生额为：经营预算收入 600 000 元，经营支出 500 000 元，则年末“经营结余”的余额为（　　）。
A. 借方 100 000 元　　B. 贷方 100 000 元
C. 借方 1 100 000 元　　D. 贷方 1 100 000 元
9. 年末应转入“经营结余”科目的是（　　）。
A. 经营成本　　B. 经营预算收入
C. 经营费用　　D. 经营收入
10. 下列属于行政单位的预算结余类科目的是（　　）。
A. 其他结余　　B. 非财政拨款结余分配
C. 经营结余　　D. 专用结余

## 二、多项选择题

1. “资金结存”科目的明细科目包括（　　）。
A. 库存现金　　B. 货币资金
C. 零余额账户用款额度　　D. 财政应返还额度
E. 财政直接支付额度
2. 年末，行政单位中应转入“财政拨款结转”科目的是（　　）。
A. 行政支出　　B. 事业支出
C. 财政拨款预算收入　　D. 经营预算收入

E. 其他支出

3. 年末，可能转入“非财政拨款结转”科目的是（　　）。

A. 事业预算收入　　B. 债务预算收入
C. 其他预算收入　　D. 上级补助收入
E. 附属单位上缴收入

4. 年末，可能转入“非财政拨款结转”科目的是（　　）。

A. 投资支出　　B. 事业支出　　C. 其他支出　　D. 经营支出
E. 行政支出

5. 事业单位中，下列应在年末转入“非财政拨款结余”科目的是（　　）。

A. “非财政拨款结转”科目余额中留归本单位使用的已完成项目剩余资金
B. “其他结余”科目余额
C. “非财政拨款结余分配”科目余额
D. “经营结余”科目余额
E. “财政拨款结余”科目余额

6. 行政单位中，下列应在年末转入“非财政拨款结余”科目的是（　　）。

A. “非财政拨款结转”科目余额中留归本单位使用的已完成项目剩余资金
B. “其他结余”科目余额
C. “非财政拨款结余分配”科目余额
D. “经营结余”科目余额
E. “财政拨款结余”科目余额

7. 年末，应转入“其他结余”科目的包括（　　）。

A. 债务还本支出　　B. 投资预算收益
C. 投资支出　　D. 上缴上级支出
E. 对附属单位补助支出

8. 下列科目年末余额，应转入“经营结余”科目的是（　　）。

A. 经营支出　　B. 经营预算收入
C. 经营收入　　D. 经营费用
E. 所得税费用

9. 年末，应转入“经营结余”科目的是（　　）。

A. 经营费用　　B. 经营收入
C. 经营预算收入　　D. 经营支出
E. 经营成本

10. 下列属于行政事业单位的预算结余类科目的是（　　）。

A. 资金结存　　B. 其他结余
C. 经营结余　　D. 财政拨款结转
E. 非财政拨款结转

## 三、判断题

1. 年末结转后，“财政拨款结转”科目除“累计结转”明细科目外，其他明细科目应无余额。（　）

2. 年末结转后，“非财政拨款结转”明细科目除“累计结转”外，其余应均有余额。（　）

3. 其他结余是指行政事业单位本年度除财政拨款收支、非同级财政专项资金收支和经营收支以外各项收支相抵后的余额。（　）

4. 年末，事业单位应将“经营结余”科目余额转入“非财政拨款结余分配”科目。（　）

## 四、填空题

1. 非财政拨款结余是指行政事业单位历年滚存的________的非同级财政拨款结余资金。

2. 年末，从事经营活动的事业单位应将“经营结余”科目贷方余额转入“非财政拨款结余分配”科目，结转后本科目无余额；如为借方余额，则________。

3. 经营结余是指事业单位各项________相抵后余额弥补以前年度经营预算亏损后的余额。

4. 专用结余反映事业单位从非同级财政拨款结余中提取的________的累计滚存数额。

## 五、名词解释

1. 资金结存　2. 财政拨款结转　3. 非财政拨款结余　4. 其他结余
5. 经营结余　6. 专用结余

## 六、简答题

1. 请罗列行政单位的预算结余类科目。
2. 简述“经营结余”总账科目的具体核算方法。
3. 简述“非财政拨款结余分配”科目的核算内容及所涉及的主要会计核算。

## 七、业务题

编制会计分录：

1. 行政单位收到代理银行转来的“财政授权支付额度到账通知书”，取得财政授权支付额度100 000元。

2. 行政单位通过单位零余额账户支付水电费 5 000 元。

3. 事业单位本年度预算收支发生额如下：

财政拨款预算收入 800 000 元，经营预算收入 60 000 元。

非专项资金收入：事业预算收入 100 000 元，债务预算收入 20 000 元，上级补助预算收入 10 000 元，其他预算收入 5 000 元。

事业支出：财政拨款支出 600 000 元，其他资金支出 15 000 元。

其他支出：财政拨款支出 100 000 元，其他资金支出 2 000 元。

债务还本支出 15 000 元，上缴上级支出 12 000 元。

对附属单位补助支出 18 000 元，经营支出 50 000 元。

（1）请做收支结账处理。

（2）年末结转“其他结余”和“经营结余”。

4. 行政单位本年度预算收支发生额如下：

财政拨款预算收入 400 000 元，非同级财政拨款预算收入 50 000 元（其中 10 000 元为专项资金收入），其他预算收入 20 000 元（其中 5 000 元为专项资金收入）。

行政支出：财政拨款支出 300 000 元，非财政专项资金支出 4 000 元，其他资金支出 15 000 元。

其他支出：财政拨款支出 100 000 元，非财政专项资金支出 1 000 元，其他资金支出 10 000 元。

（1）请做收支结账处理。

（2）年末结转“其他结余”。

8

# 第八章

# 会计报表

# 8.1 会计报表概述

《政府会计准则——基本准则》第五条规定，政府会计主体应当编制决算报告和财务报告。即行政事业单位应当编制决算报告和财务报告。

## 8.1.1 决算报告和财务报告的内容

1. 决算报告

决算报告的目标是向决算报告使用者提供与政府预算执行情况有关的信息，综合反映政府会计主体预算收支的年度执行结果，有助于决算报告使用者进行监督和管理，并为编制后续年度预算提供参考和依据。政府决算报告使用者包括各级人民代表大会及其常务委员会、各级政府及其有关部门、政府会计主体自身、社会公众和其他利益相关者。

2. 财务报告

财务报告的目标是向财务报告使用者提供与政府的财务状况、运行情况（含运行成本，下同）和现金流量等有关的信息，反映政府会计主体公共受托责任履行情况，有助于财务报告使用者做出决策或者进行监督和管理。政府财务报告使用者包括各级人民代表大会常务委员会、债权人、各级政府及其有关部门、政府会计主体自身和其他利益相关者。

3. 会计报表及其附注

决算报告和财务报告的主要内容之一是会计报表及其附注。

**表 8-1　会计报表及其附注**

| 编号 | 报表名称 | 编制期 |
|---|---|---|
| 财务会计报表 | | |
| 会政财 01 表 | 资产负债表 | 月度、年度 |
| 会政财 02 表 | 收入费用表 | 月度、年度 |
| 会政财 03 表 | 净资产变动表 | 年度 |
| 会政财 04 表 | 现金流量表 | 年度 |
| | 附注 | 年度 |

续表

| 编号 | 报表名称 | 编制期 |
|---|---|---|
| 预算会计报表 | | |
| 会政预 01 表 | 预算收入支出表 | 年度 |
| 会政预 02 表 | 预算结转结余变动表 | 年度 |
| 会政预 03 表 | 财政拨款预算收入支出表 | 年度 |

行政事业单位的财务会计报表主要以权责发生制为基础，以单位财务会计核算生成的数据为准；预算会计报表主要以收付实现制为基础，以单位预算会计核算生成的数据为准。

报表附注是指在会计报表中列示项目的文字描述或明细资料，以及未在会计报表中列示项目的说明等，其作用是帮助财务会计使用者和阅读者更好地理解会计报表的内容，是对报表生成的会计主体、记账基础、会计假设、会计政策、重要会计报表项目的说明。报表附注一般用文字表述，需要说明的报表项目明细资料等采用表格、图形等形式表达。

4. 行政事业单位会计报表格式差异

为了信息披露的统一性，政府部门、政府本级乃至全国范围编制汇总的政府部门会计报表、政府本级会计报表和全国政府会计报表，不论是预算会计报表还是财务会计报表，都要求格式上和栏目分类、内容上的统一。因此，我国目前的政府会计报表具有相对统一的格式。但是，事业单位有不同的行业，一些行业具有特殊业务，为了满足单位和部门业务管理的需要，财政部在《政府会计制度——行政事业单位会计科目和报表》之外，还发布了相关补充规定，补充了具有行业特点的总账科目和报表栏目。例如，彩票行业设置了“应付返奖奖金”“应付代销券”“彩票销售结算”总账科目和报表栏目，基层医疗卫生机构设置了“待结算医疗款”总账科目，国有林场和苗圃设置了“营林工程”和“林木资产”总账科目及“林木资产”报表栏目等。还有一些行业的报表根据需要补充二级栏目，以反映行业管理所需要的重要信息。例如，高校在收入费用表的“事业收入”栏目下增设“教育事业收入”和“科研事业收入”等二级栏目，在预算收入支出表的“事业预算收入”栏目下增设“教育事业预算收入”和“科研事业预算收入”等二级栏目；基层医疗卫生机构在“应缴财政款”栏目下增设“待结算医疗款”二级栏目。这些具有行业特点的报表栏目和二级栏目，在部门汇总形成政府部门会计报表的过程中，需要按照具体内容拆分或者合并到统一的报表栏目中。部门层面的报表格式各行业是一致的。

## 8.1.2 会计报表的分类

行政事业单位的会计报表按照不同的标准可以分为以下几类。

1. 按内容分

它可以分为财务会计报表和预算会计报表。财务会计报表一般包括资产负债表、收入费用表、现金流量表和净资产变动表。预算会计报表至少包括预算收入支出表、预算结转结余变动表和财政拨款预算收入支出表。如表 8-1 所示。

2. 按编报的时间分

它可以分为月度报表和年度报表。预算会计系统中的月度报表数量由上级部门根据具体情况确定，财务会计系统中的月度报表主要包括资产负债表和收入费用表。年度的财务报告和决算报告中应包含所有的会计报表。如表 8-1 所示。

3. 按编报的层次分

它可以分为单位报表和部门报表。单位报表是反映行政事业单位预算和财务结果的报表；部门报表是各主管部门对本单位和所属各个单位的报表进行汇总后编制的报表，部门报表要汇总所有下属单位的会计报表。

# 8.2 财务会计报表

## 8.2.1 资产负债表

1. 资产负债表的概念和作用

资产负债表是反映行政事业单位在某一特定日期全部资产、负债和净资产情况的报表。

资产负债表的作用主要表现在以下几个方面：

（1）可以提供某一特定日期资产总额及其构成情况的信息。例如，可以提供某一特定日期的资产总额、流动资产总额、非流动资产总额等信息。

（2）可以提供某一特定日期负债总额及其构成情况的信息。例如，可以提供某一特定日期的负债总额、流动负债总额、非流动负债总额等信息。

（3）可以提供某一特定日期净资产总额及其构成情况的信息。例如，可以提供某一特定日期的净资产总额、累计盈余总额、专用基金总额等信息。

按照《政府会计制度》规定，行政事业单位的资产负债表应当按月度和年度编制。

2. 资产负债表的格式

行政事业单位的资产负债表左边列示资产及其期末余额和年初余额的信息，右边列示负债和净资产及其期末余额和年初余额的信息。采用的平衡公式为：资产 = 负债 + 净资产，即资产负债表左边总计等于右边总计。行政事业单位的资产负债表如表 8-2 所示。

表 8-2　资产负债表

会政财 01 表

编制单位：　　　　2019 年 12 月 31 日　　　　单位：元

| 资产 | 期末余额 | 年初余额 | 负债和净资产 | 期末余额 | 年初余额 |
|---|---|---|---|---|---|
| 流动资产： | | （略） | 流动负债： | | （略） |
| 货币资金 | 183 000 | | 短期借款 | | |
| 短期投资 | | | 应交增值税 | | |
| 财政应返还额度 | 507 000 | | 其他应交税费 | | |
| 应收票据 | | | 应缴财政款 | | |
| 应收账款净额 | 10 000 | | 应付职工薪酬 | | |
| 预付账款 | 5 000 | | 应付票据 | | |
| 应收股利 | | | 应付账款 | 126 000 | |
| 应收利息 | | | 应付政府补贴款 | | |
| 其他应收款净额 | 3 000 | | 应付利息 | 6 000 | |
| 存货 | 557 000 | | 预收账款 | | |
| 待摊费用 | | | 其他应付款 | 27 500 | |
| 一年内到期的非流动资产 | | | 预提费用 | | |
| 其他流动资产 | | | 一年内到期的非流动负债 | | |
| 流动资产合计 | 1 265 000 | | 其他流动负债 | | |
| 非流动资产： | | | 流动负债合计 | 159 500 | |
| 长期股权投资 | | | 非流动负债： | | |
| 长期债券投资 | | | 长期借款 | 1 000 000 | |
| 固定资产原值 | 59 600 000 | | 长期应付款 | | |
| 减：固定资产累计折旧 | 28 002 000 | | 预计负债 | | |
| 固定资产净值 | 31 598 000 | | 其他非流动负债 | | |
| 工程物资 | 530 000 | | 非流动负债合计 | 1 000 000 | |
| 在建工程 | 1 300 000 | | 受托代理负债 | 19 000 | |
| 无形资产原值 | 50 000 | | 负债合计 | 1 178 500 | |
| 减：无形资产累计摊销 | 17 000 | | | | |

续表

| 资产 | 期末余额 | 年初余额 | 负债和净资产 | 期末余额 | 年初余额 |
|---|---|---|---|---|---|
| 无形资产净值 | 33 000 | | | | |
| 研发支出 | | | | | |
| 公共基础设施原值 | | | | | |
| 减：公共基础设施累计折旧（摊销） | | | | | |
| 公共基础设施净值 | | | | | |
| 政府储备物资 | 870 000 | | | | |
| 文物文化资产 | | | | | |
| 保障性住房原值 | | | | | |
| 减：保障性住房累计折旧 | | | 净资产： | | |
| 保障性住房净值 | | | 累计盈余 | 33 876 500 | |
| 长期待摊费用 | | | 专用基金 | 560 000 | |
| 待处理财产损溢 | | | 权益法调整 | | |
| 其他流动资产 | | | 无偿调拨净资产* | | |
| 非流动资产合计 | 34 331 000 | | 本期盈余* | | |
| 受托代理资产 | 19 000 | | 净资产合计 | 34 436 500 | |
| 资产总计 | 35 615 000 | | 负债和净资产总计 | 35 615 000 | |

注：“*”标识项目为月报项目，年报中不需列示。

3. 资产负债表的列报方法

本表“年初余额”栏内各项数字，应当根据上年年末资产负债表“期末余额”栏内数字填列。如果本年度资产负债表规定的项目的名称和内容同上年度不一致，应当对上年年末资产负债表项目的名称和数字按照本年度的规定进行调整，将调整后的数字填入本表“年初余额”栏内。如果本年度单位发生了因前期差错更正、会计政策变更等调整以前年度盈余的事项，还应当对“年初余额”栏中的有关项目金额进行相应调整。本表中“资产总计”项目期末（年初）余额应当与“负债和净资产总计”项目期末（年初）余额相等。

资产负债表“期末余额”栏各项目的内容和填列方法如下：

**第一类：资产项目**

（1）“货币资金”项目，反映单位期末库存现金、银行存款、零余额账户用款额度、其他货币资金的合计数。本项目应当根据“库存现金”“银行存款”“零余额账户用款额度”“其他货币资金”科目的期末余额的合计数填列；若单位存在通过“库存现金”“银行存款”科目核算的受托代理资产，还应当按照前述合计数扣减“库存现金”“银行存款”科目下“受托代理资产”明细科目的期末余额后的金额填列。

（2）“短期投资”项目，反映事业单位期末持有的短期投资账面余额。本项目应当根据“短期投资”科目的期末余额填列。

（3）“财政应返还额度”项目，反映单位期末财政应返还额度的金额。本项目应当根据“财政应返还额度”科目的期末余额填列。

（4）“应收票据”项目，反映事业单位期末持有的应收票据的票面金额。本项目应当根据“应收票据”科目的期末余额填列。

（5）“应收账款净额”项目，反映单位期末尚未收回的应收账款减去已计提的坏账准备后的净额。本项目应当根据“应收账款”科目的期末余额，减去“坏账准备”科目中对应收账款计提的坏账准备的期末余额后的金额填列。

（6）“预付账款”项目，反映单位期末预付给商品或者劳务供应单位的款项。本项目应当根据“预付账款”科目的期末余额填列。

（7）“应收股利”项目，反映事业单位期末因股权投资而应收取的现金股利或应当分得的利润。本项目应当根据“应收股利”科目的期末余额填列。

（8）“应收利息”项目，反映事业单位期末因债券投资等而应收取的利息。事业单位购入的到期一次还本付息的长期债券投资持有期间应收的利息，不包括在本项目内。本项目应当根据“应收利息”科目的期末余额填列。

（9）“其他应收款净额”项目，反映单位期末尚未收回的其他应收款减去已计提的坏账准备后的净额。本项目应当根据“其他应收款”科目的期末余额减去“坏账准备”科目中对其他应收款计提的坏账准备的期末余额后的金额填列。

（10）“存货”项目，反映单位期末存储的存货的实际成本。本项目应当根据“在途物品”“库存物品”“加工物品”科目的期末余额的合计数填列。

（11）“待摊费用”项目，反映单位期末已经支出，但应当由本期和以后各期负担的分摊期在 1 年以内（含 1 年）的各项费用。本项目应当根据“待摊费用”科目的期末余额填列。

（12）“一年内到期的非流动资产”项目，反映单位期末非流动资产项目中将在 1 年内（含 1 年）到期的金额，如事业单位将在 1 年内（含 1 年）到期的长期债券投资金额。本项目应当根据“长期债券投资”等科目的明细科目的期末余额分析填列。

（13）“其他流动资产”项目，反映单位期末除本表中上述各项之外的其他流动资产的合计金额。本项目应当根据有关科目期末余额的合计数填列。

（14）“流动资产合计”项目，反映单位期末流动资产的合计数。本项目应当根据本表中“货币资金”“短期投资”“财政应返还额度”“应收票据”“应收账款净额”“预付账款”“应收股利”“应收利息”“其他应收款净额”“存货”“待摊费用”“一年内到期的非流动资产”“其他流动资产”项目金额的合计数填列。

（15）“长期股权投资”项目，反映事业单位期末持有的长期股权投资的账面余额。本项目应当根据“长期股权投资”科目的期末余额填列。

（16）“长期债券投资”项目，反映事业单位期末持有的长期债券投资的账面余额。本项目应当根据“长期债券投资”科目的期末余额减去其中将于1年内（含1年）到期的长期债券投资余额后的金额填列。

（17）“固定资产原值”项目，反映单位期末固定资产的原值。本项目应当根据“固定资产”科目的期末余额填列。“固定资产累计折旧”项目，反映单位期末固定资产已计提的累计折旧金额。本项目应当根据“固定资产累计折旧”科目的期末余额填列。“固定资产净值”项目，反映单位期末固定资产的账面价值。本项目应当根据“固定资产”科目期末余额减去“固定资产累计折旧”科目期末余额后的金额填列。

（18）“工程物资”项目，反映单位期末为在建工程准备的各种物资的实际成本。本项目应当根据“工程物资”科目的期末余额填列。

（19）“在建工程”项目，反映单位期末所有的建设项目工程的实际成本。本项目应当根据“在建工程”科目的期末余额填列。

（20）“无形资产原值”项目，反映单位期末无形资产的原值。本项目应当根据“无形资产”科目的期末余额填列。“无形资产累计摊销”项目，反映单位期末无形资产已计提的累计摊销金额。本项目应当根据“无形资产累计摊销”科目的期末余额填列。“无形资产净值”项目，反映单位期末无形资产的账面价值。本项目应当根据“无形资产”科目期末余额减去“无形资产累计摊销”科目期末余额后的金额填列。

（21）“研发支出”项目，反映单位期末正在进行的无形资产开发项目开发阶段发生的累计支出数。本项目应当根据“研发支出”科目的期末余额填列。

（22）“公共基础设施原值”项目，反映单位期末控制的公共基础设施的原值。本项目应当根据“公共基础设施”科目的期末余额填列。“公共基础设施累计折旧（摊销）”项目，反映单位期末控制的公共基础设施已计提的累计折旧和累计摊销金额。本项目应当根据“公共基础设施累计折旧（摊销）”科目的期末余额填列。“公共基础设施净值”项目，反映单位期末控制的公共基础设施的账面价值。本项目应当根据“公共基础设施”科目期末余额减去“公共基础设施累计折旧（摊销）”科目期末余额后的金额填列。

（23）“政府储备物资”项目，反映单位期末控制的政府储备物资的实际成本。本项目应当根据“政府储备物资”科目的期末余额填列。

（24）“文物文化资产”项目，反映单位期末控制的文物文化资产的成本。本项目应当根据“文物文化资产”科目的期末余额填列。

（25）“保障性住房原值”项目，反映单位期末控制的保障性住房的原值。本项目应当根据“保障性住房”科目的期末余额填列。“保障性住房累计折旧”项目，反映单位期末控制的保障性住房已计提的累计折旧金额。本项目应当根据“保障性住房累计折旧”科目的期末余额填列。“保障性住房净值”项目，反映单位期末控制的保障性住房的账面价值。本项目应当根据“保障性住房”科目期末余额减去“保障性住房累计折旧”科目期末余额后的金额填列。

（26）“长期待摊费用”项目，反映单位期末已经支出，但应由本期和以后各期负担的分摊期限在1年以上（不含1年）的各项费用。本项目应当根据“长期待摊费用”

科目的期末余额填列。

（27）“待处理财产损溢”项目，反映单位期末尚未处理完毕的各种资产的净损失或净溢余。本项目应当根据“待处理财产损溢”科目的期末借方余额填列；如“待处理财产损溢”科目期末为贷方余额，以“-”号填列。

（28）“其他非流动资产”项目，反映单位期末除本表中上述各项之外的其他非流动资产的合计数。本项目应当根据有关科目的期末余额合计数填列。

（29）“非流动资产合计”项目，反映单位期末非流动资产的合计数。本项目应当根据本表中“长期股权投资”“长期债券投资”“固定资产净值”“工程物资”“在建工程”“无形资产净值”“研发支出”“公共基础设施净值”“政府储备物资”“文物文化资产”“保障性住房净值”“长期待摊费用”“待处理财产损溢”“其他非流动资产”项目金额的合计数填列。

（30）“受托代理资产”项目，反映单位期末受托代理资产的价值。本项目应当根据“受托代理资产”科目的期末余额与“库存现金”“银行存款”科目下“受托代理资产”明细科目的期末余额的合计数填列。

（31）“资产总计”项目，反映单位期末资产的合计数。本项目应当根据本表中“流动资产合计”“非流动资产合计”“受托代理资产”项目金额的合计数填列。

**第二类：负债项目**

（32）“短期借款”项目，反映事业单位期末短期借款的余额。本项目应当根据“短期借款”科目的期末余额填列。

（33）“应交增值税”项目，反映单位期末应交未交的增值税税额。本项目应当根据“应交增值税”科目的期末余额填列；如“应交增值税”科目期末为借方余额，以“-”号填列。

（34）“其他应交税费”项目，反映单位期末应交未交的除增值税以外的税费金额。本项目应当根据“其他应交税费”科目的期末余额填列；如“其他应交税费”科目期末为借方余额，以“-”号填列。

（35）“应缴财政款”项目，反映单位期末应当上缴财政但尚未缴纳的款项。本项目应当根据“应缴财政款”科目的期末余额填列。

（36）“应付职工薪酬”项目，反映单位期末按有关规定应付给职工及为职工支付的各种薪酬。本项目应当根据“应付职工薪酬”科目的期末余额填列。

（37）“应付票据”项目，反映事业单位期末应付票据的金额。本项目应当根据“应付票据”科目的期末余额填列。

（38）“应付账款”项目，反映单位期末应当支付但尚未支付的偿还期限在1年以内（含1年）的应付账款的金额。本项目应当根据“应付账款”科目的期末余额填列。

（39）“应付政府补贴款”项目，反映负责发放政府补贴的行政单位期末按照规定应当支付给政府补贴接受者的各种政府补贴款余额。本项目应当根据“应付政府补贴款”科目的期末余额填列。

（40）“应付利息”项目，反映事业单位期末按照合同约定应支付的借款利息。事业单位到期一次还本付息的长期借款利息不包括在本项目内。本项目应当根据“应付利息”科目的期末余额填列。

(41)“预收账款”项目，反映事业单位期末预先收取但尚未确认收入和实际结算的款项余额。本项目应当根据“预收账款”科目的期末余额填列。

(42)“其他应付款”项目，反映单位期末其他各项偿还期限在1年内（含1年）的应付及暂收款项余额。本项目应当根据“其他应付款”科目的期末余额填列。

(43)“预提费用”项目，反映单位期末已预先提取的已经发生但尚未支付的各项费用。本项目应当根据“预提费用”科目的期末余额填列。

(44)“一年内到期的非流动负债”项目，反映单位期末将于1年内（含1年）偿还的非流动负债的余额。本项目应当根据“长期应付款”“长期借款”等科目的明细科目的期末余额分析填列。

(45)“其他流动负债”项目，反映单位期末除本表中上述各项之外的其他流动负债的合计数。本项目应当根据有关科目的期末余额的合计数填列。

(46)“流动负债合计”项目，反映单位期末流动负债合计数。本项目应当根据本表“短期借款”“应交增值税”“其他应交税费”“应缴财政款”“应付职工薪酬”“应付票据”“应付账款”“应付政府补贴款”“应付利息”“预收账款”“其他应付款”“预提费用”“一年内到期的非流动负债”“其他流动负债”项目金额的合计数填列。

(47)“长期借款”项目，反映事业单位期末长期借款的余额。本项目应当根据“长期借款”科目的期末余额减去其中将于1年内（含1年）到期的长期借款余额后的金额填列。

(48)“长期应付款”项目，反映单位期末长期应付款的余额。本项目应当根据“长期应付款”科目的期末余额减去其中将于1年内（含1年）到期的长期应付款余额后的金额填列。

(49)“预计负债”项目，反映单位期末已确认但尚未偿付的预计负债的余额。本项目应当根据“预计负债”科目的期末余额填列。

(50)“其他非流动负债”项目，反映单位期末除本表中上述各项之外的其他非流动负债的合计数。本项目应当根据有关科目的期末余额合计数填列。

(51)“非流动负债合计”项目，反映单位期末非流动负债合计数。本项目应当根据本表中“长期借款”“长期应付款”“预计负债”“其他非流动负债”项目金额的合计数填列。

(52)“受托代理负债”项目，反映单位期末受托代理负债的金额。本项目应当根据“受托代理负债”科目的期末余额填列。

(53)“负债合计”项目，反映单位期末负债的合计数。本项目应当根据本表中“流动负债合计”“非流动负债合计”“受托代理负债”项目金额的合计数填列。

**第三类：净资产项目**

(54)“累计盈余”项目，反映单位期末未分配盈余（或未弥补亏损）以及无偿调拨净资产变动的累计数。本项目应当根据“累计盈余”科目的期末余额填列。

(55)“专用基金”项目，反映事业单位期末累计提取或设置但尚未使用的专用基金余额。本项目应当根据“专用基金”科目的期末余额填列。

（56）“权益法调整”项目，反映事业单位期末在被投资单位除净损益和利润分配以外的所有者权益变动中累积享有的份额。本项目应当根据“权益法调整”科目的期末余额填列。如“权益法调整”科目期末为借方余额，以“-”号填列。

（57）“无偿调拨净资产”项目，反映单位本年度截至报告期期末无偿调入的非现金资产价值扣减无偿调出的非现金资产价值后的净值。本项目仅在月度报表中列示，年度报表中不列示。月度报表中本项目应当根据“无偿调拨净资产”科目的期末余额填列；“无偿调拨净资产”科目期末为借方余额时，以“-”号填列。

（58）“本期盈余”项目，反映单位本年度截至报告期期末实现的累计盈余或亏损。本项目仅在月度报表中列示，年度报表中不列示。月度报表中本项目应当根据“本期盈余”科目的期末余额填列；“本期盈余”科目期末为借方余额时，以“-”号填列。

（59）“净资产合计”项目，反映单位期末净资产合计数。本项目应当根据本表中“累计盈余”、“专用基金”、“权益法调整”、“无偿调拨净资产”（月度报表）、“本期盈余”（月度报表）项目金额的合计数填列。

（60）“负债和净资产总计”项目，应当按照本表中“负债合计”“净资产合计”项目金额的合计数填列。

## 8.2.2 收入费用表

1. 收入费用表的概念和作用

收入费用表反映单位在某一会计期间内发生的收入、费用及当期盈余情况。

收入费用表的作用主要表现在以下几个方面：

（1）可以提供某一会计期间收入总额及其构成情况的信息。例如，可以提供某一会计期间收入总额、财政拨款收入数额、事业收入数额、其他收入数额等信息。

（2）可以提供某一会计期间费用总额及其构成情况的信息。例如，可以提供某一会计期间费用总额、业务活动数额、单位管理费用数额、其他费用数额等信息。

（3）可以提供某一会计期间本期盈余的信息。本期收入总额减去本期费用总额等于本期盈余。

按照《政府会计制度》的规定，行政事业单位的收入费用表应当按月度和年度编制。

2. 收入费用表的格式

行政事业单位的收入费用表应当分别本期收入、本期费用和本期盈余反映相应组成项目的本月数和本年累计数信息，采用的计算公式为：本期收入 - 本期费用 = 本期盈余。行政事业单位收入费用表的格式如表 8-3 所示。

**表 8-3　收入费用表**

会政财 02 表

编制单位：　　　　2019 年 12 月　　　　单位：元

| 项　目 | 本月数 | 本年累计数 |
|---|---|---|
| 一、本期收入 | 8 413 000 | （略） |
| （一）财政拨款收入 | 6 720 000 | |
| 其中：政府性基金收入 | 720 000 | |
| （二）事业收入 | 1 600 000 | |
| （三）上级补助收入 | | |
| （四）附属单位上交收入 | 80 000 | |
| （五）经营收入 | 9 000 | |
| （六）非同级财政拨款收入 | | |
| （七）投资收益 | | |
| （八）捐赠收入 | | |
| （九）利息收入 | | |
| （十）租金收入 | 1 000 | |
| （十一）其他收入 | 3 000 | |
| 二、本期费用 | 7 556 000 | |
| （一）业务活动费用 | 7 528 000 | |
| （二）单位管理费用 | 20 000 | |
| （三）经营费用 | 5 000 | |
| （四）资产处置费用 | | |
| （五）上缴上级费用 | | |
| （六）对附属单位补助费用 | | |
| （七）所得税费用 | 1 000 | |
| （八）其他费用 | 2 000 | |
| 三、本期盈余 | 857 000 | |

3. 收入费用表的列报方法

收入费用表“本月数”栏反映各项目的本月实际发生数。编制年度收入费用表时，应当将本栏改为“本年数”，反映本年度各项目的实际发生数。

本表“本年累计数”栏反映各项目自年初至报告期期末的累计实际发生数。编制年度收入费用表时，应当将本栏改为“上年数”，反映上年度各项目的实际发生数，“上年数”栏应当根据上年度收入费用表中“本年数”栏内所列数字填列。

如果本年度收入费用表规定的项目的名称和内容同上年度不一致，应当对上年度收入费用表项目的名称和数字按照本年度的规定进行调整，将调整后的金额填入本年度收入费用表的“上年数”栏内。

如果本年度单位发生了因前期差错更正、会计政策变更等调整以前年度盈余的事项，还应当对年度收入费用表中“上年数”栏中的有关项目金额进行相应调整。

收入费用表“本月数”栏各项目的内容和填列方法如下：

**第一类：本期收入**

（1）“本期收入”项目，反映单位本期收入总额。本项目应当根据本表中“财政拨款收入”“事业收入”“上级补助收入”“附属单位上缴收入”“经营收入”“非同级财政拨款收入”“投资收益”“捐赠收入”“利息收入”“租金收入”“其他收入”项目金额的合计数填列。

（2）“财政拨款收入”项目，反映单位本期从同级政府财政部门取得的各类财政拨款。本项目应当根据“财政拨款收入”科目的本期发生额填列。“政府性基金收入”项目，反映单位本期取得的财政拨款收入中属于政府性基金预算拨款的金额。本项目应当根据“财政拨款收入”相关明细科目的本期发生额填列。

（3）“事业收入”项目，反映事业单位本期开展专业业务活动及其辅助活动实现的收入。本项目应当根据“事业收入”科目的本期发生额填列。

（4）“上级补助收入”项目，反映事业单位本期从主管部门和上级单位收到或应收的非财政拨款收入。本项目应当根据“上级补助收入”科目的本期发生额填列。

（5）“附属单位上缴收入”项目，反映事业单位本期收到或应收的独立核算的附属单位按照有关规定上缴的收入。本项目应当根据“附属单位上缴收入”科目的本期发生额填列。

（6）“经营收入”项目，反映事业单位本期在专业业务活动及其辅助活动之外开展非独立核算经营活动实现的收入。本项目应当根据“经营收入”科目的本期发生额填列。

（7）“非同级财政拨款收入”项目，反映单位本期从非同级政府财政部门取得的财政拨款，不包括事业单位因开展科研及其辅助活动从非同级财政部门取得的经费拨款。本项目应当根据“非同级财政拨款收入”科目的本期发生额填列。

（8）“投资收益”项目，反映事业单位本期股权投资和债券投资所实现的收益或发生的损失。本项目应当根据“投资收益”科目的本期发生额填列；如为投资净损失，以“-”号填列。

（9）“捐赠收入”项目，反映单位本期接受捐赠取得的收入。本项目应当根据“捐赠收入”科目的本期发生额填列。

（10）“利息收入”项目，反映单位本期取得的银行存款利息收入。本项目应当根据“利息收入”科目的本期发生额填列。

（11）“租金收入”项目，反映单位本期经批准利用国有资产出租取得并按规定纳入本单位预算管理的租金收入。本项目应当根据“租金收入”科目的本期发生额填列。

(12)“其他收入”项目，反映单位本期取得的除以上收入项目外的其他收入的总额。本项目应当根据“其他收入”科目的本期发生额填列。

**第二类：本期费用**

(13)“本期费用”项目，反映单位本期费用总额。本项目应当根据本表中“业务活动费用”“单位管理费用”“经营费用”“资产处置费用”“上缴上级费用”“对附属单位补助费用”“所得税费用”和“其他费用”项目金额的合计数填列。

(14)“业务活动费用”项目，反映单位本期为实现其职能目标，依法履职或开展专业业务活动及其辅助活动所发生的各项费用。本项目应当根据“业务活动费用”科目本期发生额填列。

(15)“单位管理费用”项目，反映事业单位本期本级行政及后勤管理部门开展管理活动发生的各项费用，以及由单位统一负担的离退休人员经费、工会经费、诉讼费、中介费等。本项目应当根据“单位管理费用”科目的本期发生额填列。

(16)“经营费用”项目，反映事业单位本期在专业业务活动及其辅助活动之外开展非独立核算经营活动发生的各项费用。本项目应当根据“经营费用”科目的本期发生额填列。

(17)“资产处置费用”项目，反映单位本期经批准处置资产时转销的资产价值以及在处置过程中发生的相关费用或者处置收入小于处置费用形成的净支出。本项目应当根据“资产处置费用”科目的本期发生额填列。

(18)“上缴上级费用”项目，反映事业单位按照规定上缴上级单位款项发生的费用。本项目应当根据“上缴上级费用”科目的本期发生额填列。

(19)“对附属单位补助费用”项目，反映事业单位用财政拨款收入之外的收入对附属单位补助发生的费用。本项目应当根据“对附属单位补助费用”科目的本期发生额填列。

(20)“所得税费用”项目，反映有企业所得税缴纳义务的事业单位本期计算应交纳的企业所得税。本项目应当根据“所得税费用”科目的本期发生额填列。

(21)“其他费用”项目，反映单位本期发生的除以上费用项目外的其他费用的总额。本项目应当根据“其他费用”科目的本期发生额填列。

**第三类：本期盈余**

(22)“本期盈余”项目，反映单位本期收入扣除本期费用后的净额。本项目应当根据本表中“本期收入”项目金额减去“本期费用”项目金额后的金额填列；如为负数，以“－”号填列。

## 8.2.3 净资产变动表

1. 净资产变动表的概念和作用

净资产变动表反映单位在某一会计年度内净资产项目的变动情况。

净资产变动表的作用主要表现在以下几个方面：

（1）可以提供某一会计期间内累计盈余变动情况的信息。例如，可以提供某一会计期间内累计盈余的期初余额、本期变动金额、期末余额等信息。

（2）可以提供某一会计期间内专用基金变动情况的信息。例如，可以提供某一会计期间内专用基金的期初余额、本期变动金额、期末余额等信息。

（3）可以提供某一会计期间内权益法调整变动情况的信息。例如，可以提供某一会计期间内权益法调整的期初余额、本期变动金额、期末余额等信息。

按照《政府会计制度》的规定，行政事业单位的净资产变动表应当按年度编制。

2. 净资产变动表的格式

行政事业单位净资产变动表采用矩阵格式，即一方面列示净资产的各组成部分，如列示累计盈余、专用基金、权益法调整；另一方面列示净资产各组成部分增减变动的具体原因，如列示本年盈余、无偿调拨净资产、归集调整预算结转结余、提取或设置专用基金、使用专用基金等。净资产各组成部分的增减变动原因与净资产的相应组成部分形成对应。行政事业单位净资产变动表的格式如表 8-4 所示。

**表 8-4　净资产变动表**

会政财 03 表

编制单位：　　　　　年　　　　　单位：元

| 项　目 | 本年数 | | | | 上年数 | | | |
|---|---|---|---|---|---|---|---|---|
| | 累计盈余 | 专用基金 | 权益法调整 | 净资产合计 | 累计盈余 | 专用基金 | 权益法调整 | 净资产合计 |
| 一、上年年末余额 | | | | | | | | |
| 二、以前年度盈余调整（减少以“－”填列） | | — | — | | | — | — | |
| 三、本年年初余额 | | | | | | | | |
| 四、本年变动金额（减少以“－”填列） | | | | | | | | |
| （一）本期盈余 | | — | — | | | — | — | |
| （二）无偿调拨净资产 | | — | — | | | — | — | |
| （三）归集调整预算结转结余 | | — | — | | | — | — | |
| （四）提取或设置专用基金 | | | — | | | | — | |

续表

| 项　目 | 本年数 | | | | 上年数 | | | |
|---|---|---|---|---|---|---|---|---|
| | 累计盈余 | 专用基金 | 权益法调整 | 净资产合计 | 累计盈余 | 专用基金 | 权益法调整 | 净资产合计 |
| 其中：从预算收入中提取 | — | | — | | — | | — | |
| 从预算结余中提取 | | | — | | | | — | |
| 设置的专用基金 | — | | — | | — | | — | |
| （五）使用专用基金 | | | — | | | | — | |
| （六）权益法调整 | — | — | | | — | — | | |
| 五、本年年末余额 | | | | | | | | |

注："—"标识的单元格不需要填列。

3. 净资产变动表的列报方法

净资产变动表"本年数"栏反映本年度各项目的实际变动数。本表"上年数"栏反映上年度各项目的实际变动数，应当根据上年度净资产变动表中"本年数"栏内所列数字填列。如果上年度净资产变动表规定的项目的名称和内容与本年度不一致，应对上年度净资产变动表项目的名称和数字按照本年度的规定进行调整，将调整后金额填入本年度净资产变动表"上年数"栏内。

本表"本年数"栏各项目的内容和填列方法如下：

（1）"上年年末余额"行，反映单位净资产各项目上年年末的余额。本行各项目应当根据"累计盈余""专用基金""权益法调整"科目上年年末余额填列。

（2）"以前年度盈余调整"行，反映单位本年度调整以前年度盈余的事项对累计盈余进行调整的金额。本行"累计盈余"项目应当根据本年度"以前年度盈余调整"科目转入"累计盈余"科目的金额填列；如调整减少累计盈余，以"－"号填列。

（3）"本年年初余额"行，反映经过以前年度盈余调整后，单位净资产各项目的本年年初余额。本行"累计盈余""专用基金""权益法调整"项目应当根据其各自在"上年年末余额"和"以前年度盈余调整"行中对应项目金额的合计数填列。

（4）"本年变动金额"行，反映单位净资产各项目本年变动总金额。本行"累计盈余""专用基金""权益法调整"项目应当根据其各自在"本年盈余""无偿调拨净资产""归集调整预算结转结余""提取或设置专用基金""使用专用基金""权益法调整"行中对应项目金额的合计数填列。

（5）"本年盈余"行，反映单位本年发生的收入、费用对净资产的影响。本行"累计盈余"项目应当根据年末由"本期盈余"科目转入"本年盈余分配"科目的金额填列；如转入时借记“本年盈余分配”科目，则以“－”号填列。

(6)“无偿调拨净资产”行，反映单位本年无偿调入、调出非现金资产事项对净资产的影响。本行“累计盈余”项目应当根据年末由“无偿调拨净资产”科目转入“累计盈余”科目的金额填列；如转入时借记“累计盈余”科目，则以“－”号填列。

(7)“归集调整预算结转结余”行，反映单位本年财政拨款结转结余资金归集调入、归集上缴或调出，以及非财政拨款结转资金缴回对净资产的影响。本行“累计盈余”项目应当根据“累计盈余”科目明细账记录分析填列；如归集调整减少预算结转结余，则以“－”号填列。

(8)“提取或设置专用基金”行，反映单位本年提取或设置专用基金对净资产的影响。本行“累计盈余”项目应当根据“从预算结余中提取”行“累计盈余”项目的金额填列。本行“专用基金”项目应当根据“从预算收入中提取”“从预算结余中提取”“设置的专用基金”行“专用基金”项目金额的合计数填列。

“从预算收入中提取”行，反映单位本年从预算收入中提取专用基金对净资产的影响。本行“专用基金”项目应当通过对“专用基金”科目明细账记录的分析，根据本年按有关规定从预算收入中提取基金的金额填列。

“从预算结余中提取”行，反映单位本年根据有关规定从本年度非财政拨款结余或经营结余中提取专用基金对净资产的影响。本行“累计盈余”“专用基金”项目应当通过对“专用基金”科目明细账记录的分析，根据本年按有关规定从本年度非财政拨款结余或经营结余中提取专用基金的金额填列；本行“累计盈余”项目以“－”号填列。

“设置的专用基金”行，反映单位本年根据有关规定设置的其他专用基金对净资产的影响。本行“专用基金”项目应当通过对“专用基金”科目明细账记录的分析，根据本年按有关规定设置的其他专用基金的金额填列。

(9)“使用专用基金”行，反映单位本年按规定使用专用基金对净资产的影响。本行“累计盈余”“专用基金”项目应当通过对“专用基金”科目明细账记录的分析，根据本年按规定使用专用基金的金额填列；本行“专用基金”项目以“－”号填列。

(10)“权益法调整”行，反映单位本年按照被投资单位除净损益和利润分配以外的所有者权益变动份额而调整长期股权投资账面余额对净资产的影响。本行“权益法调整”项目应当根据“权益法调整”科目本年发生额填列；若本年净发生额为借方，则以“－”号填列。

(11)“本年年末余额”行，反映单位本年各净资产项目的年末余额。本行“累计盈余”“专用基金”“权益法调整”项目应当根据其各自在“本年年初余额”“本年变动金额”行中对应项目金额的合计数填列。

(12)本表各行“净资产合计”项目，应当根据所在行“累计盈余”“专用基金”“权益法调整”项目金额的合计数填列。

## 8.2.4 现金流量表

1. 现金流量表的概念和作用

现金流量表反映单位在某一会计期间现金流入和流出的信息。

现金流量表的作用主要表现在以下几个方面：

（1）可以提供某一会计期间日常活动产生的现金流量的信息。例如，某一会计期间财政基本支出拨款收到的现金、购买商品或接受劳务支付的现金等信息。

（2）可以提供某一会计期间投资活动产生的现金流量的信息。例如，某一会计期间收回投资收到的现金，购买固定资产、无形资产等支付的现金等信息。

（3）可以提供某一会计期间筹资活动产生的现金流量的信息。例如，某一会计期间财政资本性支出项目拨款收到的现金、偿还借款支付的现金等信息。

按照《政府会计制度》的规定，行政事业单位的现金流量表应当按年度编制。

2. 现金流量表的格式

行政事业单位的现金流量表应当分别日常活动产生的现金流量、投资活动产生的现金流量和筹资活动产生的现金流量，反映现金流入和现金流出的信息，采用的计算公式为：现金流入 - 现金流出 = 现金流量净额。行政事业单位的现金流量表如表 8-5 所示。

**表 8-5　现金流量表**

会政财 04 表

编制单位：　　　　年　　　　单位：元

| 项　目 | 本年金额 | 上年金额 |
|---|---|---|
| 一、日常活动产生的现金流量： | | |
| 财政基本支出拨款收到的现金 | | |
| 财政非资本性项目拨款收到的现金 | | |
| 事业活动收到的除财政拨款以外的现金 | | |
| 收到的其他与日常活动有关的现金 | | |
| 日常活动的现金流入小计 | | |
| 购买商品、接受劳务支付的现金 | | |
| 支付给职工以及为职工支付的现金 | | |
| 支付的各项税费 | | |
| 支付的其他与日常活动有关的现金 | | |
| 日常活动的现金流出小计 | | |
| 日常活动产生的现金流量净额 | | |

续表

| 项　目 | 本年金额 | 上年金额 |
|---|---|---|
| 二、投资活动产生的现金流量： | | |
| 收回投资收到的现金 | | |
| 取得投资收益收到的现金 | | |
| 处置固定资产、无形资产、公共基础设施等收回的现金净额 | | |
| 收到的其他与投资活动有关的现金 | | |
| 投资活动的现金流入小计 | | |
| 购建固定资产、无形资产、公共基础设施等支付的现金 | | |
| 对外投资支付的现金 | | |
| 上缴处置固定资产、无形资产、公共基础设施等净收入支付的现金 | | |
| 支付的其他与投资活动有关的现金 | | |
| 投资活动的现金流出小计 | | |
| 投资活动产生的现金流量净额 | | |
| 三、筹资活动产生的现金流量： | | |
| 财政资本性项目拨款收到的现金 | | |
| 取得借款收到的现金 | | |
| 收到的其他与筹资活动有关的现金 | | |
| 筹资活动的现金流入小计 | | |
| 偿还借款支付的现金 | | |
| 偿还利息支付的现金 | | |
| 支付的其他与筹资活动有关的现金 | | |
| 筹资活动的现金流出小计 | | |
| 筹资活动产生的现金流量净额 | | |
| 四、汇率变动对现金的影响额 | | |
| 五、现金净增加额 | | |

3. 现金流量表的列报方法

现金流量表所指的现金，是指单位的库存现金以及其他可以随时用于支付的款项，包括库存现金、可以随时用于支付的银行存款、其他货币资金、零余额账户用款额度、财政应返还额度，以及通过财政直接支付方式支付的款项。现金流量表应当按照日常活动、投资活动、筹资活动的现金流量分别反映。本表所指的现金流量，是指现金的流入和流出。

本表“本年金额”栏反映各项目的本年实际发生数。本表“上年金额”栏反映各项目的上年实际发生数，应当根据上年现金流量表中“本年金额”栏内所列数字填列。行政事业单位应当采用直接法编制现金流量表。

本表“本年金额”栏各项目的填列方法如下：

**第一大项：日常活动产生的现金流量**

（1）“财政基本支出拨款收到的现金”项目，反映单位本年接受财政基本支出拨款取得的现金。本项目应当根据“零余额账户用款额度”“财政拨款收入”“银行存款”等科目及其所属明细科目的记录分析填列。

（2）“财政非资本性项目拨款收到的现金”项目，反映单位本年接受除用于购建固定资产、无形资产、公共基础设施等资本性项目以外的财政项目拨款取得的现金。本项目应当根据“银行存款”“零余额账户用款额度”“财政拨款收入”等科目及其所属明细科目的记录分析填列。

（3）“事业活动收到的除财政拨款以外的现金”项目，反映事业单位本年开展专业业务活动及其辅助活动取得的除财政拨款以外的现金。本项目应当根据“库存现金”“银行存款”“其他货币资金”“应收账款”“应收票据”“预收账款”“事业收入”等科目及其所属明细科目的记录分析填列。

（4）“收到的其他与日常活动有关的现金”项目，反映单位本年收到的除以上项目之外的与日常活动有关的现金。本项目应当根据“库存现金”“银行存款”“其他货币资金”“上级补助收入”“附属单位上缴收入”“经营收入”“非同级财政拨款收入”“捐赠收入”“利息收入”“租金收入”“其他收入”等科目及其所属明细科目的记录分析填列。

（5）“日常活动的现金流入小计”项目，反映单位本年日常活动产生的现金流入的合计数。本项目应当根据本表中“财政基本支出拨款收到的现金”“财政非资本性项目拨款收到的现金”“事业活动收到的除财政拨款以外的现金”“收到的其他与日常活动有关的现金”项目金额的合计数填列。

（6）“购买商品、接受劳务支付的现金”项目，反映单位本年在日常活动中用于购买商品、接受劳务支付的现金。本项目应当根据“库存现金”“银行存款”“财政拨款收入”“零余额账户用款额度”“预付账款”“在途物品”“库存物品”“应付账款”“应付票据”“业务活动费用”“单位管理费用”“经营费用”等科目及其所属明细科目的记录分析填列。

（7）“支付给职工以及为职工支付的现金”项目，反映单位本年支付给职工以及为职工支付的现金。本项目应当根据“库存现金”“银行存款”“零余额账户用款额度”“财政拨款收入”“应付职工薪酬”“业务活动费用”“单位管理费用”“经营费用”等科目及其所属明细科目的记录分析填列。

（8）“支付的各项税费”项目，反映单位本年用于缴纳日常活动相关税费而支付的现金。本项目应当根据“库存现金”“银行存款”“零余额账户用款额度”“应交增值税”“其他应交税费”“业务活动费用”“单位管理费用”“经营费用”“所得税费用”

等科目及其所属明细科目的记录分析填列。

（9）“支付的其他与日常活动有关的现金”项目，反映单位本年支付的除上述项目之外与日常活动有关的现金。本项目应当根据“库存现金”“银行存款”“零余额账户用款额度”“财政拨款收入”“其他应付款”“业务活动费用”“单位管理费用”“经营费用”“其他费用”等科目及其所属明细科目的记录分析填列。

（10）“日常活动的现金流出小计”项目，反映单位本年日常活动产生的现金流出的合计数。本项目应当根据本表中“购买商品、接受劳务支付的现金”“支付给职工以及为职工支付的现金”“支付的各项税费”“支付的其他与日常活动有关的现金”项目金额的合计数填列。

（11）“日常活动产生的现金流量净额”项目，应当按照本表中“日常活动的现金流入小计”项目金额减去“日常活动的现金流出小计”项目金额后的金额填列；如为负数，则以“－”号填列。

**第二大项：投资活动产生的现金流量**

（12）“收回投资收到的现金”项目，反映单位本年出售、转让或者收回投资收到的现金。本项目应该根据“库存现金”“银行存款”“短期投资”“长期股权投资”“长期债券投资”等科目的记录分析填列。

（13）“取得投资收益收到的现金”项目，反映单位本年因对外投资而收到被投资单位分配的股利或利润，以及收到投资利息而取得的现金。本项目应当根据“库存现金”“银行存款”“应收股利”“应收利息”“投资收益”等科目的记录分析填列。

（14）“处置固定资产、无形资产、公共基础设施等收回的现金净额”项目，反映单位本年处置固定资产、无形资产、公共基础设施等非流动资产所取得的现金，减去为处置这些资产而支付的有关费用之后的净额。由于自然灾害所造成的固定资产等长期资产损失而收到的保险赔款收入，也在本项目反映。本项目应当根据“库存现金”“银行存款”“待处理财产损溢”等科目的记录分析填列。

（15）“收到的其他与投资活动有关的现金”项目，反映单位本年收到的除上述项目之外与投资活动有关的现金。对于金额较大的现金流入，应当单列项目反映。本项目应当根据“库存现金”“银行存款”等有关科目的记录分析填列。

（16）“投资活动的现金流入小计”项目，反映单位本年投资活动产生的现金流入的合计数。本项目应当根据本表中“收回投资收到的现金”“取得投资收益收到的现金”“处置固定资产、无形资产、公共基础设施等收回的现金净额”“收到的其他与投资活动有关的现金”项目金额的合计数填列。

（17）“购建固定资产、无形资产、公共基础设施等支付的现金”项目，反映单位本年购买和建造固定资产、无形资产、公共基础设施等非流动资产所支付的现金。融资租入固定资产支付的租赁费不在本项目反映，在筹资活动的现金流量中反映。本项目应当根据“库存现金”“银行存款”“固定资产”“工程物资”“在建工程”“无形资产”“研发支出”“公共基础设施”“保障性住房”等科目的记录分析填列。

（18）“对外投资支付的现金”项目，反映单位本年为取得短期投资、长期股权投资、长期债券投资而支付的现金。本项目应当根据“库存现金”“银行存款”“短期投资”“长期股权投资”“长期债券投资”等科目的记录分析填列。

(19)“上缴处置固定资产、无形资产、公共基础设施等净收入支付的现金”项目，反映本年单位将处置固定资产、无形资产、公共基础设施等非流动资产所收回的现金净额予以上缴财政所支付的现金。本项目应当根据“库存现金”“银行存款”“应缴财政款”等科目的记录分析填列。

(20)“支付的其他与投资活动有关的现金”项目，反映单位本年支付的除上述项目之外与投资活动有关的现金。对于金额较大的现金流出，应当单列项目反映。本项目应当根据“库存现金”“银行存款”等有关科目的记录分析填列。

(21)“投资活动的现金流出小计”项目，反映单位本年投资活动产生的现金流出的合计数。本项目应当根据本表中“购建固定资产、无形资产、公共基础设施等支付的现金”“对外投资支付的现金”“上缴处置固定资产、无形资产、公共基础设施等净收入支付的现金”“支付的其他与投资活动有关的现金”项目金额的合计数填列。

(22)“投资活动产生的现金流量净额”项目，应当按照本表中“投资活动的现金流入小计”项目金额减去“投资活动的现金流出小计”项目金额后的金额填列；如为负数，则以“-”号填列。

**第三大项：筹资活动产生的现金流量**

(23)“财政资本性项目拨款收到的现金”项目，反映单位本年接受用于购建固定资产、无形资产、公共基础设施等资本性项目的财政项目拨款取得的现金。本项目应当根据“银行存款”“零余额账户用款额度”“财政拨款收入”等科目及其所属明细科目的记录分析填列。

(24)“取得借款收到的现金”项目，反映事业单位本年举借短期、长期借款所收到的现金。本项目应当根据“库存现金”“银行存款”“短期借款”“长期借款”等科目记录分析填列。

(25)“收到的其他与筹资活动有关的现金”项目，反映单位本年收到的除上述项目之外与筹资活动有关的现金。对于金额较大的现金流入，应当单列项目反映。本项目应当根据“库存现金”“银行存款”等有关科目的记录分析填列。

(26)“筹资活动的现金流入小计”项目，反映单位本年筹资活动产生的现金流入的合计数。本项目应当根据本表中“财政资本性项目拨款收到的现金”“取得借款收到的现金”“收到的其他与筹资活动有关的现金”项目金额的合计数填列。

(27)“偿还借款支付的现金”项目，反映事业单位本年偿还借款本金所支付的现金。本项目应当根据“库存现金”“银行存款”“短期借款”“长期借款”等科目的记录分析填列。

(28)“偿付利息支付的现金”项目，反映事业单位本年支付的借款利息等。本项目应当根据“库存现金”“银行存款”“应付利息”“长期借款”等科目的记录分析填列。

(29)“支付的其他与筹资活动有关的现金”项目，反映单位本年支付的除上述项目之外与筹资活动有关的现金，如融资租入固定资产所支付的租赁费。本项目应当根据“库存现金”“银行存款”“长期应付款”等科目的记录分析填列。

（30）“筹资活动的现金流出小计”项目，反映单位本年筹资活动产生的现金流出的合计数。本项目应当根据本表中“偿还借款支付的现金”“偿付利息支付的现金”“支付的其他与筹资活动有关的现金”项目金额的合计数填列。

（31）“筹资活动产生的现金流量净额”项目，应当按照本表中“筹资活动的现金流入小计”项目金额减去“筹资活动的现金流出小计”金额后的金额填列；如为负数，则以“－”号填列。

**第四大项：“汇率变动对现金的影响额”项目**

反映单位本年外币现金流量折算为人民币时，所采用的现金流量发生日的汇率折算的人民币金额与外币现金流量净额按期末汇率折算的人民币金额之间的差额。

**第五大项：“现金净增加额”项目**

反映单位本年现金变动的净额。本项目应当根据本表中“日常活动产生的现金流量净额”“投资活动产生的现金流量净额”“筹资活动产生的现金流量净额”和“汇率变动对现金的影响额”项目金额的合计数填列；如为负数，则以“－”号填列。

# 8.3 预算会计报表

行政事业单位的预算会计报表包括预算收入支出表、预算结转结余变动表和财政拨款预算收入支出表。

## 8.3.1 预算收入支出表

1. 预算收入支出表的概念和作用

预算收入支出表反映单位在某一会计期间各项预算收入、预算支出和预算收支差额的情况。

预算收入支出表的作用主要表现在以下几个方面：

（1）可以提供某一会计期间预算收入总额及其构成情况的信息。例如，可以提供某一会计年度预算收入总额、财政拨款预算收入、事业预算收入等信息。

（2）可以提供某一会计期间预算支出总额及其构成情况的信息。例如，可以提供某一会计年度预算支出总额、行政支出、事业支出、其他支出等信息。

（3）可以提供某一会计期间预算收支差额的信息。预算收支差额等于预算收入总额减去预算支出总额。

按照《政府会计制度》的规定，行政事业单位的预算收入支出表应当按年度编制。

2. 预算收入支出表的格式

行政事业单位的预算收入支出表应当分别本年预算收入、本年预算支出和本年预算收支差额反映各组成项目本年数和上年数的信息，采用的计算公式为：本年预算收入－本年预算支出＝本年预算收支差额。行政事业单位预算收入支出表的格式如表8-6所示。

**表8-6 预算收入支出表**

会政预01表

编制单位：　　　　年　　　　单位：元

| 项　目 | 本年数 | 上年数 |
| --- | --- | --- |
| 一、本年预算收入 | | |
| （一）财政拨款预算收入 | | |
| 其中：政府性基金收入 | | |
| （二）事业预算收入 | | |
| （三）上级补助预算收入 | | |
| （四）附属单位上缴预算收入 | | |
| （五）经营预算收入 | | |
| （六）债务预算收入 | | |
| （七）非同级财政拨款预算收入 | | |
| （八）投资预算收益 | | |
| （九）其他预算收入 | | |
| 其中：利息预算收入 | | |
| 捐赠预算收入 | | |
| 租金预算收入 | | |
| 二、本年预算支出 | | |
| （一）行政支出 | | |
| （二）事业支出 | | |
| （三）经营支出 | | |
| （四）上缴上级支出 | | |
| （五）对附属单位补助支出 | | |
| （六）投资支出 | | |
| （七）债务还本支出 | | |
| （八）其他支出 | | |
| 其中：利息支出 | | |
| 捐赠支出 | | |
| 三、本年预算收支差额 | | |

3. 预算收入支出表的列报方法

预算收入支出表“本年数”栏反映各项目的本年实际发生数。本表“上年数”栏反映各项目上年度的实际发生数，应当根据上年度预算收入支出表中“本年数”栏内所列数字填列。

如果本年度预算收入支出表规定的项目的名称和内容同上年度不一致，应当对上年度预算收入支出表项目的名称和数字按照本年度的规定进行调整，将调整后金额填入本年度预算收入支出表的“上年数”栏。

预算收入支出表“本年数”栏各项目的内容和填列方法如下：

**第一大类：本年预算收入**

（1）“本年预算收入”项目，反映单位本年预算收入总额。本项目应当根据本表中“财政拨款预算收入”“事业预算收入”“上级补助预算收入”“附属单位上缴预算收入”“经营预算收入”“债务预算收入”“非同级财政拨款预算收入”“投资预算收益”“其他预算收入”项目金额的合计数填列。

（2）“财政拨款预算收入”项目，反映单位本年从同级政府财政部门取得的各类财政拨款。本项目应当根据“财政拨款预算收入”科目的本年发生额填列。“政府性基金收入”项目，反映单位本年取得的财政拨款收入中属于政府性基金预算拨款的金额。本项目应当根据“财政拨款预算收入”相关明细科目的本年发生额填列。

（3）“事业预算收入”项目，反映事业单位本年开展专业业务活动及其辅助活动取得的预算收入。本项目应当根据“事业预算收入”科目的本年发生额填列。

（4）“上级补助预算收入”项目，反映事业单位本年从主管部门和上级单位取得的非财政补助预算收入。本项目应当根据“上级补助预算收入”科目的本年发生额填列。

（5）“附属单位上缴预算收入”项目，反映事业单位本年收到的独立核算的附属单位按照有关规定上缴的预算收入。本项目应当根据“附属单位上缴预算收入”科目的本年发生额填列。

（6）“经营预算收入”项目，反映事业单位本年在专业业务活动及其辅助活动之外开展非独立核算经营活动取得的预算收入。本项目应当根据“经营预算收入”科目的本年发生额填列。

（7）“债务预算收入”项目，反映事业单位本年按照规定从金融机构等借入的、纳入部门预算管理的债务预算收入。本项目应当根据“债务预算收入”的本年发生额填列。

（8）“非同级财政拨款预算收入”项目，反映单位本年从非同级政府财政部门取得的财政拨款。本项目应当根据“非同级财政拨款预算收入”科目的本年发生额填列。

（9）“投资预算收益”项目，反映事业单位本年取得的按规定纳入单位预算管理的投资收益。本项目应当根据“投资预算收益”科目的本年发生额填列。

（10）“其他预算收入”项目，反映单位本年取得的除上述收入以外的纳入单位预算管理的各项预算收入。本项目应当根据“其他预算收入”科目的本年发生额填列。“利息预算收入”项目，反映单位本年取得的利息预算收入。本项目应当根据“其他预算收入”科目的明细记录分析填列。单位单设“利息预算收入”科目的，应当根据

“利息预算收入”科目的本年发生额填列。“捐赠预算收入”项目，反映单位本年取得的捐赠预算收入。本项目应当根据“其他预算收入”科目明细账记录分析填列。单位单设“捐赠预算收入”科目的，应当根据“捐赠预算收入”科目的本年发生额填列。“租金预算收入”项目，反映单位本年取得的租金预算收入。本项目应当根据“其他预算收入”科目明细账记录分析填列。单位单设“租金预算收入”科目的，应当根据“租金预算收入”科目的本年发生额填列。

**第二大类：本年预算支出**

(11)“本年预算支出”项目，反映单位本年预算支出总额。本项目应当根据本表中“行政支出”“事业支出”“经营支出”“上缴上级支出”“对附属单位补助支出”“投资支出”“债务还本支出”和“其他支出”项目金额的合计数填列。

(12)“行政支出”项目，反映行政单位本年履行职责实际发生的支出。本项目应当根据“行政支出”科目的本年发生额填列。

(13)“事业支出”项目，反映事业单位本年开展专业业务活动及其辅助活动发生的支出。本项目应当根据“事业支出”科目的本年发生额填列。

(14)“经营支出”项目，反映事业单位本年在专业业务活动及其辅助活动之外开展非独立核算经营活动发生的支出。本项目应当根据“经营支出”科目的本年发生额填列。

(15)“上缴上级支出”项目，反映事业单位本年按照财政部门和主管部门的规定上缴上级单位的支出。本项目应当根据“上缴上级支出”科目的本年发生额填列。

(16)“对附属单位补助支出”项目，反映事业单位本年用财政拨款收入之外的收入对附属单位补助发生的支出。本项目应当根据“对附属单位补助支出”科目的本年发生额填列。

(17)“投资支出”项目，反映事业单位本年以货币资金对外投资发生的支出。本项目应当根据“投资支出”科目的本年发生额填列。

(18)“债务还本支出”项目，反映事业单位本年偿还自身承担的纳入预算管理的从金融机构举借的债务本金的支出。本项目应当根据“债务还本支出”科目的本年发生额填列。

(19)“其他支出”项目，反映单位本年除以上支出以外的各项支出。本项目应当根据“其他支出”科目的本年发生额填列。“利息支出”项目，反映单位本年发生的利息支出。本项目应当根据“其他支出”科目明细账记录分析填列。单位单设“利息支出”科目的，应当根据“利息支出”科目的本年发生额填列。“捐赠支出”项目，反映单位本年发生的捐赠支出。本项目应当根据“其他支出”科目明细账记录分析填列。单位单设“捐赠支出”科目的，应当根据“捐赠支出”科目的本年发生额填列。

**第三大类：本年预算收支差额**

(20)“本年预算收支差额”项目，反映单位本年各项预算收支相抵后的差额。本项目应当根据本表中“本期预算收入”项目金额减去“本期预算支出”项目金额后的金额填列；如相减后金额为负数，则以“－”号填列。

## 8.3.2 预算结转结余变动表

1. 预算结转结余变动表的概念和作用

预算结转结余变动表反映单位在某一会计期间预算结转结余的变动情况。

预算结转结余变动表的作用主要表现在以下几个方面：

（1）可以提供某一会计期间预算结转结余变动情况的信息。例如，某一会计年度由本年财政拨款收支差额、归集调入、归集上缴或调出等原因引起的财政拨款结转结余变动情况的信息。

（2）可以提供期末预算结转结余构成情况的信息。例如，年末财政拨款结转、财政拨款结余、非财政拨款结转、非财政拨款结余、专用结余等信息。

按照《政府会计制度》的规定，行政事业单位的预算结转结余变动表应当按年度编制。

2. 预算结转结余变动表的格式

行政事业单位的预算结转结余变动表应当分别财政拨款结转结余、其他资金结转结余反映年初余额、年初余额调整、本年变动金额和年末余额的信息，采用的计算公式为：年初预算结转结余 + 年初余额调整 + 本年变动金额 – 年末预算结转结余。行政事业单位的预算结转结余变动表的格式如表 8-7 所示。

**表 8-7 预算结转结余变动表**

会政预 02 表

编制单位： 年 单位：元

| 项 目 | 本年数 | 上年数 |
|---|---|---|
| 一、年初预算结转结余 | | |
| （一）财政拨款结转结余 | | |
| （二）其他资金结转结余 | | |
| 二、年初余额调整（减少以“–”填列） | | |
| （一）财政拨款结转结余 | | |
| （二）其他资金结转结余 | | |
| 三、本年变动金额（减少以“–”填列） | | |
| （一）财政拨款结转结余 | | |
| 1. 本年收支差额 | | |
| 2. 归集调入 | | |
| 3. 归集上缴或调出 | | |
| （二）其他资金结转结余 | | |
| 1. 本年收支差额 | | |

续表

| 项目 | 本年数 | 上年数 |
| --- | --- | --- |
| 2. 缴回资金 | | |
| 3. 使用专用基金 | | |
| 4. 支付所得税 | | |
| 四、年末预算结转结余 | | |
| （一）财政拨款结转结余 | | |
| 1. 财政拨款结转 | | |
| 2. 财政拨款结余 | | |
| （二）其他资金结转结余 | | |
| 1. 非财政拨款结转 | | |
| 2. 非财政拨款结余 | | |
| 3. 专用结余 | | |
| 4. 经营结余（如有余额以“－”填列） | | |

3. 预算结转结余变动表的列报方法

行政事业单位的预算结转结余变动表“本年数”栏反映各项目的本年实际发生数。本表“上年数”栏反映各项目的上年实际发生数，应当根据上年度预算结转结余变动表中“本年数”栏内所列数字填列。如果本年度预算结转结余变动表规定的项目的名称和内容同上年度不一致，应当对上年度预算结转结余变动表项目的名称和数字按照本年度的规定进行调整，将调整后的金额填入本年度预算结转结余变动表的“上年数”栏。

本表中“年末预算结转结余”项目金额等于“年初预算结转结余”“年初余额调整”“本年变动金额”三个项目的合计数。

在预算结转结余变动表中，“本年数”栏各项目的内容和填列方法如下：

**第一大项：年初预算结转结余**

“年初预算结转结余”项目，反映单位本年预算结转结余的年初余额。本项目应当根据本项目下“财政拨款结转结余”“其他资金结转结余”项目金额的合计数填列。

（1）“财政拨款结转结余”项目，反映单位本年财政拨款结转结余资金的年初余额。本项目应当根据“财政拨款结转”“财政拨款结余”科目本年年初余额合计数填列。

（2）“其他资金结转结余”项目，反映单位本年其他资金结转结余的年初余额。本项目应当根据“非财政拨款结转”“非财政拨款结余”“专用结余”“经营结余”科目本年年初余额的合计数填列。

**第二大项：年初余额调整**

“年初余额调整”项目，反映单位本年预算结转结余年初余额调整的金额。本项目应当根据本项目下“财政拨款结转结余”“其他资金结转结余”项目金额的合计数填列。

（1）“财政拨款结转结余”项目，反映单位本年财政拨款结转结余资金的年初余额调整金额。本项目应当根据“财政拨款结转”“财政拨款结余”科目下“年初余额调整”明细科目的本年发生额的合计数填列；如调整减少年初财政拨款结转结余，则以“-”号填列。

（2）“其他资金结转结余”项目，反映单位本年其他资金结转结余的年初余额调整金额。本项目应当根据“非财政拨款结转”“非财政拨款结余”科目下“年初余额调整”明细科目的本年发生额的合计数填列；如调整减少年初其他资金结转结余，以“-”号填列。

**第三大项：本年变动金额**

“本年变动金额”项目，反映单位本年预算结转结余变动的金额。本项目应当根据本项目下“财政拨款结转结余”“其他资金结转结余”项目金额的合计数填列。

（1）“财政拨款结转结余”项目，反映单位本年财政拨款结转结余资金的变动。本项目应当根据本项目下“本年收支差额”“归集调入”“归集上缴或调出”项目金额的合计数填列。

①“本年收支差额”项目，反映单位本年财政拨款资金收支相抵后的差额。本项目应当根据“财政拨款结转”科目下“本年收支结转”明细科目本年转入的预算收入与预算支出的差额填列；差额为负数的，以“-”号填列。

②“归集调入”项目，反映单位本年按照规定从其他单位归集调入的财政拨款结转资金。本项目应当根据“财政拨款结转”科目下“归集调入”明细科目的本年发生额填列。

③“归集上缴或调出”项目，反映单位本年按照规定上缴的财政拨款结转结余资金及按照规定向其他单位调出的财政拨款结转资金。本项目应当根据“财政拨款结转”“财政拨款结余”科目下“归集上缴”明细科目，以及“财政拨款结转”科目下“归集调出”明细科目本年发生额的合计数，以“-”号填列。

（2）“其他资金结转结余”项目，反映单位本年其他资金结转结余的变动。本项目应当根据本项目下“本年收支差额”“缴回资金”“使用专用结余”“支付所得税”项目金额的合计数填列。

①“本年收支差额”项目，反映单位本年除财政拨款外的其他资金收支相抵后的差额。本项目应当根据“非财政拨款结转”科目下“本年收支结转”明细科目、“其他结余”科目、“经营结余”科目本年转入的预算收入与预算支出的差额的合计数填列；如为负数，则以“-”号填列。

②“缴回资金”项目，反映单位本年按照规定缴回的非财政拨款结转资金。本项目应当根据“非财政拨款结转”科目下“缴回资金”明细科目本年发生额的合计数，以“-”号填列。

③“使用专用结余”项目，反映本年事业单位根据规定使用从非财政拨款结余或经营结余中提取的专用基金的金额。本项目应当根据“专用结余”科目明细账中本年使用专用结余业务的发生额，以“-”号填列。

④“支付所得税”项目，反映有企业所得税缴纳义务的事业单位本年实际缴纳的企业所得税金额。本项目应当根据“非财政拨款结余”明细账中本年实际缴纳企业所得税业务的发生额，以“-”号填列。

**第四大项：年末预算结转结余**

“年末预算结转结余”项目，反映单位本年预算结转结余的年末余额。本项目应当根据本项目下“财政拨款结转结余”“其他资金结转结余”项目金额的合计数填列。

（1）“财政拨款结转结余”项目，反映单位本年财政拨款结转结余的年末余额。本项目应当根据本项目下“财政拨款结转”“财政拨款结余”项目金额的合计数填列。本项目下“财政拨款结转”“财政拨款结余”项目，应当分别根据“财政拨款结转”“财政拨款结余”科目的本年年末余额填列。

（2）“其他资金结转结余”项目，反映单位本年其他资金结转结余的年末余额。本项目应当根据本项目下“非财政拨款结转”“非财政拨款结余”“专用结余”“经营结余”项目金额的合计数填列。本项目下“非财政拨款结转”“非财政拨款结余”“专用结余”“经营结余”项目，应当分别根据“非财政拨款结转”“非财政拨款结余”“专用结余”“经营结余”科目的本年年末余额填列。

### 8.3.3 财政拨款预算收入支出表

1. 财政拨款预算收入支出表的概念和作用

财政拨款预算收入支出表反映单位本年财政拨款预算资金收入、支出及相关变动的具体情况。

财政拨款预算收入支出表的作用主要表现在可以提供某一会计年度财政拨款预算资金增减变动具体情况的信息。例如，可以提供某一会计年度基本支出、项目支出的年初财政拨款结转结余、本年归集调入、本年归集上缴或调出、单位内部调剂、本年财政拨款收入、本年财政拨款支出、年末财政拨款结转结余等信息。本表是专门针对财政拨款预算资金及其增减变动情况进行详细具体的反映。

2. 财政拨款预算收入支出表的格式

财政拨款预算收入支出表应当分别基本支出和项目支出反映年初结转结余数、本年增减变动数和年末结转结余数。本年增减变动数包括调整年初结转结余数、本年归集调入数、本年归集上缴或调出数、单位内部调剂数、本年财政拨款收入数、本年财政拨款支出数。同时有一般公共预算财政拨款和政府性基金预算财政拨款的，应当分别一般公共预算财政拨款和政府性基金预算财政拨款反映上述相关信息。行政事业单位财政拨款预算收入支出表的格式如表 8-8 所示。

**表 8-8　财政拨款预算收入支出表**

会政预 03 表

编制单位：　　　　　　　　年　　　　　　　　单位：元

| 项目 | 年初财政拨款结转结余 | | 调整年初财政拨款结转结余 | 本年归集调入 | 本年归集上缴或调出 | 单位内部调剂 | | 本年财政拨款收入 | 本年财政拨款支出 | 年末财政拨款结转结余 | |
|---|---|---|---|---|---|---|---|---|---|---|---|
| | 结转 | 结余 | | | | 结转 | 结余 | | | 结转 | 结余 |
| 一、一般公共预算财政拨款 | | | | | | | | | | | |
| （一）基本支出 | | | | | | | | | | | |
| 1. 人员经费 | | | | | | | | | | | |
| 2. 日常公用经费 | | | | | | | | | | | |
| （二）项目支出 | | | | | | | | | | | |
| 1. ××项目 | | | | | | | | | | | |
| 2. ××项目 | | | | | | | | | | | |
| …… | | | | | | | | | | | |
| 二、政府性基金预算财政拨款 | | | | | | | | | | | |
| （一）基本支出 | | | | | | | | | | | |
| 1. 人员经费 | | | | | | | | | | | |
| 2. 日常公用经费 | | | | | | | | | | | |
| （二）项目支出 | | | | | | | | | | | |
| 1. ××项目 | | | | | | | | | | | |
| 2. ××项目 | | | | | | | | | | | |
| …… | | | | | | | | | | | |
| 总计 | | | | | | | | | | | |

3. 财政拨款预算收入支出表的列报方法

财政拨款预算收入支出表“项目”栏内各项目，应当根据单位取得的财政拨款种类分项设置。其中“项目支出”项目下，根据每个项目设置；单位取得除一般公共财政预算拨款和政府性基金预算拨款以外的其他财政拨款的，应当按照财政拨款种类增加相应的资金项目及其明细项目。

本表各栏及其对应项目的内容和填列方法如下：

（1）“年初财政拨款结转结余”栏中各项目，反映单位年初各项财政拨款结转结余的金额。各项目应当根据“财政拨款结转”“财政拨款结余”及其明细科目的年初余额填列。本栏中各项目的数额应当与上年度财政拨款预算收入支出表中“年末财政拨款结转结余”栏中各项目的数额相等。

（2）“调整年初财政拨款结转结余”栏中各项目，反映单位对年初财政拨款结转结余的调整金额。各项目应当根据“财政拨款结转”“财政拨款结余”科目下“年初余额调整”明细科目及其所属明细科目的本年发生额填列；如调整减少年初财政拨款结转结余，则以“－”号填列。

（3）“本年归集调入”栏中各项目，反映单位本年按规定从其他单位调入的财政拨款结转资金金额。各项目应当根据“财政拨款结转”科目下“归集调入”明细科目及其所属明细科目的本年发生额填列。

（4）“本年归集上缴或调出”栏中各项目，反映单位本年按规定实际上缴的财政拨款结转结余资金，及按照规定向其他单位调出的财政拨款结转资金金额。各项目应当根据“财政拨款结转”“财政拨款结余”科目下“归集上缴”科目和“财政拨款结转”科目下“归集调出”明细科目，及其所属明细科目的本年发生额，以“－”号填列。

（5）“单位内部调剂”栏中各项目，反映单位本年财政拨款结转结余资金在单位内部不同项目等之间的调剂金额。各项目应当根据“财政拨款结转”和“财政拨款结余”科目下的“单位内部调剂”明细科目及其所属明细科目的本年发生额填列；对单位内部调剂减少的财政拨款结余金额，以“－”号填列。

（6）“本年财政拨款收入”栏中各项目，反映单位本年从同级财政部门取得的各类财政预算拨款金额。各项目应当根据“财政拨款预算收入”科目及其所属明细科目的本年发生额填列。

（7）“本年财政拨款支出”栏中各项目，反映单位本年发生的财政拨款支出金额。各项目应当根据“行政支出”“事业支出”等科目及其所属明细科目本年发生额中的财政拨款支出数的合计数填列。

（8）“年末财政拨款结转结余”栏中各项目，反映单位年末财政拨款结转结余的金额。各项目应当根据“财政拨款结转”“财政拨款结余”科目及其所属明细科目的年末余额填列。

## 8.4 附注

附注是对在会计报表中列示的项目所作的进一步说明，以及对未能在会计报表中列示项目的说明。附注是财务报表的重要组成部分。凡对报表使用者的决策有重要影响的会计信息，不论制度是否有明确规定，单位均应当充分披露。

附注主要包括下列内容：

1. 单位的基本情况

单位应当简要披露其基本情况，包括单位主要职能、主要业务活动、所在地、预算管理关系等。

2. 会计报表编制基础

3. 遵循政府会计准则、制度的声明

4. 重要会计政策和会计估计

单位应当采用与其业务特点相适应的具体会计政策，并充分披露报告期内采用的重要会计政策和会计估计。主要包括以下内容：

（1）会计期间。

（2）记账本位币，外币折算汇率。

（3）坏账准备的计提方法。

（4）存货类别、发出存货的计价方法、存货的盘存制度，以及低值易耗品和包装物的摊销方法。

（5）长期股权投资的核算方法。

（6）固定资产分类、折旧方法、折旧年限和年折旧率；融资租入固定资产的计价和折旧方法。

（7）无形资产的计价方法；使用寿命有限的无形资产，其使用寿命估计情况；使用寿命不确定的无形资产，其使用寿命不确定的判断依据；单位内部研究开发项目划分研究阶段和开发阶段的具体标准。

（8）公共基础设施的分类、折旧（摊销）方法、折旧（摊销）年限及其确定依据。

（9）政府储备物资分类，以及确定其发出成本所采用的方法。

（10）保障性住房的分类、折旧方法、折旧年限。

（11）其他重要的会计政策和会计估计。

（12）本期发生重要会计政策和会计估计变更的，变更的内容和原因、受其重要影响的报表项目名称和金额、相关审批程序，以及会计估计变更开始适用的时点。

5. 会计报表重要项目说明

单位应当按照资产负债表和收入费用表项目列示顺序，采用文字和数据描述相结合的方式披露重要项目的明细信息。报表重要项目的明细金额合计，应当与报表项目金额相衔接。报表重要项目说明应包括但不限于下列内容：

（1）货币资金的披露格式如下：

| 项目 | 期末余额 | 年初余额 |
| --- | --- | --- |
| 库存现金 | | |
| 银行存款 | | |
| 其他货币资金 | | |
| 合计 | | |

（2）应收账款按照债务人类别披露的格式如下：

| 债务人类别 | 期末余额 | 年初余额 |
| --- | --- | --- |
| 政府会计主体： | | |
| 部门内部单位 | | |
| 单位 1 | | |
| …… | | |
| 部门外部单位 | | |
| 单位 1 | | |
| …… | | |
| 其他： | | |
| 单位 1 | | |
| …… | | |
| 合计 | | |

注 1：“部门内部单位”是指纳入单位所属部门财务报告合并范围的单位（下同）。
注 2：有应收票据、预付账款、其他应收款的，可比照应收账款进行披露。

（3）存货的披露格式如下：

| 存货种类 | 期末余额 | 年初余额 |
| --- | --- | --- |
| 1. | | |
| …… | | |
| 合计 | | |

（4）其他流动资产的披露格式如下：

| 项目 | 期末余额 | 年初余额 |
| --- | --- | --- |
| 1. | | |
| …… | | |
| 合计 | | |

注：有长期待摊费用、其他非流动资产的，可比照其他流动资产进行披露。

（5）长期投资。

① 长期债券投资的披露格式如下：

| 债券发行主体 | 年初余额 | 本期增加额 | 本期减少额 | 期末余额 |
| --- | --- | --- | --- | --- |
| 1. | | | | |
| …… | | | | |
| 合计 | | | | |

注：有短期投资的，可比照长期债券投资进行披露。

② 长期股权投资的披露格式如下：

| 被投资单位 | 核算方法 | 年初余额 | 本期增加额 | 本期减少额 | 期末余额 |
| --- | --- | --- | --- | --- | --- |
| 1. | | | | | |
| …… | | | | | |
| 合计 | | | | | |

③ 当期发生的重大投资净损益项目、金额及原因。

（6）固定资产。

① 固定资产的披露格式如下：

| 项目 | 年初余额 | 本期增加额 | 本期减少额 | 期末余额 |
| --- | --- | --- | --- | --- |
| 一、原值合计 | | | | |
| 其中：房屋及构筑物 | | | | |
| 通用设备 | | | | |

续表

| 项目 | 年初余额 | 本期增加额 | 本期减少额 | 期末余额 |
|---|---|---|---|---|
| 专用设备 | | | | |
| 文物和陈列品 | | | | |
| 图书、档案 | | | | |
| 家具、用具、装具及动植物 | | | | |
| 二、累计折旧合计 | | | | |
| 其中：房屋及构筑物 | | | | |
| 通用设备 | | | | |
| 专用设备 | | | | |
| 家具、用具、装具 | | | | |
| 三、账面价值合计 | | | | |
| 其中：房屋及构筑物 | | | | |
| 通用设备 | | | | |
| 专用设备 | | | | |
| 文物和陈列品 | | | | |
| 图书、档案 | | | | |
| 家具、用具、装具及动植物 | | | | |

② 已提足折旧的固定资产名称、数量等情况。

③ 出租、出借固定资产以及固定资产对外投资等情况。

（7）在建工程的披露格式如下：

| 项目 | 年初余额 | 本期增加额 | 本期减少额 | 期末余额 |
|---|---|---|---|---|
| 1. | | | | |
| …… | | | | |
| 合计 | | | | |

（8）无形资产。

① 各类无形资产的披露格式如下：

| 项目 | 年初余额 | 本期增加额 | 本期减少额 | 期末余额 |
|---|---|---|---|---|
| 一、原值合计 | | | | |
| 1. | | | | |
| …… | | | | |
| 二、累计摊销合计 | | | | |
| 1. | | | | |
| …… | | | | |
| 三、账面价值合计 | | | | |
| 1. | | | | |
| …… | | | | |

② 计入当期损益的研发支出金额、确认为无形资产的研发支出金额。

③ 无形资产出售、对外投资等处置情况。

（9）公共基础设施。

① 公共基础设施的披露格式如下：

| 项　目 | 年初余额 | 本期增加额 | 本期减少额 | 期末余额 |
|---|---|---|---|---|
| 原值合计 | | | | |
| 市政基础设施 | | | | |
| 1. | | | | |
| …… | | | | |
| 交通基础设施 | | | | |
| 1. | | | | |
| …… | | | | |
| 水利基础设施 | | | | |
| 1. | | | | |
| …… | | | | |
| 其他 | | | | |
| …… | | | | |
| 累计折旧合计 | | | | |

续表

| 项　目 | 年初余额 | 本期增加额 | 本期减少额 | 期末余额 |
|---|---|---|---|---|
| 市政基础设施 | | | | |
| 1. | | | | |
| …… | | | | |
| 交通基础设施 | | | | |
| 1. | | | | |
| …… | | | | |
| 水利基础设施 | | | | |
| 1. | | | | |
| …… | | | | |
| 其他 | | | | |
| …… | | | | |
| 账面价值合计 | | | | |
| 市政基础设施 | | | | |
| 1. | | | | |
| …… | | | | |
| 交通基础设施 | | | | |
| 1. | | | | |
| …… | | | | |
| 水利基础设施 | | | | |
| 1. | | | | |
| …… | | | | |
| 其他 | | | | |
| …… | | | | |

② 确认为公共基础设施的单独计价入账的土地使用权的账面余额、累计摊销额及变动情况。

③ 已提足折旧继续使用的公共基础设施的名称、数量等。

（10）政府储备物资的披露格式如下：

| 物资类别 | 年初余额 | 本期增加额 | 本期减少额 | 期末余额 |
|---|---|---|---|---|
| 1. | | | | |
| …… | | | | |
| 合计 | | | | |

注：如单位有因动用而发出需要收回或者预期可能收回，但期末尚未收回的政府储备物资，应当单独披露其期末账面余额。

（11）受托代理资产的披露格式如下：

| 资产类别 | 年初余额 | 本期增加额 | 本期减少额 | 期末余额 |
|---|---|---|---|---|
| 货币资金 | | | | |
| 受托转捐物资 | | | | |
| 受托存储保管物资 | | | | |
| 罚没物资 | | | | |
| 其他 | | | | |
| 合计 | | | | |

（12）应付账款按照债权人类别披露的格式如下：

| 债权人类别 | 期末余额 | 年初余额 |
|---|---|---|
| 政府会计主体： | | |
| 部门内部单位 | | |
| 单位 1 | | |
| …… | | |
| 部门外部单位 | | |
| 单位 1 | | |
| …… | | |
| 其他： | | |
| 单位 1 | | |
| …… | | |
| 合计 | | |

注：有应付票据、预收账款、其他应付款、长期应付款的，可比照应付账款进行披露。

（13）其他流动负债的披露格式如下：

| 项目 | 期末余额 | 年初余额 |
| --- | --- | --- |
| 1. | | |
| …… | | |
| 合计 | | |

注：有预计负债、其他非流动负债的，可比照其他流动负债进行披露。

（14）长期借款。

① 长期借款按照债权人披露的格式如下：

| 债权人 | 期末余额 | 年初余额 |
| --- | --- | --- |
| 1. | | |
| …… | | |
| 合计 | | |

注：有短期借款的，可比照长期借款进行披露。

② 单位有基建借款的，应当分基建项目披露长期借款年初数、本年变动数、年末数及到期期限。

（15）事业收入按照收入来源披露的格式如下：

| 收入来源 | 本期发生额 | 上期发生额 |
| --- | --- | --- |
| 来自专户管理资金 | | |
| 本部门内部单位 | | |
| 单位 1 | | |
| …… | | |
| 本部门以外同级政府单位 | | |
| 单位 1 | | |
| …… | | |
| 其他 | | |
| 单位 1 | | |
| …… | | |
| 合计 | | |

（16）非同级财政拨款收入按收入来源披露的格式如下：

| 收入来源 | 本期发生额 | 上期发生额 |
| --- | --- | --- |
| 本部门以外同级政府单位 | | |
| 单位 1 | | |
| …… | | |
| 本部门以外非同级政府单位 | | |
| 单位 1 | | |
| …… | | |
| 合计 | | |

（17）其他收入按照收入来源披露的格式如下：

| 收入来源 | 本期发生额 | 上期发生额 |
| --- | --- | --- |
| 本部门内部单位 | | |
| 单位 1 | | |
| …… | | |
| 本部门以外同级政府单位 | | |
| 单位 1 | | |
| …… | | |
| 本部门以外非同级政府单位 | | |
| 单位 1 | | |
| …… | | |
| 其他 | | |
| 单位 1 | | |
| …… | | |
| 合计 | | |

（18）业务活动费用。

① 按经济分类披露的格式如下：

| 项目 | 本期发生额 | 上期发生额 |
| --- | --- | --- |
| 工资福利费用 | | |
| 商品和服务费用 | | |
| 对个人和家庭的补助费用 | | |
| 对企业补助费用 | | |
| 固定资产折旧费 | | |
| 无形资产摊销费 | | |
| 公共基础设施折旧（摊销）费 | | |
| 保障性住房折旧费 | | |
| 计提专用基金 | | |
| …… | | |
| 合计 | | |

注：有单位管理费用、经营费用的，可比照此表进行披露。

② 按支付对象披露的格式如下：

| 支付对象 | 本期发生额 | 上期发生额 |
| --- | --- | --- |
| 本部门内部单位 | | |
| 单位 1 | | |
| …… | | |
| 本部门以外同级政府单位 | | |
| 单位 1 | | |
| …… | | |
| 其他 | | |
| 单位 1 | | |
| …… | | |
| 合计 | | |

注：有单位管理费用、经营费用的，可比照此表进行披露。

（19）其他费用按照类别披露的格式如下：

| 项目 | 本期发生额 | 上期发生额 |
|---|---|---|
| 利息费用 | | |
| 坏账损失 | | |
| 罚没支出 | | |
| …… | | |
| 合计 | | |

（20）本期费用按照经济分类披露的格式如下：

| 项目 | 本期发生额 | 上期发生额 |
|---|---|---|
| 工资福利费用 | | |
| 商品和服务费用 | | |
| 对个人和家庭的补助费用 | | |
| 对企业补助费用 | | |
| 固定资产折旧费 | | |
| 无形资产摊销费 | | |
| 公共基础设施折旧（摊销）费 | | |
| 保障性住房折旧费 | | |
| 计提专用基金 | | |
| 所得税费用 | | |
| 资产处置费用 | | |
| 上缴上级费用 | | |
| 对附属单位补助费用 | | |
| 其他费用 | | |
| 本期费用合计 | | |

注：单位在按照本制度规定编制收入费用表的基础上，可以根据需要按照此表披露的内容编制收入费用表。

6. 本年盈余与预算结余的差异情况说明

为了反映单位财务会计和预算会计因核算基础和核算范围不同所产生的本年盈余数与本年预算结余数之间的差异，单位应当按照重要性原则，对本年度发生的各类影响收入（预算收入）和费用（预算支出）的业务进行适度归并和分析，披露将年度预算收入支出表中“本年预算收支差额”调节为年度收入费用表中“本期盈余”的信息。有关披露格式如下：

| 项目 | 金额 |
|---|---|
| 一、本年预算结余（本年预算收支差额） | |
| 二、差异调节 | |
| （一）重要事项的差异 | |
| 加：1. 当期确认为收入但没有确认为预算收入 | |
| （1）应收款项、预收账款确认的收入 | |
| （2）接受非货币性资产捐赠确认的收入 | |
| 2. 当期确认为预算支出但没有确认为费用 | |
| （1）支付应付款项、预付账款的支出 | |
| （2）为取得存货、政府储备物资等计入物资成本的支出 | |
| （3）为购建固定资产等的资本性支出 | |
| （4）偿还借款本息支出 | |
| 减：1. 当期确认为预算收入但没有确认为收入 | |
| （1）收到应收款项、预收账款确认的预算收入 | |
| （2）取得借款确认的预算收入 | |
| 2. 当期确认为费用但没有确认为预算支出 | |
| （1）发出存货、政府储备物资等确认的费用 | |
| （2）计提的折旧费用和摊销费用 | |
| （3）确认的资产处置费用（处置资产价值） | |
| （4）应付款项、预付账款确认的费用 | |
| （二）其他事项差异 | |
| 三、本年盈余（本年收入与费用的差额） | |

7. 其他重要事项说明

（1）资产负债表日存在的重要或有事项说明。没有重要或有事项的，也应说明。

（2）以名义金额计量的资产名称、数量等情况，以及以名义金额计量理由的说明。

（3）通过债务资金形成的固定资产、公共基础设施、保障性住房等资产的账面价值、使用情况、收益情况及与此相关的债务偿还情况等的说明。

（4）重要资产置换、无偿调入（出）、捐入（出）、报废、重大毁损等情况的说明。

（5）事业单位将单位内部独立核算单位的会计信息纳入本单位财务报表情况的说明。

（6）政府会计具体准则中要求附注披露的其他内容。

（7）有助于理解和分析单位财务报表需要说明的其他事项。

# 本章习题

## 一、单项选择题

1. 资产负债表的左方列示（　　）。
   A. 资产　　B. 资产和负债
   C. 负债和净资产　　D. 资产和费用
2. 资产负债表的右方列示（　　）。
   A. 资产　　B. 资产和负债
   C. 负债和净资产　　D. 负债和所有者权益
3. 资产负债表设计的理论依据是（　　）。
   A. 复式记账原理　　B. 试算平衡表
   C. 资产 = 负债 + 净资产　　D. 资产 = 负债 + 所有者权益
4. 收入费用表应当按照顺序分别列示（　　）。
   A. 收入、费用、盈余　　B. 收入、支出
   C. 收入、费用、利润　　D. 预算收入、预算支出、预算结余
5. 净资产变动表是（　　）。
   A. 静态报表　　B. 动态报表
   C. 预算会计报表　　D. 所有者权益变动表
6. 现金流量表应当按照（　　）的现金流量分层次排列。
   A. 经营活动、投资活动、筹资活动　　B. 专业活动、经营活动、其他活动
   C. 日常活动、投资活动、筹资活动　　D. 行政活动、事业活动、经营活动
7. 预算收入支出表是（　　）。
   A. 动态报表　　B. 静态报表
   C. 财务会计报表　　D. 收入费用表
8. 下列会计报表属于静态报表的是（　　）。
   A. 收入费用表　　B. 资产负债表
   C. 现金流量表　　D. 预算收入支出表

## 二、多项选择题

1. 政府会计报表包括（　　）。
   A. 企业会计报表　　B. 财务会计报表

C. 预算会计报表　　D. 非营利组织会计报表
E. 利润表

2. 资产负债表属于（　　）。
A. 动态报表　　B. 静态报表
C. 预算会计报表　　D. 财务会计报表
E. 会计报表附注

3. 收入费用表属于（　　）。
A. 动态报表　　B. 静态报表
C. 预算会计报表　　D. 财务会计报表
E. 会计报表附注

4. 下列会计报表属于动态报表的是（　　）。
A. 资产负债表　　B. 收入费用表
C. 现金流量表　　D. 预算收入支出表
E. 预算结转结余变动表

5. 下列属于行政事业单位年末应编制的财务会计报表的是（　　）。
A. 资产负债表　　B. 收入费用表
C. 现金流量表　　D. 净资产变动表
E. 利润表

6. 下列属于行政事业单位年末应编制的预算会计报表的是（　　）。
A. 收入费用表　　B. 预算收入支出表
C. 预算结转结余变动表　　D. 财政拨款预算收入支出表
E. 财政拨款收入支出表

## 三、判断题

1. 新政府会计制度下，通过财务会计核算形成财务报告，通过预算会计核算形成决算报告。（　　）

2. 收入费用表是反映行政事业单位在某一会计期间发生的收入、费用及当期盈余情况的会计报表。（　　）

3. 现金流量表是反映行政事业单位在某一特定日期现金流入和流出信息的会计报表。（　　）

## 四、填空题

1. 资产负债表是反映行政事业单位在____________全部资产、负债和净资产情况的报表。

2. 收入费用表是反映行政事业单位在某一会计期间发生的____________________情况的会计报表。

3. ____________是反映行政事业单位在某一会计年度内净资产项目变动情况的会计报表。

## 五、名词解释

1. 资产负债表　　2. 收入费用表　　3. 现金流量表
4. 预算结转结余变动表

## 六、简答题

1. 简述政府会计报表的组成与编制要求。

# 附录一：《政府会计制度——行政事业单位会计科目和报表》

| 序 号 | 科目编号 | 科目名称 |
| --- | --- | --- |
| 一、财务会计科目 | | |
| （一）资产类 | | |
| 1 | 1001 | 库存现金 |
| 2 | 1002 | 银行存款 |
| 3 | 1011 | 零余额账户用款额度 |
| 4 | 1021 | 其他货币资金 |
| 5 | 1101 | 短期投资 |
| 6 | 1201 | 财政应返还额度 |
| 7 | 1211 | 应收票据 |
| 8 | 1212 | 应收账款 |
| 9 | 1214 | 预付账款 |
| 10 | 1215 | 应收股利 |
| 11 | 1216 | 应收利息 |
| 12 | 1218 | 其他应收款 |
| 13 | 1219 | 坏账准备 |
| 14 | 1301 | 在途物品 |
| 15 | 1302 | 库存物品 |
| 16 | 1303 | 加工物品 |
| 17 | 1401 | 待摊费用 |
| 18 | 1501 | 长期股权投资 |
| 19 | 1502 | 长期债券投资 |
| 20 | 1601 | 固定资产 |
| 21 | 1602 | 固定资产累计折旧 |

续表

| 序　号 | 科目编号 | 科目名称 |
|---|---|---|
| 22 | 1611 | 工程物资 |
| 23 | 1613 | 在建工程 |
| 24 | 1701 | 无形资产 |
| 25 | 1702 | 无形资产累计摊销 |
| 26 | 1703 | 研发支出 |
| 27 | 1801 | 公共基础设施 |
| 28 | 1802 | 公共基础设施累计折旧（摊销） |
| 29 | 1811 | 政府储备物资 |
| 30 | 1821 | 文物文化资产 |
| 31 | 1831 | 保障性住房 |
| 32 | 1832 | 保障性住房累计折旧 |
| 33 | 1891 | 受托代理资产 |
| 34 | 1901 | 长期待摊费用 |
| 35 | 1902 | 待处理财产损溢 |
| （二）负债类 | | |
| 36 | 2001 | 短期借款 |
| 37 | 2101 | 应交增值税 |
| 38 | 2102 | 其他应交税费 |
| 39 | 2103 | 应缴财政款 |
| 40 | 2201 | 应付职工薪酬 |
| 41 | 2301 | 应付票据 |
| 42 | 2302 | 应付账款 |
| 43 | 2303 | 应付政府补贴款 |
| 44 | 2304 | 应付利息 |
| 45 | 2305 | 预收账款 |
| 46 | 2307 | 其他应付款 |
| 47 | 2401 | 预提费用 |
| 48 | 2501 | 长期借款 |
| 49 | 2502 | 长期应付款 |
| 50 | 2601 | 预计负债 |

续表

| 序号 | 科目编号 | 科目名称 |
| --- | --- | --- |
| 51 | 2901 | 受托代理负债 |
| （三）净资产类 | | |
| 52 | 3001 | 累计盈余 |
| 53 | 3101 | 专用基金 |
| 54 | 3201 | 权益法调整 |
| 55 | 3301 | 本期盈余 |
| 56 | 3302 | 本年盈余分配 |
| 57 | 3401 | 无偿调拨净资产 |
| 58 | 3501 | 以前年度盈余调整 |
| （四）收入类 | | |
| 59 | 4001 | 财政拨款收入 |
| 60 | 4101 | 事业收入 |
| 61 | 4201 | 上级补助收入 |
| 62 | 4301 | 附属单位上缴收入 |
| 63 | 4401 | 经营收入 |
| 64 | 4601 | 非同级财政拨款收入 |
| 65 | 4602 | 投资收益 |
| 66 | 4603 | 捐赠收入 |
| 67 | 4604 | 利息收入 |
| 68 | 4605 | 租金收入 |
| 69 | 4609 | 其他收入 |
| （五）费用类 | | |
| 70 | 5001 | 业务活动费用 |
| 71 | 5101 | 单位管理费用 |
| 72 | 5201 | 经营费用 |
| 73 | 5301 | 资产处置费用 |
| 74 | 5401 | 上缴上级费用 |
| 75 | 5501 | 对附属单位补助费用 |
| 76 | 5801 | 所得税费用 |
| 77 | 5901 | 其他费用 |

续表

| 序　号 | 科目编号 | 科目名称 |
| --- | --- | --- |
| 二、预算会计科目 | | |
| （一）预算收入类 | | |
| 1 | 6001 | 财政拨款预算收入 |
| 2 | 6101 | 事业预算收入 |
| 3 | 6201 | 上级补助预算收入 |
| 4 | 6301 | 附属单位上缴预算收入 |
| 5 | 6401 | 经营预算收入 |
| 6 | 6501 | 债务预算收入 |
| 7 | 6601 | 非同级财政拨款预算收入 |
| 8 | 6602 | 投资预算收益 |
| 9 | 6609 | 其他预算收入 |
| （二）预算支出类 | | |
| 10 | 7101 | 行政支出 |
| 11 | 7201 | 事业支出 |
| 12 | 7301 | 经营支出 |
| 13 | 7401 | 上缴上级支出 |
| 14 | 7501 | 对附属单位补助支出 |
| 15 | 7601 | 投资支出 |
| 16 | 7701 | 债务还本支出 |
| 17 | 7901 | 其他支出 |
| （三）预算结余类 | | |
| 18 | 8001 | 资金结存 |
| 19 | 8101 | 财政拨款结转 |
| 20 | 8102 | 财政拨款结余 |
| 21 | 8201 | 非财政拨款结转 |
| 22 | 8202 | 非财政拨款结余 |
| 23 | 8301 | 专用结余 |
| 24 | 8401 | 经营结余 |
| 25 | 8501 | 其他结余 |
| 26 | 8701 | 非财政拨款结余分配 |

# 附录二：补充规定

1. 根据《关于国有林场和苗圃执行〈政府会计制度——行政事业单位会计科目和报表〉的补充规定》的通知，国有林场和苗圃应当增设“1614　营林工程”和“1841　林木资产”一级科目。

2. 根据《关于基层医疗卫生机构执行〈政府会计制度——行政事业单位会计科目和报表〉的补充规定》的通知，基层医疗卫生机构应当增设“2308　待结算医疗款”一级科目。

3. 根据《关于彩票机构执行〈政府会计制度——行政事业单位会计科目和报表〉的补充规定》的通知，彩票机构应当增设“2308　彩票销售结算”“2309　应付返奖奖金”“2310　应付代销费”一级科目。